在很大程度上

历史仍然是诗

是一系列最美最生动的篇章……

——雅各布·布克哈特

谨以此书献给我亲爱的母亲谈荃英

MWYHHL

东晋门阀领袖传

[下]

纪建兴　著

江苏人民出版社

简明目录

目　录［下］

第四部　谢与马，安天下
——谢安传

前　篇　玄以显赫

尾　声　刘与马，禅天下
——宋兴梦

第四部

谢与马，安天下

——谢安传

前　篇

玄以显赫

桓温去世后，王、谢家族全面掌控了东晋朝政；后来，谢安脱颖而出，以阔广的政治胸怀、潇洒的风流学养倾倒朝野，由此休止了门阀争斗的历史，为东晋赢得了较长时期的安定。

第一章 源远流长

一、申伯封谢

谢安祖籍“陈国阳夏”，为今河南太康。

谢氏家族渊源远流长。据国内多家图书馆馆藏谢氏族谱记述，谢氏源自炎帝神农氏姜姓。西周时，姜氏一支系被敕封到吕地（今河南南阳），授予伯爵，建立申国，国君称申伯；吕地由此也改称申地，史称“南申国”。

申伯后世孙女姜氏嫁给周厉王姬胡为妃，生子姬静，即后来的周宣王。周厉王原配王妃是王氏，专家考证：鄂侯作乱时，王氏因参与其事被废。

周厉王是西周第十代天子，公元前 878 年即位，在位 37 年。周厉王贪财好利，亲近荣夷公，任他为卿士，实行“专利”暴政，把国人共享的山林湖泽收归天子所有，不准别人以此谋生。大臣召公虎进谏说：“人民无法忍受了！”周厉王禁止国人谈论此事，让卫国巫者到民间监听言论，违者杀戮。“国人莫敢言，道路以目”。（《国语·周语》）国人们吓得不敢说话，路上相遇时也不交谈，只用眼色示意，然后匆匆离开。周厉王非常高兴，对召公说：国人的诽谤让我止住了！召公说：“防民之口甚于防川”。（《国语·周语》）不让国人说话，比堵住河水后崩溃更危险！果然，公元前 841 年国人暴动，围攻王宫。周厉王仓皇出逃，沿着渭水一直逃到彘（zhì）邑（今山西省霍州市）。太子姬静也躲藏到召公家。国人转而围攻召公，要他交出太子。召公忍痛以自己的儿子顶替，国人"执召穆公之子杀之"，(《竹书纪年》)姬静幸免于难。

以后，国内政事由召公、周公共同执掌，史称"共和"。周共和十四年(公元前 828 年)，周厉王在彘邑死去，姬静嗣位，是为周宣王。

周宣王五年(前 823 年)八月，大臣方叔受命征讨僭越称王的楚国。方叔率战车三千乘(约三万六千兵众)伐楚，大获全胜。

为了加强对楚国的控制，周宣王命大臣召伯在南申国以东的谢地(今河南宛城和唐河等地)构筑城池，并将它增封给自己舅父申伯姜诚，倚他为镇抚南方的主帅。姜诚以后以谢邑地名为姓，是为谢氏始祖。

西晋咸宁五年(279 年)被发现的、春秋时期魏国史官所作史籍(今称《竹书纪年》)说："宣王七年，王赐申伯命。"由此知道，增封申伯时间为公元前 821 年。

周宣王对这次敕封非常重视，除了亲自前往郿地(今陕西眉县东北)为申伯送行外，还赐予他车马及玉圭；并命大臣尹吉甫作诗纪念。于是，尹吉甫作《崧高》八章：

崧　　高

崧高维岳，骏极于天。维岳降神，生甫及申。
维申及甫，维周之翰。四国于藩，四方于宣。

亹亹申伯，王缵之事。于邑于谢，南国是式。
王命召伯，定申伯之宅。登是南邦，世执其功。

王命申伯，式是南邦。因是谢人，以作尔庸。
王命召伯，彻申伯土田，王命傅御，迁其私人。

申伯之功，召伯之营。有俶其城，寝庙既成。
既成藐藐，王锡申伯。四牡骄骄，鉤膺濯濯。

王遣申伯，路车乘马。我图尔居，莫如南土。
锡尔介圭，以作尔宝。往近王舅，南土是宝。

申伯信迈，王饯于郿。申伯还南，谢于诚归。
王命召伯，彻申伯土疆，以峙其粻，式遄其行。

申伯番番，既入于谢。徒御啴啴，周邦咸喜。
戎有良翰，不显申伯。王之元舅，文武是宪。

申伯之德，柔惠且直。揉此万邦，闻于四国。
吉甫作诵，其诗孔硕。其风肆好，以赠申伯。

《崧高》诗叙述了周宣王晋封申伯姜诚于谢邑的过程；追念了申伯维周的功绩；寄托了对姜诚远去南疆守卫国土的期望。

《崧高》后被收入《诗经》的《大雅》篇。

谢氏世祖和中国历史上著名的“周厉王弥谤”事件联系在一起，又在《诗经·大雅》中详细记载，可谓荣耀至极！

以后，第十九世孙仰贞公迁居陈郡阳夏。再以后，第二十八世孙宜礼公谢文仪迁居会稽。

谢文仪有三子 :谢怡、谢悦、谢惟。

谢怡又有三子:谢明吾、谢朝吾、谢夷吾。

其中，谢夷吾被载入《后汉书》。

《后汉书·方术·谢夷吾》说:

谢夷吾，字尧卿，会稽山阴人也，少为郡吏，学风角占候。太守第五伦擢为督邮。……举孝廉，为寿张令，稍迁荆州刺史，迁钜鹿太守。

所在爱育人物，有善绩。及伦作司徒，令班固为文荐夷甫。

谢夷吾为会稽山阴（今浙江绍兴）人，年轻时曾为郡府小吏，还有占卜预测之能。因受到郡太守第五伦的重视，谢夷吾被擢为督邮；以后又被举为孝廉，先任寿张县令，后任荆州刺史、钜鹿太守等职。第五伦任司徒时，命班固写举贤奏章，推荐谢夷吾担负重任。有一次，谢夷吾带着两个随从，乘坐简易便车外出春游。但冀州刺史以此参奏他，认为其仪仗过于简陋，有失官体，被降为下邳县令。谢夷吾预知汉末即将天下大乱，死后"悬棺而葬"，即没有筑土起坟。

谢夷吾有子谢王禹。

谢王禹有三子：谢安贞、谢居贞、谢守贞。

谢居贞有子谢仲庸。

谢仲庸有子谢景隽。

谢景隽有三子：谢缵、谢显、谢项。

后来，谢景隽又携子谢缵，重返陈郡阳夏定居。

二、典农中郎将

谢瓒是谢安的曾祖父。他是把谢氏家族带上魏晋政治舞台的第一人。

《晋书·谢鲲传》记载：

谢鲲，字幼舆，陈国阳夏人也。祖缵，典农中郎将。

谢缵是见于正史的唯一谢安近祖，但仅"缵，典农中郎将"六个字，这似乎也透露了谢安近祖起于微末的信息。

不过，典农中郎将倒是曹魏时期的重要官职。它的重要性源自当时的一项重要经济制度——屯田制。

三国时的曹操是最具雄才大略的枭雄。他以镇压黄巾军崭露头角，数十年间，东征西讨，南争北战，最后终于拥有了长江以北的兖、豫、司、荆、冀、扬、青、徐、幽、并、雍、凉等十二州广大郡县，完成了统一北方的大业。黄河流城从此结束了战乱、发展了生产，实现了人们安定生活的迫切愿望。因此曹操是推动历史进步的杰出人物。

曹操的成功有诸多因素。

政治上，曹操采纳谋士荀彧、毛玠的建议，迎汉献帝都于许昌（今河南许昌县东），“挟天子以令诸侯”。同时，曹操还着意笼络豪强大族和地主士大夫，争取他们的拥护和支持。从而，在政治上造成了巨大的优势。

军事上，曹操抓住镇压黄巾军起义的机会，不断扩充武装。公元192年，曹操打败青州黄巾军，一次招降三十余万兵众。曹操又从中遴选青壮，组成了有很强战斗力的精锐部队，号称“青州兵”；以后，又以此为基础进一步扩充，终于建立起了一支能征惯战的强大武装。同时，曹操早期以山东兖州为基础、后期又以河北邺城为中心，建立起了巩固的战略后方。

个人智慧上，曹操也高人一筹。在长期的政治军事生活中，曹操积累了极其丰富的统军治国经验，在扫荡群雄、铲除政敌的复杂斗争中，基本做到战必胜、攻必克。

但是，曹操成功的最关键因素是经济上的屯田制。

东汉末年，军阀混战，天灾频发，疾疫肆行，人口大量死亡，黄河流域“白骨蔽平原”、“千里无人烟”。人口的流失和土地的荒芜成为当时社会的主要矛盾。东汉桓帝永寿三年（公元157年），全国有人口5648万，到西晋统一(公元280年)时，全国只剩下人口1616万。一百二十三年的战乱，使全国人口损失了百分之七十。

为了有效地解决军粮短缺的矛盾，曹操在北方实施了屯田制，并获得巨大成功。

公元196年，曹操下达了《置屯田令》。文告说：“定国之术，在于强兵足食。秦人以快速发展农业，吞并六国、兼有天下；汉武帝因屯田，安定西域、巩固边防。前人做出的榜样值得我们效法。”于是，首任枣祗为“屯田都尉”开始屯田。

从此，屯田制度逐渐在中原大规模推行起来，有力地保证了曹魏统一战争的军粮供给和兵员补充。同时，屯田制也有效地使流民和土地相结合，发展了农业，安定了社会，巩固了统治。因此，曹魏时期的农官“典农中郎将”是一项重要的官职，它虽然属于事务性官员，但品秩较高，为二千石，职比太守。

屯田分两种：一是民屯，一是兵屯。

民屯由大司农直接掌管，民屯所在地的郡、县并行设置典农中郎将和典农都尉，职比太守和县令。典农都尉以下又设屯司马，每一屯有五十个典农部民，屯司马管理典农部民（也称屯田客），这是屯田制的最小生产单位，实际是屯田客的家庭。由于屯田是平、战结合的产物，所以，民屯也带有强烈的军事色彩，各级农官职务都分别冠以将、尉、司马等军职名称。

兵屯则由军队官吏自行组织，大司农间接管理。大司农分级派遣司农度支校尉、司农度支都尉，到兵屯所在地协助管理屯田事务。最小生产单位为营，每营六十个佃兵，也称田卒。

参加屯田的家庭，都有自己的固定田场，也有自己的财物，但是土地是政府的。如果耕牛要由政府提供，收获的农产品六成归政府、四成归田客（佃兵）；如果耕牛是自有的，收获的农产品按田客和政府各五分分配。这相对于两汉的“三十税一”或“十五税一”而言，剥削加重了很多。

屯田制自公元196年开始，到公元280年西晋实行占田制结束，前后实行了85年。这使北方农村经济得到了极大的恢复。这不能不说是曹魏政权的一大善政。

谢缵任魏“典农中郎将”，虽然说不上是封疆大吏或风云人物，但这对起自微末的谢氏家族而言，却也非同小可。从此，谢缵在政治上筑就了一方“二千石”的高坛，奠定了后辈进身庙堂的第一级台阶。

第二章　以儒素显

一、“硕儒”帝师

谢缵有子谢衡，即谢安的祖父。他是曹、马两大集团你死我活的争战后，谢氏家族在司马新朝中获得高官的第一人。这对谢家日后在东晋政治上的发展，具有开启性意义。

谢衡在正史中鲜有记载，至少没有单独列传。从散见于《晋史》、《世说新语》等的记述里可以知道，他是一位很有学问的人，官位也较高。《世说新语·文学》刘孝标注引《晋阳秋》说：

谢鲲，……父衡，晋硕儒。

《晋书·谢鲲》篇又载：

谢鲲，……父衡，以儒素显，仕至国子祭酒。

《晋阳秋》由东晋中期人孙盛独立编撰；《世说新语》由宋武帝刘裕侄子刘义庆等编撰，刘裕是禅晋后的第一任皇帝。因此《晋阳秋》和《世说新语》是《晋书》以外最具史学价值的著作。

国子指公卿大夫的子弟；祭酒指尊者。汉武帝时朝廷开始设立太学，招收公卿大夫子弟为太学生学习，并选拔品学至优的学者为“五经博士”传教。晋朝沿袭汉魏做法设置太学，称“国子学”。“国子祭酒”

是国子学最高长官，相当于全国唯一的国立中央大学校长。

《晋书·职官》篇说：晋初承袭魏制，设置博士十九人。至咸宁四年，晋武帝初设国子学，规定设“国子祭酒”和“国子博士”各一人，助教十五人，以教授学生。

由此可知，谢衡的道德品行和儒学造诣都达到了很高的水准，所以后来能出任集品、学、能于一体的“国子祭酒”高职。谢衡生卒年份难以考证。但由散见的材料可知，他的官宦履历横跨了晋武帝、晋惠帝两朝。

据《晋书·礼中》篇记述：晋武帝太康元年（公元280年），东平王司马楙（mào）上疏说：东平郡国国相王昌的父亲汉末出使中原，因南北交战而滞留北方。王昌父亲后来任魏国“黄门郎”，因为战乱难通音信，未知长沙的原妻生死，又另行娶妻生子王昌。现王昌得知前母已死，不知是否要为前母服丧？请求朝廷定夺。

时任“守博士”的谢衡第一个上言，建议为之服丧……经过激烈的论辩，晋武帝下旨“不服丧。”从这里可以看出，谢衡在晋武帝时已居国子学“守博士”官位，这是“国子博士”以下的学官，属于普通“博士”。

《晋书·贾谧》载：晋武帝时，朝廷曾为晋朝起始年限而争论。晋惠帝即位时（公元290年）争议又起。贾谧等主张“泰始为断”，即以晋武帝受禅时的泰始元年（公元265年）为起始年；荀畯（jùn）等主张“用正始开元”，即以曹魏时明帝死后、司马懿受命辅政的正始元年（公元240年）为起始年；荀熙等主张“宜嘉平起年”，即以司马懿发动高平陵政变，并独擅朝政的嘉平元年（公元249年）为起始年。在这场争议中，《晋书·贾谧》载：“……国子博士谢衡皆从谧议”，从这里可以知道，这时的谢衡已擢居国子学“国子博士”官位，这是仅次于最高长官“国子祭酒”的学官衔，相当于“教育长”。

大约在以后不长的时间里，谢衡又擢升为“国子祭酒”。具体时间无籍可考，而且也只能以《晋书·谢鲲》篇中“仕至国子祭酒”的信息来确定。

由于谢衡没有单独列传，所以散见于《晋书》的记载难免有出入。《晋书·谢鲲》篇说谢衡"仕至国子祭酒"，好像说这是朝廷授予谢衡的最高官职。但其他史料还证实谢衡另有两项新的重要任职。

一是"太子少傅"。《世说新语·德行》刘孝标注引《中兴书》曰：

谢奕……祖衡，太子少傅。

《中兴书》即《晋中兴书》，七十八卷，南朝宋孝武帝的史官何法盛撰，因此也是正史以外最具权威的叙晋史书，受到历代史家重视。

谢奕是谢安的大兄。谢衡所任"太子少傅"是一个集荣誉、学识和未来于一职的官位。

《晋书·职官》篇载：泰始三年，武帝刚建立东宫时，置太子太傅、少傅各一人。武帝以后因为太子地位尊崇，于是相应任命地位很高的"三公"来担任；又因为"三公"本人官品较高，所以担任太子太傅、少傅时，或称"行"或称"领"，即兼管的意思。

太傅为太子首席老师，少傅为太子次席老师。其实，太傅一职后来主要被用来授予权臣，以尊崇其地位，因此少傅承担着更多的日常教育责任。由此我们知道，谢衡这时已得到了最高当政者的青睐，所以能任太子少傅。这时的太子应该是司马遹（yù），这可是一个悲剧性人物。司马遹是晋惠帝的亲生儿子，小时候很聪明，晋武帝常常夸他像太祖司马懿。据说，晋武帝执意传位傻子皇帝晋惠帝，正是希图再传位于司马遹。司马遹长大后，遭皇后贾南风的嫉妒而被废，旋即被害，死时二十三岁。司马遹于太熙元年（公元 290 年）即太子位，于元康九年（公元 299 年）被废。谢衡担任劳而无功的"太子少傅"正是在这一时期，这也是他个人的不幸。

《晋书·礼中》篇载：晋太安元年（公元 302 年）三月，皇太孙司马尚去世，晋惠帝下诏讨论丧仪，"散骑常侍谢衡以为……"云云。可见，这时的谢衡已任"散骑常侍"，属于皇帝亲近的侍从官员。是何原因转任新职不得而知，最有可能的原因是太子废立而转任；但也不排除劳苦功高而提任,因为"散骑常侍"毕竟是皇家亲信官职。

据《晋书,职官》篇记述:皇帝上殿时,散骑常侍和侍中在两旁相对夹辅,侍中在左,常侍在右,随时以备皇帝垂询,纠正过失和补充遗漏,但不管具体事务。

当然,这仅是官样文章。就晋代散官体制的一般功能而言,其主要作用是为宗室、勋贵、豪门提供合法的养尊处优官位。但也有部分散官要如《职官》篇规定的那样,负有实际责任,谢衡就应该属于这种类型。

谢衡的官宦生涯历经晋武帝和晋惠帝两朝。他任"守博士"时,为晋太康年间(公元280—289年),当时社会安定,尚属小康;任"国子博士"至"太子少傅"时(公元290—299年),"八王之乱"已经开始,但"八王"中的二王 汝南王亮,楚王玮之乱已经平息,其他六王尚未登场。这十年,虽然是皇后贾南风把持朝政,但是具体执政官是名臣张华,裴頠,贾模等,他们同心辅政,赢得了一个相对稳定的政治局面。所以,谢衡任"散骑常侍"前二十年间的官宦生涯还是很幸运的。

二、避乱南渡

谢衡虽然官宦生涯很幸运,但人生后期却颠沛流离、备尝艰辛,因为,"八王之乱" 和"永嘉之乱"接踵而至了。谢衡及其家族因为天下大乱而跌入惊涛骇浪中,被迫收拾行装,踏上流离失所的南逃之路。从此,他们永远离开了繁华纷呈的洛阳,离开了兵荒马乱的中原,离开了陈郡阳夏的故土。

"八王之乱"是西晋宗室王争夺皇位的的内乱,其核心人物是司马亮、司马玮、司马伦、司马冏、司马乂、司马颖、司马颙和司马越,他们相互攻击,前后持续16年。永兴二年(公元305年),司马越打败司马颙,并将他和司马颖杀死;后来又毒死晋惠帝,另立其弟司马炽为帝,即晋怀帝,改年号为永嘉;大乱结束。

八王之乱消耗了国力,破坏了社会,引来了胡族入侵,所以"永嘉之乱”接踵而至，史称“五胡乱中华”。

永嘉年间（公元307—313年），北方胡族兴起，匈奴、鲜卑、羯族、氐族、羌族等人民纷纷内迁，民族矛盾、阶级矛盾、东晋皇朝和割据政权间矛盾、统治集团内部矛盾，等等，相互交织、一起爆发。匈奴贵族刘渊首先起兵反抗西晋统治。永嘉三年，刘渊两次猛攻京都洛阳；永嘉五年，刘聪大将石勒歼灭了西晋最后十万武装；同年，刘曜俘获晋怀帝；建兴四年，刘曜攻陷长安，俘获晋愍帝，西晋灭亡。因晋怀帝被俘实际宣告了西晋的灭亡，晋愍帝的长安朝廷仅是苟延残喘，所以这一时期统称“永嘉之乱”。

当然，天下大乱不唯是“五胡乱中华”，还有着更深层次的物质原因，那就是苍天与人作对。

中国地处北半球的东北亚，两汉魏晋时期气候显著寒冷，生态环境受到严重破坏；塞外的匈奴、鲜卑、羯族、氐族、羌族等少数民族也迫于生存环境恶化的威胁，倚仗胡服骑射优势，纷纷入关与汉民族争夺生存资源；五胡的入侵，又导致了长城边塞汉民更大规模的南迁，由此形成了中国历史上规模空前的、次第南推的移民狂潮。

中国黄河流域自身的灾荒、瘟疫也是导致移民狂潮的重要诱因。同样由于受气候环境恶化的影响，中国黄河流域这一时期天灾频发、瘟疫流行。据中国现代史学家、政治家邓拓统计，魏晋前后二百年间，有案可稽的大灾害达304次，年均1.5次。

灾害引发战争、战争扩大灾害，两者的交替互动，导致了两晋时期的大动荡、大混乱、大逃亡。塞外各少数民族大规模向西、向南、向长城内迁徙；长城内的各族人民受塞外民众内迁的压迫，持续地、大规模地向巴蜀、荆湘、淮南、江南等地迁徙。专家估计，这一时期仅渡过长江南下的人口就达九十多万，占当时全国人口的六分之一。因此，长城内外、黄河上下、大江南北等各类迁徙人口，应该占当时总人口的半数以上。

北方大部分豪强大族率其宗亲、部曲纷纷南渡。王公贵族更是捷足先登，抢占了长江中下游的重要地域。东海王司马越安排琅邪王司马睿出镇建康；太尉兼尚书令王衍安排自家兄弟王澄、王敦，以及亲信庾琛，分别担任了荆州刺史、青州刺史和会稽内史，等等，其实这也是为逃亡江南预作准备。

公元317年三月，坐镇建邺的琅邪王司马睿被推为晋王。公元318年2月，晋愍帝被刘曜派人毒死，死讯传到建邺，司马睿即皇帝位，是为晋元帝。

随着西晋王朝走向灭亡，政权机构随之解体。

既而洛阳饥困，人相食，百官流亡者什八九。(《资治通鉴·晋永嘉五年》)

洛阳被刘曜、石勒大军围困时，援尽粮绝，城中人相互残杀为食！迫于死亡的威胁，绝大部分官员逃出了洛阳。这些世家大族、高门豪强，带着宗亲、乡党、宾客、部曲，浩浩荡荡向江南逃生。谢衡及其家族也在其中。

北方世族的大规模南下，给司马睿的江东政权带来了巨大的压力。首要问题是如何安置这些北来“难民”。北来世族南下后，希望在太湖流域安顿，这里沃野千里、又接近政权中心建康；但这又必然引发江东世族的反对。

事实上，东晋前期曾发生了义兴(今江苏宜兴市)周玘(qǐ)、周勰(xié)父子两代，以及吴兴(今浙江湖州市)徐馥等多起武装叛乱事件；没有叛乱的，暗中也蠢蠢欲动。迫于江东世族压力，北来世族只好让步。一方面，东晋政权派重兵到江北拦截，让北来流民在江淮、黄淮间安顿；对部分豪强和西晋旧官，则以北方州、郡、县名义，任为侨置南方的政府官吏，让其进入江南；率有武装的将领和流民帅，则令他们屯兵抗胡前线。另一方面，令后来的北方世族转向闽、浙诸地发展，那里当时还很荒蛮。于是，以王、谢为代表的部分北来世族，首先迁徙到了浙东会稽一带定居。从此，南北两大利益集团在地域上被分隔开来，各自的经济利益得到了保障，已经激化了的矛盾得以缓和，共同维护江东政权的目标也重新得到统一。

在这一历史大背景下，谢衡家族来到了会稽郡始宁县东山村。至此，谢衡官宦生涯画上了句号；生命周期也已夕阳西下了。不过，令人欣慰的是，谢衡儿子谢鲲和谢裒，这时都以青年才俊姿态走到了历史前台。

三、位列“九卿”

谢衡有三子，长子谢鲲，生于晋太康二年（公元 281 年），卒于晋太宁二年（公元 324 年）；三子谢广，曾任晋尚书，生卒年和事迹不详。

谢衡次子为谢裒，即谢安父亲，字幼儒，生年无可考，卒于晋穆帝永和二年（公元 346 年）。

谢氏宗谱信息显示，谢衡家族南渡时间大约在公元 314 年至 316 年之间。因此谢衡携家南渡时，谢裒还很年轻，风华正茂。

《世说新语·方正》篇中刘孝标注引《永嘉流人名》说：

裒字幼儒，陈郡人。父衡，博士。裒历侍中、吏部尚书、吴国内史。

谢裒曾担任过吴国内史、吏部尚书、侍中等官职。

从谢裒担任吴国内史的经历，和卒于晋穆帝永和二年（公元 346 年）的时间推测，他的吴国内史、及以后的一系列重要职务，都应该是南渡江左、寓居会稽后的任职履历。因此，谢裒的政治活动时间主要在东晋建国后的前期，他在西晋时顶多只担任过低级散官职务。

吴国内史是谢裒高官的起步。郡国内史职比太守，品秩较高。

东、西两晋只封过两任吴王，一是晋武帝儿子司马晏，一是晋成帝弟弟司马岳；封国范围也因时代不同而地域有别。

西晋太康十年（公元 289 年），晋武帝册封儿子司马晏为吴王，食邑丹阳郡、吴郡、吴兴郡，囊括了今苏南和浙西北全部富庶区域。司马晏傻得比晋惠帝还不如，可能就因为他才智低下，才受封了衣食无忧

的吴国，

东晋咸和元年(公元326年)，晋成帝册封其弟司马岳为吴王，食邑吴郡。这一年实行了王侯封国的食邑改革，“九分食一（《晋书·成帝》)”，因此封地被大大缩减。司马岳采邑的吴郡下辖十一个县：即吴县、嘉兴、海盐、盐官、钱唐、富春、桐庐、建德、寿昌、海庐、娄县等，国土虽没有原来大，但却是最富庶的“三吴”之一。

《晋书·康帝》载：

康皇帝讳岳，字世同，成帝弟也。咸和元年封吴王，二年徙琅邪王。

司马岳是晋成帝弟弟，他后来以“兄终弟及”的方式继承了皇位，为晋康帝。司马岳王妃、后来的皇后褚蒜子，是谢裒的侄外孙女，即谢裒哥哥谢鲲的外孙女。但谢裒出任吴国内史官职与之无关，因为司马岳受封为吴王时还是孩童。所以，吴国曾是皇帝的发祥地。

但吴国也曾是皇帝的流放地。后来废帝司马奕就被桓温流放在这里，但这是谢裒去世以后几十年的事了。

所以吴国是大喜大悲的地方。

谢裒后来又担任了吏部尚书、侍中等重要职务，这些官职有职级落差，但都是朝廷要职，可见，这时的谢裒是朝廷非常信任的大臣。

再后来，谢裒又转任了太常卿高职。

《晋书·谢安》载：

谢安……父裒，太常卿。

太常卿本是汉魏时代“三公”以下的高官，属第二层级的“九卿”之一，位高权重。但晋朝实行尚书、中书、门下三省制度，因此，“九卿”权力大为减弱，以后逐渐成为位高权轻的荣誉职务。九卿官职共设九大员，即，太常、光禄勋、卫尉、太仆、廷尉、大鸿胪、宗正、大司农、少府等，称作“九卿”；后来，将作大匠、太后三卿、大长秋也并立其中，统称“列卿”。

九卿为正三品。太常卿府设有博士、协律校尉等属官，统领太学博士、祭酒、太史令、太庙令、太乐令、鼓吹令、陵令等，相当于朝廷教育、文史、宫廷仪仗之类的文化事务总管。官位很显赫，学养、品行要求也较高，但权威不重。

太常卿是谢裒后期的最高朝廷职务，担任如此清简显要的官职，应该是源于年老体弱原因。

谢裒虽担任朝廷高级官职，但和父亲谢衡一样，只是高官而已，处于“高而不贵”的地位。因为，谢裒的“太常卿”和父亲谢衡的“国子监祭酒”一样，属于位高权轻的清要职务，称不上重臣。即便后来谢衡担任了“散骑常侍”官职，那也只是暂时显要而已，谈不上高贵，更谈不上高门。因此，谢家虽已三代高官，但还不够显赫，充其量是“新贵”，离高门豪族还相去甚远。

谢裒曾为儿子向诸葛家族求婚，希望诸葛恢把小女儿诸葛文熊嫁给自己第五个儿子谢石，但诸葛恢因谢家门第不够高贵而拒绝。诸葛家族是琅邪大族，前朝时，诸葛家族的诸葛亮、诸葛诞、诸葛谨等，分别是蜀、魏、吴三国出将入相的英雄豪杰。两晋时，诸葛家族仍然保持着高门豪族的矜持。诸葛诞的女儿、诸葛恢的姑母，还是琅邪王司马伷的王妃，而晋元帝司马睿则为其孙，诸葛恢比晋元帝还高一辈。因此，诸葛恢骄傲地说：“我家和羊、邓两家是世代姻亲；现在大女儿嫁给了庾家，二女儿嫁给了江家，这样，我们照顾江家，庾家照顾我们；所以不能和谢裒儿子谈婚论嫁。”“及恢亡，遂婚。”（《世说新语·方正》）等诸葛恢死后，谢、葛两家才重议婚事，并把诸葛文熊嫁给了谢石。诸葛恢万万想不到，谢家日后远远超过了羊、邓、江、葛诸家，成为东晋第一豪族。

谢裒共有五位夫人，她们是周氏、焦氏、张氏、辜氏、王氏；生有六个儿子，他们是谢奕、谢据、谢安、谢万、谢石、谢铁六兄弟。（上虞《盖东谢氏族谱》）

谢裒虽据朝廷高位，但功事不显，史书鲜有记载，《晋书》也没有给他立传，说明他没有足够的社会政治影响力。

其实，西晋开始，玄学清谈，风靡当世，普及朝野。当政者也纷纷加入其中。而谢裒企图继续走父亲“以儒素显”的老路，治儒为官。这就使他失去了偏好清谈的政要们青睐的机会。所以终其一生，只能据清要高官，而不得显赫。

但是，兄长谢鲲和谢裒不一样，他日后走上了一条和弟弟完全不同的道路。他放弃了儒教家学渊源，及时把握玄学潮流，并积极投身其中，最后成为清谈领袖，从而开启了“以玄素显”的谢氏新家风。

第三章　玄风蔚然

（本章可作选择性阅读）

一、清谈和玄学

谢裒和谢鲲一清一显不同的归宿，隐含了极其复杂深刻的历史文化原因，其中，玄学崛起，儒学式微，是最重要的因素。

首先说说清谈。

清谈源自清议。东汉末，由于宦官的残暴统治，社会矛盾空前尖锐。以杨秉、陈藩、李膺为代表的正直官吏，和以郭泰、卢植为领袖的太学生，同仇敌忾，互相推崇，在朝廷内外形成了一股强大的反宦官政治势力。他们坚决和宦官集团作拼死抗争。这些正直官吏和太学生以封建纲常卫道士自居，自命为“清流”，阐发的议论称为“清议”。他们把宦官集团和依附宦官集团的人视为“浊流”，并对他们猛烈攻击。

李膺是正直官吏的代表，郭泰是太学生的领袖，他们认识后“遂相友善”，“互相题拂，品核公卿，裁量执政”。这种“清议”活动，使拥有三万学生的太学，成为抨击宦官集团的强大舆论阵地。正直官吏和太学生一方面直接上书皇帝，揭露宦官罪恶；另一方面经常聚集在一起议论朝政，指斥宦官；同时，他们还积极联络州郡学生以及官吏，互为声援；还利用民间风谣大造舆论。

“清流”对不畏权贵的人极其崇拜，如李膺、陈藩、王畅等，被称颂为：“天下楷模李元礼，不畏强御陈仲举，天下俊秀王叔茂”；对反对宦官集团的人，给予“三君”、“八俊”、“八及”等雅号。由此，“自公卿以下，莫不畏其贬议，尸徙履到门”，从而对宦官集团形成了强大的舆论压力。桓帝时，太尉杨秉弹劾宦官党羽侯参。迫于“清议”声势，高居益州刺史官位的侯参在押送途中畏罪自杀。杨秉进而又弹劾侯参兄长、大宦官侯览。因侯览罪恶昭彰，桓帝无法包庇，只好免去他的官职蒙混过关。

后来，宦官集团发动了两次“党锢之祸”，极其残酷地打击和镇压了正直官吏和太学生。但是，“清流”党人在反宦官斗争中表现出来的忧国忧民、不畏强暴、奋力抗争的精神，却得到了社会的广泛同情和支持，并对后世产生了巨大的影响。其中“清议”这种士人集会讽议活动，则直接为魏晋士人所继承。

既然品评朝政和人物容易招祸，那就不妨远离政治，转而讨论学术。于是“议”演变成为“谈”。原来“品核公卿”的清议，变为谈玄说虚的清谈。久而久之，清谈和现实政治完全脱离了，成为纯粹的学术交流。

曹魏及两晋，司马氏家族把持朝廷，政治环境更趋险恶，史载：“魏晋之际，天下多故，名士少有全者。”（《晋书·阮籍》）于是“清谈”更成为知识分子寄托思想的家园，从此，萌发于汉末的这种学术交流方式，在魏晋时被发挥到了极致。与此同时，清谈内容还上升成为系统的理论成果，于是“玄学”应运而生。

其次，再说说玄学。

玄学是指魏晋时期以老庄思想为主的一种学术思潮。它的产生，因于东汉中叶以后政治腐败和儒学式微两方面原因。

政治上，东汉和帝以后，外戚和宦官迭相专政，导致朝政日益腐败。

东汉后半叶的皇帝都很幼小，这成为汉末一大特有政治现象。由于皇帝年幼，只好由太后“垂帘听政”；又由于太后是年轻寡妇，不便接触大臣，于是重用娘家父兄为权臣，协助处理政务，这就为外戚专擅大权提供了可乘之机。外戚自恃亲贵，目无幼主，骄横擅政；朝臣仰其鼻息，党附咸从。皇帝成年后，为了夺回旁落的大权，又仰仗心腹宦官发动政变，清除外戚，于是又重用政变有功的宦官，但久而久之又演变成了宦官专权的新局面。以后随着皇位更迭，又有新的太后提携新的外戚上台。于是，围绕皇权争夺，朝局不断出现“外戚——宦官——外戚——宦官……”的恶性循环。当然，这中间同时也伴随着血腥的镇压和反抗。

东汉末，曹操掌权。他提出了“唯才是举”的用人思想，这和儒学名教形成了尖锐的对立。他还诛杀了有大功的儒学人物荀彧、崔琰、毛玠等人，这使很多士人为之胆寒。魏晋交替时，司马氏处心积虑禅让曹魏，实行白色恐怖，政治环境更加残酷。

在这种周而复始的政治迫害高压下，文人士大夫的意识形态和政治态度发生了深刻的变化。意识形态上，他们接受老、庄学说，对世事消沉，遇事不作反抗。受老庄思想的影响，文人士大夫在政治上，由原来关心朝政、砥砺名教、积极向上的出世作为，转变为不问政治、明哲保身、逃避现实。

就上述意义说，汉末魏晋时残酷的政治形势，是玄学思想形成的催化剂。

在儒学研究上，东汉后期陷入了重重困境。造成这种困境的原因主要来自两个方面。

一是外部原因，主要是汉末用人制度的腐败。

汉武帝时“废黜百家，独尊儒术”，让尊孔读经和儒生个人的官位利禄相联系，从而有效地确立了儒学在思想文化领域的统治地位。因此，天下儒生莫不“皓首穷经”，以求一官半职。但是东汉以后，推举官吏的大权为三公、九卿、列侯、州牧，郡守把持；中上官吏子弟还可凭借父兄“恩荫仕宦”；皇帝还要卖官，如此等等，不一而足。普通儒生利禄之途异常狭窄，后来几乎近于断绝。因此儒生出仕的社会性需求急剧减弱。研读儒经既然没有实用价值，儒学的式微便成为必然趋势。

二是内部原因，主要是儒学研究走进了谶纬化和泥古不化的死胡同。

所谓儒学谶纬化，就是把儒学改造成了预测吉凶的工具。现在想来很可笑，可当时却得到了汉光武帝和其他皇室成员不遗余力的倡导。光武帝欲建灵台，对桓谭说：“欲以谶决之，何如？”桓谭说“臣不读谶”。光武帝大怒说，“桓谭非圣无法，将下斩之”。(《汉书·桓谭》)桓谭吓得叩头流血，良久乃解。

同时，儒学在研究方法上墨守成规，拘泥师说，无所创新；解释经典日益繁琐，这样反而湮没了经典大义。所以，异端邪说纷纭，儒生莫衷一是，老死而不通一经。班固批评说，“说五字之文，至于二、三万言。后进弥以驰逐，故幼童而守一艺，白首而后能言”。(《汉书·艺文志》)这样，儒学自己走进了学术研究的死胡同。

由于儒学的式微，它作为统治思想的正统地位渐渐动摇了，于是处于非正统地位的道、法、名、墨、老庄、佛、神仙等思想，乘虚而入，并都得到了很大程度的发展。其中老庄道学思想特别活跃，一部分士人和思想家以此为基础，杂采各家，创立了一套新的思想体系，这就是玄学。

清谈和玄学既相联系，又相区别，但联系多于区别，因此对两者并不作详细区别，反而常常通用，只有在特别深入时才刻意区分。

二、拓荒者

玄学理论的创立和发展，经历了汉末和魏晋数代人的努力才渐臻完备。最早的拓荒者是汉末的马融和郭泰。

1. 马融

马融以经学大师身份，带头由儒向玄转化，引领了玄学的早期发展。

马融(公元79—166年)字季长。扶风茂陵(今陕西兴平东北)人，东汉名将马媛从孙，东汉中后期经学大师，史称“才高博洽，为世通儒”。(《后汉书·马融》)马融注书有《易》、《诗》、《尚书》、《三礼》、《诗经》、《孝经》、《老子》、《离骚》、《列女传》、《淮南子》等多种。他看过贾逵、郑众所注《左氏春秋》后说，“贾君精而不博，郑君博而不精。既精既博，吾何加焉”。(《后汉书·马融》)这不是他自我标榜，“既精既博”

确实是马融的学术特点。

马融日常行为很“放达”,《后汉书·马融》说他:

善鼓琴,好吹笛,达生任性,不拘儒者之节。居宇器服,多存侈饰。常坐高堂,施绛纱帐,前授生徒,后列女乐,弟子以次相传,鲜有入其室者。

由“善鼓琴,好吹笛,达生任性,不拘儒者之节”可知,马融多才多艺、放达风流,不再拘泥于儒家道德规范,开魏晋名士任诞之先河;由“居宇器服,多存侈饰”可知,马融高调追求居室、器物、服饰等的奢华,完全放弃了儒家安贫乐道的传统;由“常坐高堂,施绛纱帐,前授生徒,后列女乐”可知,马融在教授生徒的同时,还及时享乐,潇洒地走在传道和行乐并行的新路上;由“弟子以次相传,鲜有入其室者”可知,马融授徒时懒得亲自耳提面命,不再奉行“学而不厌、诲人不倦”的传习之道,而由门徒依次相传;由他以儒家经学大师的身份,为道家经典《老子》作注可知,马融是想把儒家和老庄捏合在一起,这恰为日后玄学的早期发展提供了理论基础。总之,马融在学识、传道和行为诸多方面,完全偏离了儒家轨道,而明显地倾向老庄。因此,他的学术理论、社会地位、言行举止,都悄然引领了玄学的早期发展。

遗憾的是,马融在政治上完全没有“风骨”。外戚大司徒邓骘仰其名,召为舍人,马融自命清高不肯去,但后来又深感后悔。他对友人说,“古人有言:‘左手据天下之图,右手刎其喉,愚夫不为。’所以然者,生贵于天下也。今以曲俗咫尺之羞,灭无赀(zī)之躯,殆非老庄所谓也。”(《后汉书·马融》)马融以老庄之道作为自己的辩解说辞。然而,庄子原话的本意是不“以名害生”。所以马融最雄辩也难自圆其说。后来为了保全自己的性命,马融又为大将军梁冀起草了诬陷名臣李固的奏章,并作大将军《西第颂》,政治上彻底走向堕落。日后魏晋名士中也有许多失操者,是否渊源于此?不敢妄断。

2. 郭泰

郭泰以太学生领袖身份，身体力行，带头放弃了儒学这块晋身之阶，转身老庄，并引领了“清谈”的普及。

郭泰（公元127—169年），字林宗，或有道，太原介休（今山西介休）人，家世贫贱，事母至孝。他刻苦学习，修身养性。后来游学洛阳，进入太学，成为太学生领袖。《后汉书》作者范晔为避父亲范泰讳，在《后汉书》中称郭泰为“郭太”。

郭泰很受时人爱戴。当时有谣谚说“天下和雍郭林宗”，可见，温和雍容是他的本色。 他对高士能礼遇尊敬，对恶徒也以礼相待。《后汉书·郭泰》说：品德恶劣、称霸乡里的贾淑是郭泰老乡，郭泰母亲去世后，他也去吊丧。孙威直看到后很反感，门也不进就走了。郭泰追上去解释说，贾淑确实很恶劣，但现在愿意洗心向善，我这样做是赞许他的进步啊。贾淑听说后大为感动，后来也真的洗心向善，“终成善士”。

郭泰还善于品鉴人物。史载，郭泰一身品评海内人士六十余人，无不应验。还著书一卷，形成了自己的理论。由于他品鉴水平超常，在士林中享有崇高威望，其话语权甚至超过了公卿大夫。汉末大名士陈元方父亲陈寔死，陈元方悲痛得骨瘦如柴，躺在被窝里流泪。郭泰批评他说：“你是天下著名人物，大家都以你为榜样。怎么能遇父丧就躺到被窝里去哭泣呢？我不赞成！”郭泰说完，拂袖而去，“自后宾客绝百所日”。（《世说新语·规箴》）被郭泰一番指责，陈元方威信扫地，一百多天门可罗雀。名士尚且如此，他人自不待言。

郭泰外形俊美，史载“身长八尺，容貌魁伟，褒衣博带，周游郡国”。外形俊朗在汉魏之际是人品高下的重要标准。有一次，郭泰路上遇雨，头巾被风雨吹折一角。于是世人纷纷效仿，戴头巾必折一角，美其名曰“林宗巾”。郭泰着实领导了一番时尚潮流。

郭泰在洛阳时，司徒黄琼、太常赵典都举荐他为官，《后汉书·郭泰》说：

(郭泰)夜观乾象,昼察人事,天之所废,不可支也。……遂不就。

南州高士徐稚也使人对郭泰说:

大树将倾,非一绳所维,何为栖栖,不遑宁处?

眼看汉家天下朝不保夕,儒家学说江河日下,郭泰彻底失去了信心,于是毅然回乡。他离开洛阳时,衣冠诸生、风流名士都来送行,一直送到黄河边;车辆连绵不断,前后竟达数千辆之多。郭泰以后在乡间兴办私学,聚徒授书,门徒多达数千人。所有这些,都从另一个侧面反应了人们对郭泰"处世"行为的认同。

郭泰和徐稚的思想,反映了汉末知识阶层思想的低沉,而低沉的思想又为老庄学说的传播提供了温床,从而催生了玄学的发展。

在汉末清议风潮中,郭泰和"清流"领袖李膺、陈藩、王畅等"同气连枝,更相褒重",联合猛攻宦官集团。不过,在具体斗争中,郭泰更多的是高屋建瓴、避实就虚地"清谈",而不作实人实事的指斥。所以在"党锢之祸"中,郭泰竟能全身而退。《后汉书·郭泰》说他:

虽善人伦,而不为危言核论,故宦官擅政而不能伤也。及党事起,知名之士多被其害,唯林宗及汝南袁闳得免焉。

从此,这种"不为危言核论"的议论朝政方式,逐步演变为"清谈",清者,与时政无关也!再后来,这种"清谈"完全与朝政脱离开来,成为纯粹意义上的学术"清谈"。

后来"党锢"祸起,反对宦官集团的郭泰师友门生们大都死于非命。这对郭泰身心造成了巨大的创痛,最后,直接导致他英年早逝。《后汉书·郭泰》说:

建宁元年,太傅陈藩、大将军窦武为阉人所害,林宗哭之于野,恸。

恸者，悲之极也。郭泰死后，大文豪蔡邕亲为其撰写碑文，并对卢植说，我为他人作碑文很多，因多有溢美之词而自感惭愧，“唯郭有道无愧色耳。”（《后汉书·郭泰》）从此，后人称郭泰墓碑为“无愧碑”。

三、正始名士

玄学作为完整的学术理论登堂入室，须晚至魏晋。

从魏至晋，玄学清谈人才辈出。但最为世人称道的名士，都齐集在“正始名士”、“竹林名士”、“中朝名士”三大集团中。

正始名士是玄学的奠基者。因为这些名士活动在三国曹魏正始年间（公元240—248年），所以称“正始名士”。其代表人物是何晏、夏侯玄、王弼、。

何晏（公元207—249年），字叔平，汉末大将军何进之孙。父何咸，早卒。何晏八岁时，其母尹氏被曹操讷为侧室，何晏随母入宫，成为曹操养子。何晏年少时聪慧异常，深受曹操喜爱，以致想让他改姓曹，但何晏不肯。他用树枝在自己站立之处画了一个圈，声称：这是何家的领地。

何晏受宠志骄，生性豁达。

无所顾惮，服饰拟于太子，故文帝特憎之，每不呼其姓字，尝谓之为“假子”。（《三国志·何晏》）

何晏有恃无恐，在服饰上攀比太子曹丕，由此受到曹丕的憎恨，被羞辱为“假儿子”。曹丕即位后，何晏“无所事任”；明帝曹叡继位后，何晏也只是“颇为冗官”，不受重视。这种虽贵犹抑的特殊环境，催生了何晏“处世”之想。于是，他刻意研究玄学，并取得了巨大成功，由此名满天下。一时间，官宦贵族子弟趋之若骛，很快形成了以何晏为中心的正始名士集团，连司马懿也派大儿子司马师加入其中，窥测风向。

但是，由于正始名士结党议论朝政，因而受到魏明帝的严厉打压。魏明帝死后，齐王曹芳即位，宗室大臣曹爽和三朝元老司马懿辅政。由于正始名士集团中的头面人物何晏、夏侯玄等都和曹爽有旧，于是，乘时而起，重返政坛。何晏等主要人物担任了主管选举文武官员的尚书要职。他们附从曹爽，助纣为虐，从而大大得罪了司马懿。后来，司马懿发动高平陵政变，处死了何晏等多人，还株连三族。幸亏何晏母亲尹氏智虑超人，强行把何晏四岁的儿子抢进皇宫，并向司马懿跪求，这才保住了何家的血脉。

夏侯玄（公元 209—254 年），字太初，魏初著名将领、谯郡大族夏侯惇之孙。父夏侯尚，魏文帝曹丕的密友。但由于夏侯玄自恃才高，开罪了魏明帝。

尝进见，与皇后弟毛曾并坐，玄耻之，不悦形之于色。明帝恨之，左迁为羽林监。（《三国志·夏侯玄》）

夏侯玄进见魏明帝时，被安排和毛皇后弟弟毛曾同座。夏侯玄很厌恶毛曾，不悦之情形于颜色，明帝非常恼怒，把他降为“羽林监”。毛曾父亲原来是车夫，因毛皇后原因成为暴发户，举止轻浮，受到朝野普遍鄙视。夏侯玄不知进出，当面让明帝难堪，因此终明帝一朝，夏侯玄很不得意，与何晏相差无几，所以，夏侯玄也很留意玄学思想的研究。在正始名士集团中，夏侯玄因有重名，因此他和诸葛诞、邓飏等十二人，被冠为“四聪八达”名号，并居首位。曹爽执政后，“四聪八达”都被重用。正始初，夏侯玄任中护军，执掌武官选举；正始五年，又被任为征西将军、假节、都督雍凉二州诸军事。雍、凉二州是对抗蜀国的前沿州郡，因此夏侯玄的征西将军职，掌握着魏国西线的重要军事力量。由于夏侯玄屯兵在外，司马懿发动政变时没有牵涉他。但夏侯玄毕竟属于曹爽集团，政变一月后还是被免去了征西将军职（二品），改任大鸿胪（三品）。族叔夏侯霸马上预感到政治迫害即将来临，于是劝夏侯玄和他一起逃奔蜀国去，但夏侯玄拒绝了。两年后，夏侯玄参与了李丰、李翼兄弟的政变密谋，事泄被杀，株连三族。

王弼（公元226—249年），字辅嗣。建安七子中成就最高的王粲，是其族祖父。王弼十余岁时就开始研读《老子》，并精通善言，受到吏部尚书何晏的赏识。何晏曾称赞王弼说，“像这样的人，简直可以上天与仙人辩说理论。”《世说新语·文学》还载：

何晏为吏部尚书，有位望，时谈客盈坐。王弼未弱冠，往见之。晏闻弼名，因条向者胜理，语弼曰；“此理仆以为极，可得复难不、”弼便作难，一坐人便以为屈。于是弼自为客主数番，皆一坐所不及。

王弼真是个天才的清谈家，年不满二十，就敢接手清谈高手们难以为继的难题，与清谈宗主何晏对决，直至全部谈客认定何晏理屈为止。最难能可贵的是，王弼当时兴犹未尽，接着又拾起何晏理屈了的论点，自兼主、客两职，自难、自辩了好几个回合。这样的水平，在座者都认为没人能企及。

可惜，这样的天才俊杰在高平陵政变中也受到牵连。王弼的尚书郎官职在政变后被免除；后来忧郁病故，年仅二十四岁。

正始名士玄学清谈的基本命题是“贵无轻有”。他们主张儒、道相同和相合，试图用老庄思想解读和补充儒家学说，因此提出了“名教本于自然”的口号，即儒学源于道学。名教指以儒家理论为基础构建的政治制度、社会秩序、行为准则等；自然指道家崇尚的万物本源。“名教本于自然”简言之即儒学源于道学。老、庄哲学认为，万物源于“无”。《老子》说：“天下万物生于有，有生于无”，所以，“无”是天下万物的根源，名教也源于“无”。因此，“自然”是本，“名教”是末，所以要“贵无轻有”。执政者贯彻“贵无轻有”时，要做到“以寡治众”或“君主无为”，这样就可以使动荡不安的社会环境得以缓和。当然，这是有利于统治阶级的理论逻辑。

何晏为此写下了一系列著作，如《无名论》、《无为论》、《道论》、《论语集解》等。王弼也写就了《老子注》、《老子指略》、《周易注》、《周易指略》等著作。夏侯玄著作有《道德论》、《本无论》等，但仅有名目，文辞俱佚。这样，经过正始名士们的努力，玄学的理论框架基本搭建起来了。

四、竹林名士

正始名士集团随着高平陵政变而烟消云散，但玄学旗帜没有倒。竹林名士紧随其后，他们用更激进的理论和方式张扬了这面大旗。

竹林名士是指活跃于三国曹魏正始末年以后的一批玄学名士，以竹林七贤为代表。他们推动了玄学理论的深入发展。

据专家考证，竹林七贤聚会的“竹林”在今河南修武县云台山，因位于太行山南麓，所以晋时称“山阳”。

云台山林涛如吼的原始森林，深邃幽静的沟谷溪潭，千姿百态的飞瀑流泉，如诗如画的奇峰异石，无不引人入胜。登上主峰茱萸峰顶，北瞻太行深处，巍巍群山层峦叠嶂；南望怀川平原，田园牧歌沃野千里；不远处，黄河如带，不舍昼夜奔腾东流；山下更有风景秀美的百家岩，嵇康山间别墅就在其中；竹林七贤清谈时，经常到这儿作“竹林游”。

竹林七贤包括阮籍、嵇康、山涛、王戎、向秀、阮咸、刘伶等七位名士。其中，阮籍、嵇康是其核心人物。

阮籍（公元209—263年），字嗣宗，陈留尉氏（今河南尉氏）人。他博览群书，善琴能啸，喜好老庄哲学和嗜酒。

阮籍父亲是阮瑀，汉末大名鼎鼎的建安七子之一，著名的诗人和散文大家。曹操慕其大名，欲征为掾属。阮瑀不愿意被官府所累，逃奔深山躲避。曹操派人放火烧山，阮瑀这才被迫出为幕僚。阮瑀去世后，曹丕对阮家孤儿寡母关怀有加。因此，阮籍和曹魏集团有着很深的渊源，是司马集团的天然反对派。

司马氏觊觎曹魏天下时，阮籍采取不合作方式，温和地消极反对。他使用的最重要办法是酗酒。司马昭为了拉拢阮籍，想聘其女儿为司马炎妻。阮籍无法当面拒绝，于是没日没夜喝酒，酩酊大醉六十天。司马昭没有办法，只好不了了之。但是，这个办法也并非屡试不爽。魏景元三年（公元262年），司马昭受封为晋公、加九锡，并进位相国。朝臣们公摊阮籍撰写劝进表。但是，“籍沈醉忘作，……据案醉眠”。（《晋书·阮籍》）最后，在使者的威逼下，阮籍还是违心地挥笔而就，写下了“辞甚清壮、为时所重”的劝进表。其实，这篇劝进表并非好文章。试想，烂醉如泥的人怎么能妙笔生花？不过，阮籍是众大臣公推执笔之人，所以大家也只好硬着头说是好文章。况且，司马昭关心的是阮籍为代表的朝野名士能否参与劝进，至于文章好歹，无可无不可。

阮籍身为曹魏旧属，充满了对司马集团的幽恨。他屈身司马新贵，内心深处极其矛盾，无比痛苦。因此，阮籍在日常行为方式上极其任诞放达，半疯半癫。有一兵家的貌美女儿夭亡，阮籍径直前去哭吊，尽哀而还，其实他与兵家并无交情，也不熟悉。有一次，阮籍独自驾车外出，漫无目标，横冲直闯，一直走到桥断路绝，这才大哭而归。如此等等，行为乖僻，令人难以捉摸。其实，这些都是他发狠宣泄内心苦痛的一种方式。

同时，阮籍内心深处也充满了对司马集团的蔑视。有一次，阮籍登临刘邦和项羽争锋的古战场广武（今河南荥阳），

尝登广武，观楚汉战处，叹曰：“时无英雄，使竖子成名！”登武牢山，望京邑而叹，于是作《咏怀诗》。（《晋书·阮籍》）

后来，李白以为阮籍这是在讽刺刘邦或项羽。其实，阮籍是在讽刺司马集团：用阴谋手段，从孤儿寡母手中夺取天下算不得英雄。因此，他“望京邑而叹”！

公元263年冬，五十四岁的阮籍去世，两年后司马炎正式篡魏。

竹林七贤的另一位核心人物是嵇康。

嵇康(公元 223—262 年),字叔夜 ,原姓奚,籍贯会稽上虞,后避仇迁至谯郡銍县(今安徽宿县西南),当地有嵇山,遂以嵇为姓。

嵇康喜好老庄、博览群书、自学成才;又相貌英俊,风流倜傥;尚魏沛穆王曹林孙女长乐亭公主为妻。由此,不喜为官的嵇康被授予中散大夫的官职。

司马氏当政后的正始末年,嵇康离开洛阳,择居山阳云台山百家岩。这里去洛阳二百里,有宽阔的驿道相通;北靠太行,南临黄河,茂林修竹,风景优美,是理想的隐居之所。嵇康在此居住了二十多年,以锻铁为生。阮籍、山涛、王戎、向秀、阮咸、刘伶等,都在此先后与他相识相交,遂成竹林之游。

嵇康同样也是司马集团的反对派, 他对司马氏暴政表示强烈不满。不过,他与阮籍相反,是积极的反对派,其方式更为直截了当。

同为竹林七贤的山涛,后来做了“吏部选官”。他深慕嵇康大才,所以另有高就时,推举嵇康继任自己为“吏部选官”。不料,嵇康非常恼怒山涛牵拉自己进入司马阵营,愤而作书与山涛“绝交”,后人给这篇千古名作冠名《与山巨源绝交书》。这封绝交信给出了不得为官的“必不堪者七”、“甚不可者二”等九项理由。其实,这是一篇全面否定当下政治秩序的宣言书,是一篇拒绝与司马集团合作的决裂书,而不是与山涛个人的绝交书,

为了揭露司马昭的狼子野心,嵇康作《管、蔡论》,推翻旧说,为西周叛臣管叔、蔡叔鸣冤叫屈,认为他们不是起兵造反,而是反对摄政王周公篡权,云云。其实,颠倒史实是假,影射“摄政王”司马昭阴谋篡魏是真,因为司马昭一向以周公自诩。

但是,嵇康这些惊世骇俗之言,同时也把自己推到了司马集团的屠刀下。《绝交书》和《管、蔡论》中的“非汤、武而簿周、孔”思想,利剑一般直戳司马昭痛处。因为周公是司马昭专擅朝政的历史依据;孔子是竭力推崇唐尧、虞舜禅位的圣人;而所有这些又都是取代曹魏的舆

论铺垫，这岂容嵇康菲薄！

其实，司马昭之心，路人皆知！但是，司马昭不允许嵇康撕去自己的假面具。嵇康必须死！

终于有了借口。魏景元三年（公元262年）八月，司马昭借吕安事件，以“不孝”、“言论放荡，害时乱教”、“参与毌丘俭谋反”等多种罪名，给嵇康定了死罪。正是必欲加之，何患无辞！三千太学生为之请愿，无果。嵇康从容赴死！临刑前，看看天色尚早，嵇康要来一把琴，在生离死别的瞬间，从容演奏了名曲《广陵散》，然后引颈就戮，年四十。

从此，嵇康风骨、《广陵散》名曲、竹林逍遥游都成为远去的绝响！

在司马集团的分化下，竹林七贤也瓦解了。王戎和山涛早已入朝为官。王戎后来虽高官厚禄，但俗不可耐，以聚敛财富为能事。山涛虽为高官，但能洁身自好，成为中国历史上有名的廉吏。刘伶、阮咸后来也分别出任太守，将军之类的官职，还都以高寿善终。向秀自动投靠司马昭，进见时，司马昭故作惊讶地讽刺说：“听说阁下久有隐士志向，何以要到这里来？”向秀也真会说话，他回答道：“上古隐士巢父、许由是正派人，但他们不能理解尧帝的良苦用心，所以不值得效仿。”既没有完全否定自己，也把司马昭说高兴了，“帝甚悦”，《晋书·向秀》）于是赐官向秀“散骑侍郎”。

竹林名士在玄学上的基本命题是“越名教任自然”。这是超越正始名士“名教本于自然”的命题。正始名士希望名教和自然调和统一，不想彻底否定依据儒家学说建立起了的社会规范体系，而只想引进老庄哲学重新诠释；而竹林名士直接排斥名教，崇尚自然。

竹林名士认为名教和自然是对立的，认为名教违反了人的本性，破坏了人与人之间的和谐关系；认为权贵们口头上高喊“名教”，但只要别人遵奉“名教”，而自己却不受“名教”束缚；认为权贵的“名教”是虚伪的“名教”，权贵其实是“名教”的最大破坏者；所以权贵被阮籍鄙称为“裤中之虱”。因此，竹林名士极力主张不溺于名利，不受礼法束缚，而顺应自然，逍遥自在。所以，竹林名士自己说出了种种“非汤、武而簿周、孔”的话；做出了种种世人难以理解的非礼越轨之举。这其实也是对司马集团表示强烈不满的学术抨击和行为反抗。

阮籍的玄学著作有《大人先生传》《通老论》《达庄论》《通易论》等；嵇康的玄学著作有《声无哀乐论》《释私论》《难自然好学论》《养生论》等；向秀的玄学著作有《庄子注》等。这些学术论著的撰写，使玄学理论得到了进一步丰富和发展。

五、中朝名士

中朝名士是指西晋太康年间至永嘉年间（公元280—315年）的一批清谈活动家。东晋大才子袁宏著《名士传》，称建都中原洛阳的西晋为“中朝”，称西晋名士为“中朝名士”。

据袁宏的《名士传》载，中朝名士主要指裴楷、王衍、乐广、庾敳、王承、阮瞻、卫玠、谢鲲等八位。但是，这种列名带有明显的“门阀”意味。其实，除此之外还有裴頠、郭象、王济、王澄、山简等多人。

经过正始名士、竹林名士跌宕起伏的恣意铺排，玄学清谈到西晋时已越过了高峰，开始归于平淡。中朝名士失却了创新精神，理论上没有了进一步的发展，至多是纯学术清谈，或曰“炫技”。

但是，竹林名士任诞放达的外在乖僻行为，却被中朝名士继承无余，并发挥得淋漓尽致。

竹林名士种种任诞放达行为，其实是他们倡导的玄学理论的外在表现，具有哲学上的探索意义。如果说，这一时期的玄学理论是竹林精神的内核，那么，种种放达行为则是竹林精神的外延。而中朝名士把两者割裂开来，置理论于不顾，却把外在的放达行为发挥到了极致。

《世说新语·德行》载：

魏末阮籍，嗜酒荒放，露头散发，裸袒箕踞。后贵游子弟阮瞻、王澄、谢鲲、胡毋辅之之徒，皆祖述于籍，谓得大道之本。故去巾帻，脱衣服，露丑恶，同禽兽。甚者名之为通，次者名之为达也。

这里说得很明白，中朝名士“去巾帻，脱衣服，露丑恶，同禽兽”，“谓得大道之本”，即自以为已得竹林名士真传。

中朝名士大都是北方豪族，他们“熏衣剃面，敷粉施朱”，“从容出入，望若神仙”，在社会上引起了巨大轰动。“时贵游子弟，多慕王澄、谢鲲为达”，(《晋书·卞喜》)群起效仿。于是，王澄、谢鲲等中朝名士获得了巨大的社会声誉。全社会也以为，真名士、自风流，外在放达行为愈是离奇，愈是大名士。

所以，这一时期的玄学已是强弩之末，近似东施效颦；既于现实无关，也完全失去了理论个性。对这一时期名士们的所作所为，史称“元康之放”。

不过，中朝名士中也有少数人是清醒的，裴頠可算是其中最有真知灼见的思想家。裴頠极力反对正始名士的“贵无轻有论”，而积极倡导“崇有”思想。为此，他著书《崇有论》。裴頠认为，万事万物的具体存在，就是有生之物的自身，而并非“无”；万事万物的发展又依赖于外部物质条件，这也是“有”。因此，“万有”互济，使万事万物存在和发展。这一思想用在治国理政上，要求人们顺天时，据地理，尽人力，积极有为，劳而后获。这对“贵无论”者“口惔虚无，仕不事事”的虚浮放荡思想，是针锋相对的抨击。由于裴頠和贾南风是姑表亲，八王之乱中他和重臣张华一起被杀，死时三十三岁。

中朝名士中公认的宗主是王衍。

王衍是琅邪王氏的核心成员，是大名鼎鼎的“竹林七贤”王戎堂弟；东晋开国功臣王导也是他的远房堂弟。王衍神情清秀，风姿优雅，被王戎吹捧为“神姿高彻，瑶琳琼树，风尘外物”。(《世说新语·赏誉》)

晋武帝司马炎也很关注王衍，他问王戎“夷甫当世谁比？”夷甫是王衍的字，司马炎问王衍能和当今谁相比？王戎故意抬举王衍，说“未见其比，当从古人中求之”。(《晋书·王衍》)即当代没有人能与王衍可比，只能从古代先贤中挑人相比。司马炎的岳父杨骏想把女儿嫁给王衍，王衍为了抬高自己的身价，故意装疯拒绝。不过，后来王衍和晋惠帝贾后的表妹郭氏结婚了。其实还是想高攀皇室。

可是，王衍最后成为西晋皇朝灭亡的终结者，被历史钉在了“清谈误国”的耻辱柱上。吏部尚书山涛认识少年王衍后，非常忧虑，说：“误天下苍生者，未必非此人也！”（《晋书·王衍》）王衍的堂舅、西晋名臣羊祜也预言：“乱天下者，必此子也！”（《世说新语·识鉴》）后来不幸一一言中。

永嘉五年（公元311年）二月，“八王之乱”最后登场的司马越在项城死去；所遗十万人马被石勒部队追上，并全军覆没，不肯承担统帅重任的王衍也当了俘虏。

王衍在石勒面前不再清高自负、不可一世，而是百般推卸晋军失败的责任：

自说少不豫事，欲求自免，因劝勒称尊号。（《晋书·王衍》）

身为太尉的王衍居然说自己很少参与军国大事，还可耻地讨好石勒，劝其称帝。当即受到石勒的鄙斥：

君名盖四海，身居重任，少壮登朝，至于白首，何得言不豫世事邪。破坏天下，正是君罪。（《晋书·王衍》）

石勒怒斥王衍：你名满天下，身居高位，怎能说未参与军国大事呢？祸乱天下就是你的罪责！当晚，石勒派人推倒临时监所的墙壁，把王衍等压死了。还好，石勒顾全王衍名士脸面，没有让他身首异处。

王衍最终成为政治上的失败者。其实，他在玄学理论上也是徒有虚名。

王衍在玄学上没有多少建树，但他相貌出众，能言善辩，因此士林都恭维他为清谈宗主，史称：

王衍当时谈宗。（《晋书·阮脩》）

王衍清谈有其秘密武器，就是脸皮厚，说错了就“口中雌黄”，随机改正。从此“信口雌黄”成为与恬不知耻相关联的成语。诸葛宏年少没有多少学问，但稍微研读《老子》和《庄子》后就能和王衍匹敌；有一次竟难倒了王衍，受到他的夸奖，称“卿天才卓出”。（《世说新语·文学》）

王衍的“谈宗”地位除了善于清谈外，位高权重更是垫脚石。由于王衍有着极其深厚的王氏家族政治背景，又有自己的种种作秀，更有贾后等皇室亲贵作为后盾，因此官运亨通，世人瞩目。元康年间王衍出仕，先任太子舍人、尚书郎、黄门侍郎等清要职务；后官至尚书仆射领吏部、尚书令、中书令、司空、司徒、太尉等官职。史称王衍：

朝野翕然，谓之“一世龙门”矣。累居显职，后进之士，莫不景慕放效。选举登朝，皆以为称首。（《晋书·王衍》）

朝野一致公认，王衍是“当世龙门”。又由于王衍长期位高权重，青年士子趋之若鹜、争向仿效；选官、朝会等要务，都以王衍领首为是；一时呼风唤雨、路人侧目。

风云际会，清谈界的后起之秀谢鲲有幸走进了王衍的视野。

第四章　领袖群伦

一、名动四方

谢鲲是谢安的伯父。

谢鲲字幼舆，陈国阳夏人也。……鲲少知名，通简有高识，不修威仪，好老易，能歌善鼓琴，王衍、嵇绍并奇之。（《晋书·谢鲲》）

谢鲲（公元281—324年）字幼舆，很年轻时就有了较高的知名度，为人通达、办事简约、识见高明，不注重外表修饰，喜好《老子》和《易经》，能歌善琴，受到当朝高官王衍、嵇绍的青睐。

谢家是儒学世家，谢鲲本来也应和弟弟谢裒一样，成为儒家忠实信徒。但他后来却成了老、庄玄学门人，正是有心栽花花不开，无意插柳柳成行。

谢鲲被王衍、嵇绍"并奇之"，这可是非同小可的大事。

嵇绍是嵇康的儿子，后来居侍中高位，被史家称为"鹤立鸡群"的晋室第一号忠臣。同时，他还是当时精准品评人物的权威。

嵇绍侄儿的朋友戴晞很有才智，但嵇绍断言他"必不成器"，后来果然因"无行"被罢黜了司州主薄职。贾皇后侄儿贾谧招揽潘岳、陆机等名士结"二十四友"。他们也拉拢嵇绍参加，但嵇绍"拒而不答"。"二十四友"后来大都遭世人唾弃，嵇绍以先见之明远离了后患。现在谢鲲被预言家嵇绍"奇之"，成就将不可估量。

王衍是当世清谈宗主，号称“一世龙门”。古书《三秦记》说：龙门“水悬绝，龟鱼之属莫能上，上则化为龙矣。”所以，民间有“鲤鱼跳龙门”之谚。由此可知，王衍就是当世“龙门”，谁被王衍品评赞许，谁就即刻鱼跃龙门、身价百倍，玄、政二界都将为之敞开大门，延若上宾。

谢鲲被王衍“奇之”，足以证明他的玄学造诣已经达到了很高的境界。

谢鲲和王衍本来并无关涉，但王衍的弟弟王澄、堂弟王敦等都和谢鲲是好朋友，而且对他的玄学造诣极其推崇。

《晋书·谢鲲》篇说：

时王澄在敦坐，见鲲谈话无倦，惟叹谢长史在可与言，都不眄敦，其为人所慕如此。

王澄在王敦处作客时遇见谢鲲，两人促膝长谈，聊无倦色，连斜眼看一看主人王敦都来不及。事后王澄叹曰：唯有谢长史才值得与之清谈。

王澄是王衍的亲弟弟，以善于清谈和品评人物著称，王衍也特别关照他。王衍为了提高王澄的地位，公开对人说：士林排序，王澄第一，庾敳第二，王敦第三；还说自己不如王澄“落落穆穆”，（《晋书·王澄》）意即王澄既卓尔不群，又沉稳平和。不仅如此，王衍还声称，凡经王澄品评过的人物，他都没有异议，也不会重评。从此，兄弟二人垄断了天下士人声誉和仕进之路。王澄由此名声大噪，成为当时的清谈领袖之一。

谢鲲和王澄“谈话无倦”，并受到他“唯可与言”的推崇，可见其玄学造诣非同一般。

但是王澄并非第一流大家，在他之前高手如林，“中兴第一名士”卫玠更让他五体投地。

琅邪王子平高气不群，迈世不傲。每闻玠之语议，至于理会之间，

要妙之际，辄绝倒于坐。前后三闻，为之三倒。时人遂曰：卫君谈道，子平三倒。（《世说新语·赏誉》注引《卫玠别传》）

子平是王澄的字。王澄自视很高，卓尔不群。但听卫玠阐述玄学理论到精妙之处时，佩服得前俯后仰、称绝跌坐；前后三次听卫玠妙论，三次都为之倾倒。可见，卫玠远远超过了同是玄学领袖的王澄。

《晋书·卫玠》篇还说：

澄及王玄、王济并有盛名，皆出玠下。世云"王家三子，不如卫家一儿"。

这里是说，素负盛名的王澄、王玄、王济三兄弟"不如卫家一儿"，卫玠堪称登峰造极了。

所以王澄对谢鲲的褒奖，不足以证明谢鲲玄学水平的终极高度。

《世说新语·文学》说：

卫玠始过江，见王大将军。因夜坐，大将军命谢幼舆。玠见谢，甚说之，都不复顾王，遂达旦为微言。王永夕不得豫。

卫玠过江到豫章王敦处，夜来清谈，王敦命谢鲲相陪。卫玠和谢鲲两人非常投缘，相见恨晚，通宵达旦，清谈了整整一个晚上，以至忘掉了也在场的主人王敦；王敦也听得忘乎所以、渐入佳境，一整夜未参与清谈。

当然，事后的王敦还是有发言权的。

王敦为大将军，镇豫章。卫玠避乱，从洛投敦，相见欣然，谈话弥日。于时谢鲲为长史，敦谓鲲曰：不意永嘉之中，复闻正始之音。阿平若在，当复绝倒。《世说新语·赏誉》

王敦万分感叹地对谢鲲说，想不到时至永嘉年间，还能听到只有正始名士才能阐述的高妙理论。阿平（王澄）如果在这里，一定又要佩服得五体投地了。

王敦当时任左将军、都督征讨诸军事，驻守豫章。王澄和卫玠清谈，“卫君谈道，平子三倒”的事，王敦也知道，所以说“阿平若在，当复绝倒”。

能与久负盛名的清谈领袖卫玠不舍昼夜、坐而论道，那一定是棋逢敌手了。可见，谢鲲的玄学造诣这时已达到了与“中兴第一名士”相比肩的境界，王澄辈自然也就等而下之了。

卫玠（公元 286—312 年），字叔宝，河东安邑（今山西夏县北）人。后人把他和宋玉、潘安、兰陵王并称古代四大美男。卫玠祖父卫瓘是晋惠帝时的太尉，父亲卫恒官至尚书郎。

卫玠五岁时就表现的与众不同。卫瓘说：这孩子一定有出息，可惜我年纪大了，看不到他的成就。有一次，家人让小卫玠乘坐羊车到街市去，遇见他的人都以为“玉人”来了，争着观看。骠骑将军王济是卫阶的舅舅，英俊豪爽又风度翩翩，可每次见到卫玠总是哀叹，说：珠玉在这里，我自感很丑陋。

如果说四大美女中有“病西施”，那么，四大美男中则有“病卫玠”。卫玠长大后，喜欢上了玄学和清谈，但因为体弱多病，母亲不让他多说话。只有遇上好日子时，母亲才允许他和亲友们简单说几句。即便如此，大家也赞不绝口，认为他说的精妙绝伦。

八王之乱开始时，权臣杨骏被贾后和司马玮合谋诛杀；卫瓘和司马亮被请出来共辅朝政。但卫瓘后来得罪了司马玮；贾后又想专权，于是两人又合谋诛杀了卫瓘全家。

卫玠当时和兄长卫璪（zǎo）在医生家治病，闻风而逃，这才保全了性命。

永嘉之乱时，卫玠奉母逃难去了江夏。但这里正值荆、江、湘流民大起义。卫玠于是继续南下，渡江去豫章投奔王敦。在这里卫玠和谢鲲作永夜清谈，并惺惺相惜，结成莫逆之交。

卫玠在豫章时看出王敦未必是晋室忠臣，于是又转道建邺。卫玠是名动天下的美男子，因此建邺人士倾城而出，争睹丰采。

观者如堵。玠劳疾遂甚，永嘉六年卒，时年二十七，时人谓玠被看杀。（《晋书·卫玠》）

卫玠一向体弱，数千里辗转南下的长途跋涉更使他疲惫之极；京师围观又让他病情加重，最后病故，年方二十七。当时人都说卫玠是被“看杀”的。谢鲲知道后，痛心不已。

谢鲲哭之恸，人问曰：“子有何恤而致斯哀？”答曰：“栋梁折矣，不觉哀耳！”（《晋书·卫玠》）

谢鲲伤感卫玠而痛哭失声。别人不解地问：是什么忧伤使您如此悲哀？他说：卫玠死了，玄学栋梁折断了，所以哀痛！

二、龙门“四友”

谢鲲在清谈界的不凡表现，让他赢得了巨大的的社会声誉，并引起了学术界和政坛高层的关注，特别是政坛豪门王氏家族的关注。很想在政治上有所作为的王敦竭力拉拢谢鲲，把他引为知己，与之结为“四友”。这是一个“亦官亦玄”的名士圈，其成员是王敦、阮脩、庾敳、谢鲲等四人，

汉末魏晋时，社会对不同领域的领袖人物，往往会冠以“君、俊、及、友、通、达、贤”等等美称，这是一种时尚。由于谢鲲、阮脩、庾敳等在玄学界拥有超乎寻常的学术地位，王敦又是“口不言财色”的政治新秀，因此时人倾慕备至，称他们为“四友”。

“四友”名士圈非常引人注目，号称 “一世龙门”的太尉王衍也分外关注。

《晋书·王澄》载：

时王敦、谢鲲、庾敳、阮脩皆为衍所亲善，号为四友，而亦与澄狎，又有光逸、胡毋辅之等亦豫焉。酣讌纵诞，穷欢极娱。

王敦、阮脩、庾敳、谢鲲四人，因被王衍“亲善”，所以被时人称为“四友”；同时，“四友”和王澄也相亲昵；光逸、胡毋辅之等也经常参与。王衍的“亲善”是四友圈子最重要的特色，所以这是当世顶级的“泛四友”名士圈。但是，这个圈子并不只以玄学清谈为主务，反而以纵情酒宴、任诞放达、穷极欢乐为能事。

四友中，王敦既是清谈名士，也是政治强人；而谢鲲、阮脩、庾敳等基本是纯粹的清谈家。

王敦是“四友”盟主，贵为晋武帝女婿，但是，他又是一个极其刻薄的人。有一次，王敦和堂弟王导应邀参加石崇的宴会。石崇是有名的暴发户。他让自己的兵卒假扮盗贼抢劫商旅，因此暴富，生活极其奢靡。有外甥皇帝司马炎支持的王恺与石崇比富，但屡比屡败。石崇请客时规定：席间由美女劝酒，如劝不动客人喝酒就杀死美女。王导不善于饮酒，但为了避免杀戮，每劝必喝。可王敦故意不喝，要看杀人把戏，为此一连杀了三个美女。但王敦仍坚持不喝，而且神色不变。王导看不过，就责备他。王敦却说：“自杀伊家人，何豫卿事！”（《世说新语·汰侈》）石崇杀他自家奴隶，关你什么事！

石崇残忍！王敦更残忍！

阮脩是阮籍的族侄，一个难能可贵的无神论者。大家都说人死会变鬼。阮脩反驳说：看见鬼的人说，死人还穿着活着时的衣服，难道衣服也能变鬼吗？可能是家学渊源的缘故，阮脩也喜欢老庄、周易等玄学，尤其对周易特别有研究。王衍原来以为自己的周易水平已经炉火纯青了，但深入研读后还有许多东西理解不了。王敦告诉他，阮脩可以与之探讨。王衍开始还将信将疑，但与阮脩讨论后大为叹服。阮脩家贫，四十岁尚未娶妻。王敦发动名士捐款为他办了婚事，不是名士还不许捐助，真是清高到了极点。后来，王敦商得阮脩同意，让他屈尊做自己的属官，这才有了固定俸禄养家糊口。所以王敦于阮脩不是简单的“四友”，可谓“恩友”。

阮脩和阮氏家族成员一样，也有酗酒恶习，这是祖传，没有办法。他每天在手杖上挂一百钱，走到哪喝到哪，喝完一百钱再回去。他娶不上老婆，怕与酗酒挥霍有关。

庾敳是天才的老庄学者，不读老庄，自通义理。

《世说新语·文学》说：

读《庄子》，开卷一尺许便放去，曰：“了不异人意。”

庾敳读《庄子》（竹简）一尺多一点就放下了，因为书中的道理正是自己已有的心意，他有这种与生具来的直觉。

在日常生活中，庾敳也真的身体力行老庄的“无为而治”。庾敳曾任东平相，在职时天天喝酒，不理政事；任吏部郎时，对天下变故不闻不问，默不作声；做司马越太傅府参军时，以府中人才济济为由，自己袖手旁观。但是，这样的“无为”君子却是聚敛财富的高手，并且超过常人的想象，攒得家财万贯。

司马越的左长史刘舆想离间庾敳和司马越的关系，但无隙可乘，于是鼓动司马越向庾敳借钱一千万，希望他吝啬而得罪司马越。司马越正愁军费没有着落，于是在大会群僚时向庾敳借钱。庾敳当时正酒后打瞌睡，头巾掉在案几上也不知道。司马越大喊庾敳要借钱！庾敳猛然惊醒，懒得动手端正衣冠，顺势把头伸进头巾戴了起来，慢条斯理地说：“下官家中有钱二千万，主公随便用好了。”司马越大受感动，私下说：“以后不能以小人之心度君子之腹啊！”

王衍很推重庾敳不读老庄、也善清谈的本事，但他们不是至交。庾敳看见王衍时口口声声称他“卿”，这是当时特别亲近的昵称。王衍当时位高权重，不允许庾敳称兄道弟，于是阻止他称“卿”，但庾敳我行我素，“卿”之不息，王衍后来反而服了他。司马越项城死去后，庾敳和王衍一起被石勒军杀害。

后来成为辅政大臣的庾亮是庾敳的族侄。

三、元康“八达”

除了“四友”圈子外，谢鲲还是另一个圈子的中坚，这就是“八达”名士圈。这一圈子的主要成员是谢鲲、胡毋辅之、毕卓、羊曼、光逸、阮孚、阮放、桓彝等八人。

八达名士主要活动在元康末期及以后。元康(公元290—299年)是晋惠帝的年号，这一时期正值“八王之乱”，时局动荡，士人迷惘。于是，元康名士接续正始名士风尚，或清谈玄虚以自远；或任诞放达以自免。《晋书·应詹》说他们：“贱经尚道，以玄虚宏放为夷达，以儒术清俭为鄙俗。”即崇尚道家，鄙薄儒学，遗落礼教，任诞放达。

元康任诞放达开启者为谁？籍籍无名。《世说新语·德行》追罪阮籍，说元康任诞“皆祖述于籍”。但是，把这一任诞放达之风推向极致的名士，却凿凿有名，他们就是谢鲲为首的“八达”。

1. 胡毋辅之

胡毋辅之字彦国，泰山奉高人，高祖胡毋班曾任汉末“执金吾”，这是威风八面的大官。光武帝刘秀年轻时没奢望当皇帝，只想得到“执金吾”就满足了，说“仕宦当作执金吾，娶妻当得阴丽华”。(《后汉书·光烈阴皇后》)

胡毋辅之后来也当了大官，历任司徒左长史、乐安太守；成都王司马颖被封“皇太弟”时，胡毋辅之被任为“中庶子”；东海王司马越执政后又任他为陈留太守。山东王弥造反时途径陈留，胡毋辅之未加抵抗就逃走了，因此免官。司马越后来又任胡毋辅之为扬州刺史，但那里兵荒马乱，胡毋辅之不肯去。司马睿出镇建邺后，胡毋辅之逃难去了江东，并被任为湘州刺史，可惜不多时就去世了。

胡毋辅之喜欢饮酒，任性而不拘小节，担任县令等小官时尚知收敛，但当了大官后反而恣意放纵起来，成了有名的酒鬼，但当时人们认为这就是名士风范。胡毋辅之儿子胡毋谦之也是酒鬼，才学比不上父亲，但放肆却超过了老子，每逢酒醉，眼里更没有了父亲，还直呼其名。认识谦之的人都说他狂放任诞，但胡毋辅之却不以为意。有一次，胡毋辅之一人躲着饮酒，但还是被谦之偷偷看见了。谦之厉声说："彦国啊，你老糊涂了吗？怎么能这样呢！自己在这里偷偷喝酒，把我却扔在墙屁股后面喝西风。"胡毋辅之大笑，急忙呼他进来一起喝。

2. 毕卓

毕卓字茂世，新蔡鲖阳人，嗜酒放荡，与胡毋辅之互为知己。毕卓曾任吏部郎，因经常饮酒误事而被免职。有一天，毕卓大醉而归，闻得人家酿成的美酒香气四溢，于是乘夜来到酿酒房，就着酒瓮偷酒喝，可惜被人家逮住了。主人当夜没理会，第二天清晨一看，原来是毕部郎，赶快放人，还赔了许多不是。可毕卓不以为然，要求主人让他再次痛饮。于是毕卓在酒瓮旁重又喝得酩酊大醉方才离去。

毕卓常常对别人说："我的人生别无奢求，只要有几百斛酒装满大船；四时美味摆在船的两头；右手端酒杯、左手举螃蟹，拍着浮在水面的酒船放声歌唱，这是多么快乐的人生啊！"可是愿望没有来得及实现就天下大乱了。后来，毕卓逃到了江东，任温峤的平南将军府长史。

3. 羊曼

羊曼字祖延，少年知名，和阮放、郗鉴、胡毋辅之、卞壶、蔡谟、阮孚、刘瑞等八人号称"兖州八伯"。南渡江东后，羊曼受到司马睿信任，被任为参军和丞相主簿，参与军政机密。羊曼也喜欢饮酒，和温峤、庾亮等都是志同道合的好朋友。王敦后来想作乱，着意笼络朝臣，羊曼被他任为右长史。但羊曼饱食终日，虚与委蛇。王敦失败后，羊曼被任为丹阳尹。当时风行"流水宴"庆贺，羊曼也摆"流水宴"招待贺客，不问贵贱，先来先吃；但越往后酒食越普通。另有羊固被任为临海太守，他也摆"流水宴"招待贺客，但酒食始终精美。可是，事后大家认为羊固不如羊曼真情。苏峻作乱时，羊曼守卫云龙门，形势非常危急，有人劝羊曼撤退。可羊曼不肯。他说："朝廷这么危急，我怎么能贪生怕死呢！"最后羊曼被叛军杀害。

4. 光逸

光逸字孟祖，乐安（今江西乐安）人。光逸最初在博昌县作小吏。有一次，他冒着风雨为县令送客，回来时被淋得浑身湿透。于是他寻到县令卧房，看看四下无人，于是脱下衣服向火晾烤，自己裸身钻进县令被窝取暖。不料县令突然回来，大怒，要惩罚光逸。光逸求饶说："家里穷得只有一套衣服，不这样一定会被冻死。您何必惋惜一床被子而冻死一人呢？"县令这才息怒。

后来，光逸奉命去京师迎接新县令上任，在门口等候时，巧遇前来送别的胡毋辅之和荀邃。他们看见光逸品貌不凡，于是呼他上车交谈，非常投机。县令见客人一直不进屋，就让人去查寻；回报说"客人正和光逸交谈"。县令大怒，开除了光逸的职务。

光逸后来投奔胡毋辅之，辅之又推荐他担任了司马越的从事中郎。任命书发到光逸所在郡县时，人们都以为发错了：县衙小吏怎么能任东海王府郎官呢？后来才知道这是真的，于是纷纷备礼欢送。

江东政权初建时，光逸也来到建邺，被任为军谘祭酒，并由此和谢鲲等人结为"八达"。

5. 阮孚

阮孚字遥集，是竹林七贤阮咸的二儿子、阮籍的侄孙。阮咸姑母有一个胡族婢女很漂亮，阮咸暗恋她。姑母原来答应把胡婢留在娘家，但回去时却又把胡婢带走了。阮咸这天恰巧外出访客，得到信息后非常着急，立即骑着客人的马前去追赶。胡婢总算被阮咸追了回来，后来生下了阮孚。阮咸姑母读过《鲁灵光殿赋》，她取其中"胡人遥集于上"句中"遥集"二字为阮孚的字。大概也有纪念阮咸借马追回胡婢的意思吧。

阮孚后来避乱逃到江东，被任为安东参军。但他和父亲一样，整天蓬首跣足，嗜酒如命，轻慢公务。当时晋元帝正要否定儒家、改用申、韩法家治国，玄学家阮孚等正是否定儒家的活标本。因此晋元帝睁一眼、闭一眼，继续优遇阮孚。琅邪王司马裒出镇广陵时，晋元帝让阮孚随军前往，并诫勉他说：广陵是抗胡前线，以后要节制饮酒。阮孚说："王子出镇，胡寇一定望风披靡，我正好优哉游哉、自得其乐。怎么反而要节制饮酒呢！"晋元帝拿他没办法。

明帝继位后，阮孚无意从政，不肯做官，明帝就让他挂一个"东海王师"官衔，在家吃空饷。明帝去世时，温峤拉着阮孚登车去接受遗诏。阮家是魏晋累世名门，有着很大的社会影响力，温峤竭力想把阮孚拉入庾亮阵营，所以要拉着他一起去受诏，但阮孚不想插足门阀争斗。车到宫门口，阮孚说内急，于是下车逃走了。不过，朝廷仍然很重视阮孚。成帝咸和元年(公元 326 年)时，阮孚被任为丹阳尹。但阮孚预知庾亮执政天下不会太平，于是自愿担任广州刺史，去了遥远的南方。

6. 阮放

阮放字思度，阮籍的族弟。阮放和阮孚齐名，都是玄学家，都受到晋明帝的青睐。但阮放勤于政事，任吏部郎时很有业绩。可能受阮孚影响，阮放也不看好庾亮执政，极力要求去最南方的交州任职。终于，朝廷同意他任交州刺史、监交州军事。

交州当时还被叛将梁硕占据着。西晋灭亡前夕(公元 315 年)，交州刺史顾秘去世，"帐下督"梁硕起兵强夺州权，自据交州。王敦任王澄部将王机为交州刺史，让他去征讨梁硕。但梁硕拥戴前交州刺史修则儿子修湛代理州务，并举兵在郁林抵抗王机。王机知难而退，从此交州被梁硕占据。太兴元年(公元 318 年)，晋元帝让陶侃兼任交州刺史。晋成帝时，陶侃派部将高宝进剿梁硕。

阮放任交州刺史后，在宁浦遇上平定梁硕后班师回朝的高宝。阮放不想受骄兵悍将的控制，假意设宴款待高宝，席间设伏杀死了他。

阮放到交州不久，突然口渴难熬，很快就病死了。人们说阮放死于高宝作祟，其实这是谴责他生前滥杀无辜。

7. 桓彝

桓彝所以列为八达，主要因于他早期的放达和任诞。但后来桓彝转变了方向，进入了政治核心，成为明帝的亲信，因此事功超过了其他八达，成为不同于谢鲲等人的政治人物。

四、真名士、自风流

“八达”中，谢鲲是最具特色的标志性人物，所以《晋书》把他列为“八达”第一。

《晋书·卞喜》称：

时贵游子弟多慕王澄、谢鲲为达。

元康以后的贵胄子弟都以王澄、谢鲲放达为时尚，竞向慕仿。可见，这时的谢鲲不仅是玄学领袖，同时也是社会时尚文化的标识。他独立不羁、恣意张扬的任诞，让当时贵胄子弟异常着迷，趋之若鹜。

谢鲲的任诞表现为任达、旷达、放达。

任达者，任性率真也。

《晋书·谢鲲》说：

邻家高氏女有美色，鲲尚挑之，女投梭，折其两齿。时人为之语曰：“任达不已，幼舆折齿。”鲲闻之，傲然长啸曰：“犹不废我啸歌。”

谢鲲芳邻高氏女长得很漂亮，谢鲲去挑逗她，不防反被高氏女扔出的纺梭砸了两颗牙。为这件事，谢鲲受到了别人的嘲笑。但谢鲲不以为然，反而长啸一声，傲岸地说:“砸了两颗牙并不妨碍我啸咏歌唱。”

无独有偶，谢鲲的前辈名士阮籍也有同样的轶事。《晋书·阮籍》说：

邻家少妇有美色，当垆沽酒。籍尚诣饮，醉，便卧其侧。籍既不自嫌，其夫察之，亦不疑也。

酒家少妇漂亮，阮籍经常去饮酒，并且不避嫌疑，醉卧其旁。其实，阮籍并不是作非分之想，只是故意悖礼而为。

阮籍嫂子回娘家，阮籍也悖礼而为，专门去道别。

籍嫂尚归宁，籍相见与别。或讥之，籍曰：礼岂为我设邪？（《晋书·阮籍》）

阮籍说得很明白，我辈越名教而任自然，不受礼制束缚！

孔子曰，食色，性也。喜欢漂亮是人们的普遍心理，何况名士？前辈名士不也如此吗？所以，谢鲲有一万个理由骄傲。可是，谢鲲又是一个生活在一千七百多年前的中古人，他的自由放诞思想和森森礼法互不相容。因此，他和阮籍一样，种种真实的所作所为难被世人接受。他坦然承认爱慕美色，挑逗女人挨砸折齿也无所谓，这该有多大的勇气？这是何等率真、坦白！谢鲲灵魂深处时时闪烁着“任达”火花。

据说，谢鲲去豫章（今江西南昌市）时，赶路错过了村店，只好在旷野的荒亭里过夜，可是，这里经常发生凶杀抢劫。这天拂晓，有一个穿黄衣服的人喊着谢鲲的名字让开门。谢鲲镇定自如、毫不畏惧，悄悄从窗口探出双手紧紧抓住“贼”，“贼”拼命挣扎，折断肩胛骨后逃走了。谢鲲这才看清，在手的“肩胛”原来是一只鹿脚。于是，谢鲲顺着血迹追寻，终于抓获了在逃的鹿怪。从此，空亭再也没有出现过妖孽。

这则故事记载在《晋书·谢鲲》中，看上去很怪诞，不易被人采信。

但是，这焉知不是谢鲲真的如此这般抓住了杀人强盗，而以后又刻意渲染神怪妖鹿呢？要知道，外柔内刚、从容不迫、蔑视鬼神，历来是中国士人固有的品质，更何况大名士！所以，妖鹿、强盗奈谢鲲何？因此，这则故事本质上是可信的，它正是谢鲲“达士”精神的写照。

旷达者，胸襟开阔也。

《晋书·谢鲲》记载：

永兴中，长沙王乂入辅政，时有疾鲲者，言其将出奔。乂欲鞭之，鲲解衣就罚，曾无忤容。既舍之，又无喜色。

永兴是晋惠帝末年年号，当时长沙王司马乂执政。有人恶意中伤谢鲲，诬告他准备出逃；司马乂大怒，要鞭打谢鲲。谢鲲干脆脱衣就罚，没有一丝反抗意思。后经人求情谢鲲得以赦免，但也无喜欢神色。

同书载：

太傅东海王越闻其名，辟为掾，任达不拘，寻坐家僮取官稿除名。于是名士王玄、阮脩之徒，并以鲲初登宰府，便至黜辱，为之叹恨。鲲闻之方清歌鼓琴，不以屑意，莫不服其远畅，而恬于荣辱。

执政王司马越倾慕谢鲲大名，征辟他为掾属。不久，因家僮私采官府禁区的禾杆，谢鲲被连坐免官。同为名士的王玄、阮脩等朋友们大为不平，纷纷为谢鲲鸣冤叫屈，因为他来“宰相”府时间还不长。但谢鲲不以为意，照样唱歌弹琴，大家都叹服他胸襟开阔。

人在大喜大悲时表露的情感最真切。而谢鲲多次受到来自最高层的轻慢，但每次都能轻轻放在一边。当旁人备感屈辱时，谢鲲却不屑一顾，我行我素，真正达到了“宠辱不惊”的境界。这般“旷达”的胸襟，唯有谢鲲这类达士才具备。

放达者，恣意放任也。

谢鲲最令世人瞩目的标识是他的“放达”。

寻以世难，(光逸)避乱渡江，复依(胡毋)辅之。初至，属辅之与谢鲲、阮放、毕卓、羊曼、桓彝、阮孚散发裸袒，闭室酣饮已累日。逸将排户入，守者不听，逸便于户外脱衣露头于狗窦中窥之而大叫。辅之惊曰：他人决不能尔，必我孟祖也。遽呼入，遂与饮，不舍昼夜。时人谓之八达。(《晋书·光逸传》)

谢鲲等人连天累日、披头散发、袒胸裸背、闭门酗酒。光逸不期而至，但被门卫禁入。于是，光逸脱去衣服、摘下头巾，光着头探入狗洞对内大叫。胡毋辅之大惊说，一定是我的光逸来了！连忙开门请他进去，共同“不舍昼夜”，开怀痛饮。于是，世人称呼他们为“八达”。可见，谢鲲等达士大受世人追捧。不过，他们只能属二流。因为“甚者名之为通，次者名之为达(《世说新语·德行·刘注》)”。看来，谢鲲他们放诞得还不“甚”，只到了“次者”境界，所以谓“八达”。

由于谢鲲等“八达”处于士林高端，因此极具示范效应，贵族子弟群起效仿。于是，王澄、谢鲲等人成了放达派领袖，在他们的示范下，社会风气为之遽变。

相与为散发倮身之饮，对弄婢妾。(《晋书·五行志》)

披头散发、裸身饮酒成为时尚；还有的“对弄婢妾”不以为耻，真是世风日下了。

达官贵人也是如此。尚书左仆射周顗参加宴会时，竟在大庭广众之下非礼主人美貌爱妾。别人告发他，他还大言不惭地说：“我如万里长江，怎么不能千里一曲！”其实，正是谢鲲这些人的放达行为，潜移默化地推动了社会风气的逆转。

如果说，谢鲲的任达和旷达，是其率真个性的真实表达，那么，谢鲲的放达，包括“八达”的放达，则是他们消极个性的夸张宣泄，所以只有哗众取宠之嫌，而无任何实际意义，时人也反复垢病。

同时代的名士戴逵，专门作文批评说：

元康之人，……舍实逐声之行，是犹美西施而学其颦眉，慕有道而折其巾角，……徒贵貌似而已矣。（《晋书·戴逵》）

戴逵认为，谢鲲等元康名士和前辈名士相比，只是舍本求末、东施效颦而已。他的看法是正确的。但是，戴逵等只能算是支流，因为当时上流社会对谢鲲及八达倾慕不已，追捧是当时的主流，还美其名曰“元康之放”。

争议虽然不断，谢鲲的“四友”和“八达”光环却大放异彩，最后，连太子司马绍也倾慕谢鲲了。有一次，谢鲲公务去建康，司马绍在东宫召见他，并问他说:“有人把你和庾亮相比，你自以为如何”。庾亮既是清谈家，也是司马绍王妃之兄，更是当朝高官。但谢鲲一点也没有谦虚，他落落大方地说:“庙堂之上整饬朝政，作百官表率，我不如庾亮；一丘一壑之间，纵情山水，我自以为超过庾亮。”

晋时士林普遍标榜“处则优，出则劣”，认为高尚的士人应追求精神上的自由和愉悦，即“处世”；普通士人只会陷于世俗名位的羁绊，谓“出世”。谢鲲的意思是说：庾亮只是口头标榜“处优”而已，内心深处却醉心做官，算不得纯粹“名士”；而自己言行一致、满怀“处世”情意。所以谢鲲说自己超过庾亮，其实也是标榜自己是彻底的“处世”真名士。

汉末魏晋时，儒学风光不再，玄学风靡朝野。从学界到官场，到处都充斥玄学的清谈之声。政、学二界竟是玄学之家，没有玄学作敲门砖，政、学二界寸步难行。特别是政界顶层，更为当时玄学领军人物把持。曹魏正始年间的吏部尚书何晏、曹魏后期的吏部尚书山涛、西晋八王之乱中长袖善舞的司徒兼吏部尚书王衍、东晋开国权臣王导、王敦，等等，这些人无一不是名满天下的清谈家。最后连皇帝也加入其中，如简文帝。因此，政治上要有所作为，首先在玄学上要有地位，否则就会遭到当政精英和社会名流的排斥。

谢鲲所处时代是玄学至上的顶峰年代，幸亏他早早地放弃了家传儒学，转身跨入了玄学家行列，并成为其领袖，从而为下一代子弟赢取了横跨玄、政二界的优势。这为日后谢家成为首屈一指的华丽家族，奠定了坚实的基础。

当然，谢鲲选择玄学，并非为了做官，正好相反，他是意在林下。至于后来玄学成为谢氏子弟的晋身之阶，纯属风云际会的巧合。在这里，“有心栽花花不开，无意插柳柳成行”一样适用。

谢安评论谢鲲时说：

若遇七贤，必自把臂入林。（《世说新语·赏誉》）

谢鲲如果遇上竹林七贤，一定会被他们拉到竹林里去，或许就成了“竹林八贤”的佳话。

可见，谢鲲是竹林七贤一类人物。他自己也以“一丘一壑”、纵情山水自诩。因此，“处世”意趣是谢鲲醉心玄学的根本原因。

第五章　疾风知劲草

一、乌衣燕好

谢鲲、王敦由于私交甚笃，因此，由王敦而王澄，而王衍，而王导，而整个王氏家族，他们都与谢鲲有了交往。从此，王、谢两家早早地结成了通家之好。建邺乌衣巷中，王、谢两家毗邻而居；日后两家又多次结为姻亲。

乌衣巷在建邺城正南很远的秦淮河南岸，正好在浮桥朱雀航西(今江苏南京市秦淮河朱雀桥西)。《世说新语》刘注引《丹阳记》说："乌衣之起，吴时乌衣营处所也。江左初立，琅邪诸王所居。"由此可知，乌衣巷原来是东吴兵营所在地，因为士兵身着"乌衣"，所以俗称"乌衣巷"。东吴亡国数十年后，王氏家族迁徙江左择居于此，后来谢家也跟着搬到这里居住。东晋末期，权臣桓玄想在谢家宅基上恢复军营，谢安孙谢混讽刺问：谢安功高天下，"不保五亩之宅？"(《世说新语·规箴》)桓玄羞愧而止。

光熙元年(公元 306 年)，八王之乱基本结束，东海王司马越执掌朝政。他广泛罗致天下名士装点门面，谢鲲、阮脩、光逸、胡毋辅之等，都被任为东海王府僚属。后来，谢鲲看出司马越政治日益腐败、来日无多，于是"以时方多故，乃谢病去职，避地于豫章"。(《晋书·谢鲲》)即以患病为由提出辞职，转而投奔司马睿集团的王敦去了。

王敦这时任江东司马睿的左将军，他不忘"四友"旧谊，立即任命谢鲲为"左将军长史"，相当于左将军助理或幕僚长。看得出来，王敦一如既往地友重谢鲲。

王敦因镇压“秀才造反”杜弢有功，进位镇东大将军、开府仪同三司、加都督江扬荆湘交广六州诸军事，并兼任江州刺史，封汉安侯。谢鲲也同时受封“咸亭侯”，并升任大将军长史。

东晋皇朝建立后，王敦又任征南大将军，仍然开府仪同三司；后又拜侍中、大将军、江州牧、荆州牧。从此，王敦盘踞天下形胜之地荆州，和他居中枢之重的堂弟王导，遥相呼应，左右朝政。

随着琅邪王氏家族地位的急剧攀升，晋元帝感到了高门豪族咄咄逼人的威胁，因此慢慢疏远了王氏兄弟，转而亲信侍中刘隗、尚书令刁协。

王敦随着权势的不断增加，其野心也日益膨胀，不臣之迹明显流露。他有心再演曹魏篡汉故事，每到酒酣耳热之际，就用如意猛敲唾壶，和着节拍高咏曹操名句：“老骥伏枥，志在千里。烈士暮年，壮心不已。”敲得唾壶边沿尽是豁口。

这时王敦掾属陈述因病去世，记室参军郭璞为之痛哭说：“陈述啊，你现在死去难道不也是一种福分吗！”郭璞是名扬四海的占星家，但实际是精于趋势判断的分析师，只是故意涂抹神秘色彩而已。郭璞反对王敦叛乱，但无能为力，深为自己不幸卷入其中痛心，所以大哭同僚，发泄怨愤。

终于，王敦在晋元帝永昌元年（公元 322 年）正月，借“清君侧”名义，开始了他的“问鼎”之旅。

二、逆风规劝

谢鲲身为王敦“大将军长史”，不幸卷入叛乱的风暴中心，这让他饱受了臣道、友道尖锐对立的煎熬。

谢鲲虽然任诞放达，意在林下，但名节操守等儒家道德却根深蒂固。在事友、事主、事君的三岔路口，谢鲲义无反顾的选择了铮友、诚僚、忠臣之路。这于两晋名士而言，实属难得。两晋交替之际，天下大乱，名教崩塌；众名士依违莫辩、无所适从；许多人慌不择路，由此走上了卖身投机、蝇营狗苟之路。被世人唾弃的“二十四友”中，潘岳、陆机、陆云、左思等顶级名士也赫然在列，这不能不说是两晋名士的悲剧！

所以，谢鲲处乱不变之秀，更显光彩夺目。

在王敦寻找借口对朝廷发难时，谢鲲委婉地规劝。

王敦问谢鲲说：“刘隗是奸佞邪臣，终将危害国家社稷安危，我要除去皇上身边的这个恶魔，匡正人主、挽救时局，如何？”谢鲲委婉地回答说：

隗诚始祸，然城狐社鼠也。（《晋书·谢鲲》）

刘隗等如果真是祸害，也不过是城根之狐、社庙之鼠而已（不值得劳师动众“清君侧”）。王敦勃然大怒说：“你真是个蠢材，不明大义。”于是，王敦让谢鲲出任豫章太守，但又不放他去上任，还想借助他的名望，以利向朝廷发难。

在王敦篡逆阴谋难以阻止时，谢鲲消极应对。

《晋书。谢鲲》载：

敦有不臣之迹，显于朝野。鲲知不可以道匡弼，乃优游寄遇，不屑政事，从容讽议，卒岁而已。每与毕卓、王尼，阮放、羊曼、桓彝、阮孚等纵酒，敦以名高，雅相宾礼。

王敦的不臣之心朝野尽知，谢鲲知道自己无法匡正，于是优游局外、随遇而安，不再认真处理政务，经常与毕卓、王尼、阮放、羊曼、桓彝、阮孚等纵情使酒。王敦因谢鲲名高，仍对其优礼有加。

永昌元年（公元322年）正月，王敦终于在武昌发兵，进军建康。同时，他连上两道奏章，历数刘隗、刁协之罪，含沙射影指责晋元帝，叛逆气焰非常嚣张。

在王敦篡逆出现徘徊犹豫迹象时，谢鲲伺机进言。

三月，王敦军攻入建康外围清凉山下的石头城。这是建康城西的军事要塞，素有“钟山龙蟠，石头虎踞”之称。王敦在石头城下万分感慨地说：“吾不复得为盛德事矣。”他的意思是说，当初在建康时，经常和众名士到这里来饮酒作乐，共享美景，以后恐怕没有这样的机会了。实际是说，此行东来，成者为王败者为寇，但无论为王为寇，势已覆水难收了。这样的语境，虽有点悲凉无奈，但也透露出一丝徘徊犹豫。所以，谢鲲想不失时机地规劝。他对王敦说：

何为其然？但使自今以往，日忘日去耳。（《晋书。谢鲲》）

意思是说，何必如此伤感，只要从今以后，一天一天地忘却与朝廷的前嫌就可以了。也就是说，就此悬崖勒马，朝廷也会不计前嫌。可是，王敦篡逆之心由来已久，根本不会因谢鲲进言而罢休。

在王敦得志猖狂、残害忠良、肆虐无度时，谢鲲置生死于度外，挺身而出，仗义执言。

石头城守将周扎开门揖盗、不战而降，让王敦军顺利占领了形势险要的石头城，使建康主城无险可守。刘隗、刁协、戴若思、周顗等朝廷部队，纷纷从前线败下阵来。晋元帝流着泪让他们赶快逃命。刁协逃到江乘（江苏句容北）为部下所害；刘隗带上妻儿老少和亲信投奔了石勒；戴若思和周顗坚持不逃跑。周顗还说，我是朝廷大臣，朝廷乱到这种程度，我不能逃避责任。王敦得手后，放纵士兵大肆抢掠，并杀害了戴若思和周顗。

谢鲲听说周顗等被逮捕后，“闻之愕然，若丧诸己”。参军王峤反复请求王敦不要杀害周顗等人。王敦大怒，喝令推斩王峤，吓得群僚莫敢吱声。谢鲲挺身而出，正色说道：

明公举大事，不戮一人。峤以献替忤旨，便以衅鼓，不亦过乎？（《晋书·谢鲲》）

谢鲲说，王峤据理进言是履行参军职责，说他违抗命令，并让他血祭战鼓(杀头)，不显得太过分了吗？王敦看到谢鲲义正词严，无言以对，只好撤销杀人命令，“敦乃止。”(《晋书·谢鲲》)虽然谢鲲救人有限，但毕竟尽到了正直名士的本分，最大限度地阻止了王敦滥杀无辜的暴行。

在王敦和朝廷关系暂时缓和时，谢鲲又极力弥和。

王敦是以“清君侧”名义作乱的，因此，当他剪除异己目的达到后，踌躇满志，颐指气使，勒令各地朝贡均入家门；朝廷政要和地方官吏任意指派，一次罢免和调换了一百多人；任命西阳王为太宰，王导为尚书令，王含为征东将军、都督扬州长江以西诸军事，王舒为荆州刺史，王彬为江州刺史，王邃为徐州刺史，兄子王处弘“时所不齿，以敦贵，故历显位(《晋书·王敦》)”。王敦自任丞相、江州牧，进爵武昌郡公，食邑万户……反常的是，这些“朝政”都是王敦在建康城外遥控朝廷完成的。干完这些事，王敦扬长而去，拒绝朝拜晋元帝。

看到王敦无意朝拜皇帝，谢鲲极力规谏说：

公大存社稷，建不世之勋，然天下之心实有未达。若能朝天子，使君臣释然，万物之心于是内服。杖众望以顺群情，尽冲退以奉主上，如斯则勋侔一匡，名垂千载矣。(《晋书·谢鲲》)

明公以国家社稷为重，建立了不朽功勋，但天下人还不满足。如果您去朝拜天子，君臣尽释前嫌，天地万物才真正心悦诚服，如果这样，则又如建立了新的功勋一样，名扬千秋啊。

但王敦并不听从谢鲲规谏，他反问谢鲲说：“你能担保不会发生意外吗？”谢鲲说：“我近日入宫朝觐，皇上看上去很忧戚，恐怕是没能及时见到明公的原因吧。宫中肃穆有序，一定没有什么可担忧的东西。明公如去朝拜，请允许由我侍候您。”王敦勃然大怒说：“把你们这样的人杀掉几百个，也无碍时局。”王敦终究没有去朝拜皇帝，直接回驻地武昌去了。晋元帝也终因王敦“清君侧”闹剧，弄得心力憔悴，郁郁寡欢，于当年十一月去世。

在得不到王敦信任的情势下，谢鲲坚持推诚进谏。

王敦“清君侧”闹剧平息后，谢鲲一如平常，坚持职守，建言献策。《晋书·谢鲲》说：

鲲推理安席，时进正言。敦既不能用，内亦不悦。军还，使之郡。

虽然王敦内心不喜欢、不采纳谢鲲的谏言，但谢鲲还是照常进谏。军队回到驻地后，王敦赶快打发谢鲲到豫章赴任去了。

在豫章太守任内，谢鲲为政清明简肃，深受百姓爱戴；不久在任内逝世，终年四十三岁。

王敦最后还是按捺不住篡晋的野心，于晋太宁二年（公元324年）五月公开叛乱。但这时王敦病入膏肓、行将就木。叛乱很快被被平定，王敦也被从棺材里拉出来，扒去官服，跪地斩首，朱雀桥边挂头示众。

三、板荡识诚臣

王敦之乱平定后，晋明帝对谢鲲给与了高度评价。他在写给温峤的信中说：

痛谢鲲未绝于口，……盛年隽才，不遂其志，痛彻于心。……鲲远有识致。其言虽未足令人改听，然味之不倦，近未易有也。（《晋书·王廙》）

晋明帝对谢鲲英年早逝“痛彻于心”。他觉得，谢鲲在王敦之乱中的表现卓有远识；谢鲲不缄其口，反复劝导，虽未能使王敦幡然醒悟，但这种坚守臣道、刚直不阿的精神让人追思不已。

谢鲲是谢安的伯父，但是，他对谢安的发展、乃至谢氏家族的发展，都具有决定性意义。

谢鲲以高超的玄学造诣，对谢氏家族及其子弟产生了极其深远的影响。

谢氏家族本来是“以儒素显”的官宦之家。但在玄风蔚然的两晋时代，谢安祖父谢衡、父亲谢裒却没有能晋身高门豪族行列，两代都“显而不贵”，这给谢氏子孙留下了深深的思考。

谢鲲由于个性气质通达洒脱，因此能果断放弃家传儒学，转身锲而不舍地追求玄学精义，最后成为清谈领袖；谢家也由此变“以儒素显”为“以玄素显”，从而名动朝野。

正是有了谢鲲在玄学界叱咤风云的激励，其子侄谢尚、谢奕、谢安、谢万，余及谢玄、谢朗等孙辈子弟一概由儒入玄，并都被公认为玄学清谈界的风云人物。

正是有了谢鲲的推动，整个谢氏家族在两晋交替时步入了玄学殿堂，并与有玄、政双重背景的当政者，建立起了广泛而亲密的联系，并获得了高门豪族的认同并被接纳；同时，谢家也因此积累了极其广泛的社会政治资源，为以后谢氏子弟的进一步发展奠定了基础。

因此，谢鲲虽然是谢安的伯父，但就个人事业而言，他是谢安的政治奠基者，也是谢安的成就开启者。

同时，谢鲲也是谢氏家族步入高门豪族的奠基者。如果说，谢安在日后把谢氏家族推上了东晋第一门阀的最高峰，那么，谢鲲提前为这一高峰筑就了第一级台阶。

第六章　跻身豪门

一、颜回和小安丰

谢鲲去世时，儿子谢尚只有十岁多一点。真是天不假年，谢鲲一支这时到了子幼妻弱的田地。幸好谢尚奋发有为，少年得志，日后成为谢氏家族中高居藩镇方伯的第一人。

谢尚自幼聪明，八岁时随父亲送客，有人见他后惊叹说，这孩子可是一坐之中的颜回啊！谢尚应声反驳说，在坐无孔丘，怎能辨颜回？对他的敏捷机变，举坐宾客，无不赞赏。

颜回即颜渊，是孔子早期弟子颜路之子。他出身寒微，安贫乐道；深思善学，聪敏过人；对孔子所说，闻一知十，并以德行著称于世。所以，颜回是孔子最得意的弟子。

客人赞叹小谢尚虽有溢美之意，但小谢尚当时的神态举止远胜同龄稚童，所以引起了客人惊叹。

谢尚长大后，神气清雅，才识过人。原来他喜欢衣着精致的锦绣服饰，但被伯父叔父们批评后，立即改正。以后名声鹊起。

丞相王导非常器重谢尚，常常亲热地称呼他为“小安丰”。当然，这除了谢尚从小风流儒雅让王导喜欢外，谢家和王家是世交也是重要因素。

王导所说“安丰”是指王戎，因他曾被朝廷晋封为“安丰侯”，因此大家背后尊称他为“安丰”。王戎是王导的堂兄，但整整年长四十二岁。王戎小时候被誉为神童，王导呼谢尚为“小安丰”，意即谢尚也和王戎一样，是聪明智慧的小神童。《晋书·王戎》载：

尝与群儿嬉于道侧，见李树多实，等辈竞趋之，戎独不往。或问其故，戎曰："树在道边而多子，必苦李也。"取之信然。"

王戎小时候和小朋友们在路边玩耍，看到一棵李树上有很多李子，其他小朋友们都抢着去采摘，独有王戎不去。有人问他为什么不去，他说，李树长在大路边，但还留着很多李子未被采掉，那一定是苦李子。大家采来一尝果然如此。

王戎受阮籍的提携，成为"竹林七贤"之一；后来又担任了荆州刺史、司徒等大官。王导把小谢尚比作王戎，也寄托了对他的美好期望。

谢尚长大后，风流倜傥，博学多才，尤其精通音乐，是一个多才多艺的人。《世说新语·品藻》载：

王丞相云："见谢仁祖，恒令人得上。"

王丞相指王导，他说看见谢尚，就使人产生一种奋发向上的意气来。

由于王导提携，谢尚被安置在司徒衙门任职。上任前，谢尚到王导府邸去拜谒，恰逢王府举办盛会，王导对谢尚说：听说你能跳鸲鹆（qúyù）舞，在坐的客人都很钦慕，可以满足大家的雅望不？谢尚说：很好。当即换上跳舞的专用服装，前俯后仰、旁若无人、翩翩起舞。王导大喜过望，回过身去请客人们起身捧场，和着音乐节奏鼓掌助兴。大家从谢尚优美的舞蹈中看出，他是一个非常率真洒脱的人，很有乃父遗风。

二、天际真人

后来谢尚做了大官，但对音乐的爱好和率真洒脱的个性一如既往。传世的《乐府诗集》收录了他创作的《大道曲》，并引《乐府广题》作了说明：

谢尚为镇西将军，尝着紫罗襦，据胡床，在市中佛国门楼上弹琵琶，作《大道曲》，市人不知其三公也。

这场景很有点街头音乐家的风采：穿紫色绫罗短袄，坐着折叠椅（胡床），在闹市区佛国寺门楼上，旁若无人、神情专注地弹着琵琶，唱着自己创作的《大道曲》：

春阳二三月，柳青桃复红。
牛马不相识，误落黄埃中。

路人们谁能想到，歌者竟是朝廷公侯？

有人谈论谢尚时，神情不够庄重。桓温很不以为然。他说：

诸君莫轻道，仁祖企脚北窗下弹琵琶，故自有天际真人想。（《世说新语·容止》）

桓温觉得，谢尚踮着脚在北窗下弹琵琶的形象，简直堪比天际仙人，风采斐然。所以他不允许别人漫不经心地谈论谢尚。

谢尚也善于清谈，在父亲的熏陶下，他很早就开始钻研玄学了。《世说新语·文学》载：

谢镇西少时，闻殷浩能清言，故往造之。殷未过有所通，为谢标榜诸义，作数百语，既有佳致，兼辞条丰蔚，甚足以动心骇听。谢注神倾意，不觉流汗交面。殷徐语左右："取手巾与谢郎拭面。"

谢尚少年时为学习清谈，专程去拜访第一流的清谈大家殷浩。殷浩给他讲了数百言条理清晰、内容丰富的玄理。谢尚听得全神贯注，汗流浃面而不自知。殷浩只好命左右侍从取手巾给他擦汗。

大概从这时候开始，谢尚就崇拜上了殷浩。殷浩隐居父母墓所，数十年不出来做官，谢尚真心焦急，他和王濛、刘惔一起去拜访殷浩后，相互忧虑地说：

深源（殷浩）不起，当如苍生何？（《晋书·殷浩》）

由于谢尚聪明好学，他很早就被清谈界的高层接纳。有一次，王导专门为殷浩举办清谈盛会，也邀请了谢尚和桓温。事后，桓温沾沾自喜地以谢尚说事。他告诉别人说：昨晚听殷浩和王丞相清谈，非常好。我们虽未有机会插话，但谢尚不感到冷落，我也深受启发。

又有一次，会稽王司马昱邀请了殷浩、孙盛、王濛、谢尚几位名士举行清谈。孙盛所说玄理不为大家接受，但又辩难不了。于是司马昱召来刘惔，才折服了孙盛。

后来，谢尚由黄门侍郎升为建武将军、历阳太守，屯驻牛渚矶（今安徽当涂西北长江边）。虽贵为将军和太守，但名士情怀难以稍泯。戎马倥偬间，谢尚常常到牛渚矶游览观赏、饮酒赋诗。牛渚矶也称采石矶，是长江南岸的牛渚山突出在江中的奇峰。这是长江重要古渡口，江面比广陵瓜州古渡口更狭。

传说苏峻之乱平定后，温峤要回武昌去。船过牛渚，但见波滚潮涌，惊涛拍岸、险象环生。部属告诉温峤：这儿深不可测，水下有怪物兴风作浪；但只要点燃犀牛角，就能看到水中怪物。于是，温峤下令点燃犀牛角，果然看到有穿红衣、驾马车的人在水底下行走。当晚，温峤梦见红衣人谴责他说："你我阴阳两界，互不相干，为什么点燃犀牛角照我？"天明后，温峤原有的牙痛病突然加剧，拔牙后又中风，回到武昌就去世了。

谢尚驻守在神秘的牛渚矶畔，真是得天独厚。有一天，又是一个秋风明月夜。谢尚着家常便服，携随从二三，泛舟江中，饱览秋夜江天。这时候，皓月当空，静影沉璧，清风徐来，心旷神怡。忽然，不远处传来一阵诵咏诗歌声，音色清亮，文辞优雅。谢尚急命停舟，侧耳谛听多时，称羡不已，于是派人过去联络。回报说，是书生袁宏在诵吟自己所作的咏史诗作。谢尚随即取消了夜游安排，命人邀请袁宏到自己船上来叙谈。两人一见倾心，谈论通宵达旦。这以后，袁宏受邀来到谢尚幕府参赞军事。后来袁宏又进入桓温幕府；最后，袁宏成为名扬天下的大才子。

袁宏以才思敏捷著称。桓温第三次北伐时，临时召袁宏来起草北伐文稿。袁宏到后，倚着马背，略加思索，挥笔立就。从此就有了“倚马可待”的成语。

谢安很赏识袁宏的敏捷才思。袁宏由吏部郎外放东阳太守时，大家都去送别。谢安想在猝不及防的情况下考验袁宏。于是，他让随从拿出一把扇子送给袁宏，说：“微薄之礼，聊以送行。”袁宏应声回答说：“我当敬捧此扇，宏扬谢公惠风，抚慰东阳百姓。”

谢尚提携袁宏之事，后来成为千古美谈。四百年后，诗仙李白年老，定居离采石矶不远的当涂。在一个风轻月明的夜晚，他也来作牛渚夜游。看着浩浩荡荡、无言东流的长江，李白百感交集：自己奔波一生，怎么就没有幸遇“谢将军”的好运呢？

于是，李白悲伤地写下了一首诗：

夜泊牛渚怀古

牛渚西江夜，青天无片云。
登舟望秋月，空忆谢将军。
余亦能高咏，斯人不可闻。
明朝挂帆席，枫叶落纷纷。

三、显赫藩镇

不久，谢尚又以建武将军身份转任江夏相（驻所在今湖北安陆），还兼督江夏、义阳、随等三郡军事。这里地处江汉平原，是抗胡前线。晋制，行政大区域除州、郡外，还有诸侯王封国。州、郡行政长官分称刺史、太守，诸侯王封国所在地行政长官称内史或相。谢尚的新职江夏相和原职太守相当，但权威大增。因为新职除行政责任以外，还有实质性的军事责任：要“督江夏、义阳、随三郡军事”。《通典·职官十五》说：“晋郡守皆加将军，无者为耻”。可见军职同时也是一种荣誉。

但是，谢家世代为儒，毫无军事背景，因此，谢尚担任军职有点勉为其难，他自己也这样认为。所以，谢尚任江夏相后，经常去武昌（今湖北鄂州）向安西将军、荆州刺史庾翼请教军事方略。当然，江夏相属荆州刺史管辖，谢尚也有义务经常聆听庾翼的指教。

有一次，谢尚和庾翼共同练习射箭。庾翼大约以为谢尚不过书生将军，没有武艺。于是设下赌注说：你若能射中前面的箭靶，我送你一副鼓乐仪仗。谢尚应声发射，一矢中的。庾翼大为惊叹，立即兑现诺言，把一副仿真的鼓乐仪仗送给了谢尚。鼓乐仪仗是皇帝颁赐的、奖励功臣的一种荣誉物件；真实的鼓乐仪仗不允许转送别人，否则就有亵渎皇权之嫌。因此，庾翼只能送仿真的鼓乐仪仗给谢尚。这也算是对谢尚的高规格奖赏吧。

由于谢尚注重军事研究，又有多年军职履历，因此他的军事才能逐渐显现，朝廷也很认可。晋建元二年（公元 344 年），朝廷下诏说：因谢尚一直以来从事重要的军事工作，着免去黄门侍郎散官职，以授军职；又因谢尚率部地处险要，宜提升其品级以增强权威，特升任南中郎将，其他官职如旧。恰在这时，江州刺史庾冰去世，朝廷以谢尚继任为江州刺史，并加督豫州四郡军事。

不料，谢尚尚未到职，江州刺史职守就被其原来的上司、庾冰弟弟庾翼抢先接管了。可见，江州地位非常微妙。

江州刺史前任庾冰是一个很了得的人物。咸康五年（公元 339 年），丞相王导去世。庾冰进入中枢执政。

既当重任，经论时务，不舍昼夜，宾礼朝野，升擢后进，由是朝野

注心，咸曰贤相。（《晋书·庾冰》）

庾冰执政后，肩负重任，勤于政务而日夜操劳，礼贤下士而不分朝野，奖掖后进而无论尊卑。于是，朝野和睦、上下同心，大家都称庾冰为“贤相”。但庾冰深明大义，不想使自己权势太盛。恰逢弟弟庾翼即将北伐，庾冰放弃辅臣高位，自请外出作庾翼后援。朝廷同意他以原任职务兼任江州刺史、假节、都督江荆宁益梁广交七州和豫州四郡军事，镇守武昌。晋建元二年（公元 344 年）十一月，庾冰去世。庾翼无视朝廷任命，先下手为强，从襄阳前线返回夏口（今湖北武汉市汉口），把原来庾冰的部属全部收编为己有，并擅自任命兄子庾统为寻阳太守，这样，江州东大门寻阳也被庾翼掌控了。

兄冰卒……，还镇夏口，悉取冰所领兵自配，以兄子统为寻阳太守。（《晋书·庾翼》）

谢尚失藩，朝廷大失颜面，但在强藩面前亦无可奈何。于是，朝廷忍气吞声，承认既成事实，改任谢尚为西中郎将、豫州刺史、假节、督扬州之六郡诸军事，镇守历阳（今安徽和县）。谢尚的豫州刺史虽然是改任，但仍然是重用。因为豫州刺史的辖区在建康以西，是京师建康的西北大门；同时，谢尚还都督建康所在的行政区域——扬州辖区内的六郡诸军事。所以豫州刺史实际上还承担着朝廷近卫军责任。

四、皇后外甥女

庾翼如此跋扈，朝廷如此软弱，谢尚如此幸运，这都和一个人有关，她就是当时的太后褚蒜子。

褚蒜子为何能容忍庾翼如此跋扈呢？

原来，褚蒜子是庾翼外甥晋康帝司马岳的皇后。但庾翼不是因辈分高而骄横，而是因为庾氏兄弟扶植司马岳登基为帝有功，所以如此跋扈。

晋康帝司马岳是以“兄终弟及”方式继承皇位的。

晋咸康八年（公元 342 年）五月，晋成帝司马衍病重，两个儿子司马丕和司马奕尚在襁褓之中。辅政大臣庾冰为了自己继续以舅舅身份辅政，于是极力推荐成帝弟弟司马岳继承皇位，中书令何充反对也没用。当年六月，司马奕去世，司马岳即皇帝位；十二月，王妃褚蒜子被立为皇后。

所以，庾氏兄弟有大功于司马岳和褚蒜子。

朝廷当时为何如此软弱呢？

原来，司马岳继承皇位一年后，庾翼决意北伐，庾冰也不想使庾家权势太盛，自求外出任职，于是以帮助庾翼北伐为由出镇武昌，任江州刺史。朝廷诏命徐州刺史何充回朝，继任辅政大臣、录尚书事，兼扬州刺史。

可惜，晋康帝司马岳寿年不永，登基二十八个月就去世了。庾氏兄弟想立会稽王司马昱为帝。这一次还是何充反对。终于，晋康帝立自己儿子司马聃为继承人，是为晋穆帝。但司马聃登基时年仅二岁，于是，褚皇后被尊为皇太后，并临朝称制。这是她第一次以太后身份执政。

孤儿寡母当朝能有多大权威？所以在气焰熏天的庾氏家族面前，何充为首的中枢和褚蒜子为首的皇室显得很软弱。

褚蒜子为何能使谢尚幸运呢？

原来，褚蒜子是谢尚的嫡亲外甥女。褚蒜子母亲谢真石，是谢鲲的女儿和谢尚的姐姐。因褚蒜子后来贵为皇后，谢真石被封为“寻阳乡君”。

褚蒜子父亲是以“皮里阳秋”闻名于世的褚裒。庾冰去世、庾翼豪夺江州时，褚裒任徐兖二州刺史、都督徐兖青三州以及扬州二郡诸军事，但他也无能为力。这时是晋建元二年((公元 344 年)十一月。第二年正月，褚太后正式临朝称制，于是谢尚被改任为豫州刺史。

从这时开始，东晋朝廷赖谢氏豫州为可靠门户；豫州从此也成为谢氏子弟飞黄腾达的基地；谢氏家族也正式跻身东晋高门豪族的行列。

东晋的“刺史”是地方最高一级官位，号称“藩镇方伯”。

刺史官职始自西汉。为了加强对地方官吏的监督，中央和地方政府派出监御史定期巡查郡县。公元前110年，因监御史们不够奉公守法，汉武帝下令撤销。公元前106年起，汉武帝改“监御史”为“刺史”，让他们继续履行原来监御史巡察地方的职责，承担监督职能。全国设十二州刺史，另设监督京师辖区官吏的“司隶校尉”一人，共十三人。刺史以中央低级官吏（六百石，秩比县令）担任，职务远低于郡守（二千石），也没有固定官署和属员，但有纠察、弹劾大权。到汉成帝时，州刺史改称“州牧”，品秩由六百石提升至二千石。

东汉建武十八年（公元42年），光武帝刘秀下令，改“州牧”为“州刺史”，品秩仍为二千石，但配备有固定的官署和属员；在纠察、弹劾权之外，还有直接废黜二千石、及以下官吏的大权。灵帝中平五年（公元188年），“州刺史”又改称“州牧”，职责虽相同，但不再是中央下派官员，而是地方的常设官吏。地方行政系统也由此前郡、县两级，改变为州、郡、县三级。

魏晋沿袭汉制，设“州刺史”，有时特设“州牧”以授重臣，但管辖区域和“州刺史”相同。

西晋时全国共有十九州和一百七十多郡（国）；到东晋时，全国只剩下八州和八十多郡（国）：主要是荆州、江州、豫州、扬州、徐州、广州、交州、宁州。此外，还有侨置大江南北的兖、青、幽等许多北方州郡。

两晋时，州刺史一般都会得到公、侯、伯之类的封爵，并常常兼任本州和周边区域军事都督。由于其位高权重，人们比称州刺史为诸侯方伯，或藩镇方伯。所以这时的州刺史是集军、政、民大权于一身的封疆大吏。而其中，又因荆、江、豫、扬、徐五洲地处战略要冲，其刺史地位更在诸州之上。因此，谢尚任豫州刺史，于谢氏家族而言，更有非凡的政治意义。

五、兵败淮北

谢尚担任豫州刺史时，北方形势正在发生重大变化。原来建都襄国（今河北邢台）的后赵政权已经崩溃，其势力范围被原后赵的各实力人物分据。其中冉闵势力最强。公元350年正月，冉闵自立为皇，建国“大魏”。但是，后赵东北的前燕正俟机向西扩张；西边的前秦积极向东挤压；冉魏等各残余势力则互相攻伐。一时间，北方秦、魏、燕、后赵残余形成了“三国四方”攻战不休的混乱局面。

在前燕的凌厉攻势下，冉魏政权日渐衰退。晋永和七年（公元351年）五月，冉魏豫州牧张遇、徐州刺史周成、兖州刺史魏统、荆州刺史乐弘等一起投降东晋；北方形势开始向有利于东晋方面转化。

这时担任荆州刺史的桓温认为，进军中原的时机已经成熟，于是积极上疏朝廷请求北伐。晋永和七年（公元351年）十二月，桓温急不可耐，一边上疏，一边率五万部众自荆州顺流而下至武昌，准备就此北出，但举朝反对。在会稽王司马昱的劝阻下，桓温作罢。

朝廷为了抵消桓温的北伐影响，于晋永和八年（公元352年）二月，正式命殷浩举兵北伐。谢尚豫州军受命参战，冉魏降将张遇部随谢尚行动。

殷浩北伐，目标是许昌和洛阳。这里既是晋廷故都所在地，也是后赵政权残余势力范围。

这年三月，原后赵大将姚襄在与前秦的混战中失败，率残部投降东晋。为了取得完全信任，姚襄先把他五个弟弟送到东晋作为人质，然后自己单身一人，渡过淮河到寿春进见谢尚。姚襄很博学，又善清谈，谢尚久闻其名，因此接受投降时给予他很高礼遇：大营撤去仪仗卫士；自己摘掉帽子，用丝绢束发；像故旧重逢一样，热情接待姚襄，很好地顾全了他的自尊。

但对以前投降的人谢尚未予重视，也没有认真安抚，冉魏降将张遇深感不满。尚书右丞孔严曾提醒殷浩说：我近来仔细观察，投降归附者都是人面兽心、贪得无厌、六亲不认之徒，“恐难以义感也(《资治通鉴·晋永和年》)”。但殷浩没有在意，谢尚也未予重视，不幸被孔严言中。

谢尚大军推进到许、洛地区后，张遇突然叛变，他带着占据的许昌投降了前秦，并派部将上官恩率部进据洛阳。原来一起降晋的乐弘也跟随张遇叛晋，并在仓垣攻打谢尚部将戴施。谢尚的北伐军被迫回兵讨伐张遇。但前秦派出二万兵众救张遇，在颍水的诫桥打败了谢尚军，晋军被杀一万五千人，近乎全军覆没。谢尚在姚襄军掩护下，逃过淮河回到寿阳。后来，谢尚委托姚襄收拾残部。殷浩听说谢尚兵败，也退守寿阳。

这次失败的后果是严重的。张遇叛晋后，前秦介入，联手占据了许、洛，敌我双方力量和战略姿态发生了重大变化，打乱了东晋北伐计划。朝廷只好搁置北伐，并追究谢尚的责任，降号为建威将军。

当年九月，殷浩再次北伐。谢尚率部首先进发，部属河南太守戴逵进据石门(今河南荥阳西)；荥阳太守刘遁进据仓垣(今河南开封东北)，大军继后。十月，谢尚部冠军将军王侠攻克许昌，终于稍洗春天兵败失地之耻。

但是，殷浩这次北伐的总体战又遭到了惨败，原因也是未妥善处理好与降将的关系，从而引起姚襄倒戈。东晋多年积聚的器械军储，损失殆尽。

殷浩惨败，朝野鼎沸，怨声载道。桓温趁机上疏，历数殷浩之失，要求追究殷浩之罪。朝廷不得已，废殷浩为庶人，并搬出京师，迁往东阳信安(今浙江衢州市)。自此朝廷大权悉归桓温。

这次北伐后，谢尚调尚书省任尚书仆射。后来，朝廷考虑到谢尚以前和姚襄有过良好关系，于是再次把他调往前线，出镇历阳，任豫州刺史，都督江西、淮南诸军事。

六、意外收获

谢尚参与两次北伐，虽胜负相间、未有大功，但也有意外收获：一是找到了丢失已久的“传国玉玺”，圆了东晋朝廷多年的梦想；二是找到了星散零落的“太乐”器件，为东晋朝廷增添了声威。这些成果并不亚于攻战征伐！

1. 意外找到传国玉玺。

晋永和八年（公元352年）三月，也就是在姚襄降晋的同时，大魏皇帝冉闵被前燕俘虏，两个月后被杀。但是，冉魏政权的大将蒋干还坚守着京都邺城，不肯投降。可是，在前燕军的长围久困下，邺城爆发了严重饥荒，人们相互残杀为食。原来后赵宫女被守城兵众杀尽吃光。蒋干无计可施，只好派侍中缪嵩、詹事刘猗，恭敬地捧着降书去谢尚大营，请求投降并救援。

谢尚部将戴施这时驻守在枋头，知道蒋干求救于晋，于是就经仓垣移驻棘津，在半路上截住缪嵩和刘猗。戴施要求蒋干首先献出传国玉玺，然后再去受降并救援。缪嵩不敢答应，刘猗在旁建议缪嵩回邺城和蒋干协商。缪嵩没法，只好回去向蒋干禀报。蒋干知道晋方意图后，沉吟无言，犹豫不决。他怕献出传国玉玺后，谢尚仍没有实力救援邺城。

六月初，戴施和一百名精兵突破前燕防线进入邺城，名义是来帮助守卫三台中枢，其实是为索要传国玉玺而来。戴施哄骗蒋干说："现在燕寇重兵在外，道路不通，传国玉玺不可能贸然送走。您暂且先把它拿出来交给我，让我有理由禀报天子。天子听说传国玉玺在我们手上，就会相信您的诚意，也一定会发兵送粮来救济这里的困难。"蒋干想想也有道理：没有凭信，谁肯出人出粮和前燕厮杀？于是蒋干就拿出传国玉玺交给了戴施。戴施拿到玉玺后，一方面交督护何融深藏不露，随时准备送归朝廷；另一方面假意对外宣扬，要派何融回去迎兵接粮。六月初六，蒋干亲率五千精卒，和晋兵一起护送何融出城。城外的燕军大破蒋干兵，斩杀四千余人，蒋干率残部逃回邺城，但何融杀出了重围，把传国玉玺送到了谢尚大营。

尚遣振武将军胡彬率骑三百迎玺，致诸京师。（《晋书·谢尚》）

六月十三日，谢尚派振武将军胡彬率三百骑兵接应何融，并立即护送传国玉玺急驰建康。

“传国玉玺”是秦始皇称帝时特制的传国宝器，用历尽磨难的“和氏璧”雕琢而成，印钮是五条张牙舞爪的飞龙，玉玺上的字是秦丞相李斯亲笔撰写的篆文：“受命于天，既寿永昌”。玉玺代表着至高无上的国家皇权，历来被视作朝廷号令天下的凭信。

西晋末年，刘曜攻破洛阳，传国玉玺落入前赵国；石勒灭前赵，传国玉玺又流落到了后赵；以后，传国玉玺又被石虎养孙、大魏政权冉闵据有。东晋立国以来，皇帝长期没有“传国玉玺”，因此被讽刺为“白板天子”，朝野深以为恨。现在谢尚军总算意外找到了传国玉玺，朝廷大喜过望，文武百官齐来庆贺。

2. 刻意访求星散零落的“太乐”器件。

从永和中开始（约公元350年前后），谢尚职务调动频繁，官位也不断升迁。先被任为尚书仆射；不久又改任豫州刺史、前将军、都督江西淮南诸军事，尚书仆射职务依旧；后移镇历阳时，又加都督豫州和扬州之五郡军事；后又回朝廷，专任尚书仆射职；不久又晋级为镇西将军，出镇寿阳。

谢尚重新出镇寿阳后，为了给“礼乐崩坏”的东晋朝廷找回皇帝尊严和权威，自告奋勇主持了“太乐”的创设工程。这在古代也是一桩重要的政治大事。

音乐历来是统治者高度重视的意识形态之一；占统治地位的儒家学说也认为，音乐促进德化，和道德居于同等地位。所以《礼》《乐》同为儒家五经典籍。

宫廷音乐是历代王朝实施有效统治的重要手段，按不同场合分为外朝音乐和内廷音乐两大类。外朝音乐是朝会或典礼场合演奏的音乐；内廷音乐是皇帝与后妃生活起居场合演奏的音乐；外朝音乐以典制性为主，内廷音乐以娱乐性为主。

典制性音乐主要用以显示典礼的隆重和皇帝的威严，包括祭祀乐、朝会乐、卤簿乐等；娱乐性音乐用以欣赏和愉悦目的，包括筵宴乐、行幸乐、吹打乐等。

宫廷音乐旋律，都以优美纤细、典雅端庄为基调；其形式多为舞乐，融诗、舞、音乐于一体，与今天的舞蹈完全不同。

东晋首任皇帝司马睿只是疏族，本来没有资格入继大统，所以他也没有皇帝应有的一整套礼乐仪杖；同时，西晋朝廷在永嘉之乱后，东奔西逃，疲于奔命，礼乐仪杖也早已丢得一干二净了。谢尚在朝廷专任尚书仆射时，对朝廷礼仪不规范、皇权尊崇难体现的尴尬，感同身受。因此他十分在意朝廷“太乐”的创设事宜。

谢尚镇守的寿阳，先后为战国时蔡国、楚国的首都，宫廷音乐在民间还有深厚的基础；寿阳地处淮河南岸，此去洛阳也不太远。因此谢尚派人远寻长安洛阳，近觅古都寿春，细心访求，极力收罗“太乐”所需乐工、乐器、乐谱等。还派人采集玉、石以自制石磬。磬是一种以玉、石为材料制成的、形如曲尺、悬挂架上的大型乐器。谢尚本来富有音乐天赋，也很喜好，所以由他主持，不长时间就完成了“太乐”的创设。

江表有钟石之乐，自尚始也。（《晋书·谢尚》）

东晋朝廷原来没有太乐，因谢尚创设，朝廷才开始使用。当然，这仅是“始”，太乐并不完备。三十三年后，淝水大战结束，谢石大军俘虏了随军的前秦乐工，他们懂得传统宫乐，这才使“太乐”得以进一步充实和完善。

……谢石等归建康，得秦乐工，能习旧声，于是宗庙始备金石之声。（《资治通鉴·晋太元八年》）

谢尚创设的太乐中缺少祭祀音乐，是谢石俘虏了前秦乐工才得以完备起来；而前秦乐工的技艺又是西晋宫廷音乐的继续，所以两晋太乐重又衔接了起来。

在此期间,谢氏家族的门阀地位也得以进一步巩固。

晋永和十二年(公元356年),雄才大略的桓温第二次北伐获得了巨大成功。大军旗开得胜,势如破竹,直捣许、洛。桓温大军收复故都洛阳后,上疏朝廷委派谢尚都督司州诸军事,镇守洛阳(洛阳在司州行政区域内)。但是谢尚以疾病为由推托了。

桓温这时还要求朝廷迁都洛阳;朝廷满足于割据江左,无意迁都,同时也看出,桓温这是威逼朝廷、故作姿态,并非真要迁都,所以也与之虚与委蛇,委托他去筹划。桓温确非真要迁都,所以不了了之。

谢尚以疾病为由推托出镇司州,其实也是朝廷的意图。

谢尚后期官位屡有变动,但是豫州刺史一职始终未卸,直至去世。

谢尚是谢安的堂兄,他对谢家的贡献在于推动自己家族跻身豪门行列。如果说,谢安最后把谢氏家族推上了东晋第一门阀的高峰;谢鲲为谢氏家族登上高峰筑就了第一级台阶;那么,谢尚则踏着谢鲲筑就的台阶,把谢氏家族推进了高门豪族的大门。从此,谢氏家族登堂入室,成为了东晋为数不多的豪族之一。

谢尚于晋建元二年(公元344年)被任为江州刺史,后因庾翼豪夺江州,被改任为豫州刺史。豫州为长江沿线五大重镇之一,担负着对外抵抗胡族、对内屏蔽建康的重任。所以,豫州刺史位高权重,亲贵非常。

谢氏家族自谢尚任豫州刺史开始,正式跨入了高门豪族的行列。《世说新语·方正》说:

王修龄尝在东山,甚贫乏,陶胡奴为乌程令,送一船米遗之,却不肯取。直答语:"王修龄若饥,自当就谢仁祖索食,不须陶胡奴米。"

王修龄即褚裒属官王胡之，琅邪临沂人，晋穆帝时曾任丹杨尹、侍中。后赵石虎死后，朝廷任他为西中郎将、司州刺史、假节，让他北征洛阳。但他素有“风眩”疾病，无法应命。果然，王胡之不久就去世了。王胡之父亲是王廙，“元帝姨弟也(《晋书·王廙》)”；王导、王敦都是王胡之的堂伯；王羲之是其堂兄弟。所以，王胡之自恃门第高贵，傲视人家赠予。他说，自己没有饭吃，自然会向谢尚索要，犯不着乌程县令陶胡奴来送米。他的真实意思是说，自己是高门豪族中人，不能由低级士族陶胡奴来送米，而只能接受同是高门豪族的谢尚赠与。

从王胡之傲慢拒赠的侧面可以看出，谢氏高门豪族的地位在谢尚生前已得到了普遍认同。

谢尚是谢氏家族位列高门豪族的开启者。他的发展，早期得益于父亲世交王导的鼎力相助；后期得益于皇后外甥女褚蒜子和皇室支持；当然，也得益于他自己风流倜傥、善于清谈而对政坛高层的影响。

由于谢尚跻身封疆大吏行列，在以“门第阀阅”为选拔官吏依据的两晋时代，极大地拓展了谢氏子弟的从政道路，也为谢安及其兄弟子侄提供了较高层次的从政平台。因此，自谢尚开始，谢氏兄弟千方百计、前赴后继，以巩固豫州刺史的名位，来巩固谢氏高门豪族的地位。所以，谢尚既是谢氏进入高门豪族行列的开启者，也是谢安兄弟登上政坛高层的奠基者。谢安日后的发展，虽和谢尚没有直接的前后继承关系，但却是建筑在谢尚政治基础之上的延续。

上　篇

悠逸东山

第七章 纵情山水

一、山明水秀

谢尚位居藩镇高位，外甥女贵为皇后，父、祖也曾高官当朝，所有这些都给谢家带来了无限风光和极大的利益。谢氏子弟幸运地沉浸在高门豪族的贵胄生活中。

晋大兴三年（公元 320 年），谢安出生在会稽郡始宁县东山村（今浙江上虞市上浦镇东山村）。

始宁县位于曹娥江中游。《后汉书·郡国志》载：

上虞，汉末分南乡立始宁县。

《水经注》又载：

始宁县，本上虞之南乡也，汉顺帝四年，阳夏周嘉上书始分立。

汉顺帝四年（公元 129 年），始宁县以上虞县南部地域为基础，分立成县。当时的县治在今浙江嵊州市三界镇，这是会稽郡众多县治中的一个山区小县。

谢安出生的东山村，是曹娥江畔的一处山林村落，湖光山色、风景秀美，堪称人间天堂。

曹娥江是一条声名显赫的江流，她以袅袅三百六十里江水，在中国文化史上浓墨重彩地写下了长长的一页，从而牢牢奠定了自己名重千古的历史地位。

曹娥江原名舜江，她的正源澄潭江发源于天台山，这里是佛教天台宗的发祥地，曹娥江缓缓北流，一派慈悲为怀、济世利民气象。曹娥江流到嵊州时，和长乐江、新昌江、黄泽江四江汇合；又北流纳上东江，并在此形成了一个偌大的盆地；又北流纳十八都江；又北流至嵪山，东出剡溪口，到三界镇纳动若溪水；又北流入章镇盆地，纳隐潭江、下管江、范洋江；又北流至东山脚下，纳小舜江；再北流出蒿坝蒿尖山，进入宁、绍平原；再到三江口入海。

曹娥江东岸是四明山余脉，西岸是会稽山剩峦，小山低缓起伏，玲珑娇美。曹娥江主流依山而流；汇入曹娥江的各支流，在青山绿水之间冲积出了无数河谷平原，成为养育两岸子民的衣食之源。

曹娥江蜿蜒北流，在中游突然偏西。原来，迎面而来的群山挡住了她直行的脚步，人称其中突兀江边的青峰为东山。

东山位于始宁县之北，周围山多、湖多。南有覆山、禹山；北有姜山、六鼎山；东有太平山；西有十里长山。湖泊更是数不胜数。这里七千万年以前还是深深的海湾。随着地壳运动的变化，陆地悄悄崛起，大海缓缓东退，于是留下了无数的湖泊，犹如散落大地的珍珠，神采斐然地点缀着美丽的宁、绍平原。

东山山势低缓，高五十丈，周长五里，西临曹娥江，东接四明山，南、北良田连畴；南山脚下，还有一个偌大的湖泊，名曰“大湖”，北山脚下也有一湖，可惜很小，因而是无名湖。

东山西壁，更有峥嵘怪石，人称“指石”。这块奇石在山腰凌空向西凸起，状如手指，长二丈，厚一丈，宽一丈，离地三丈，根部和山体相连，拔山而出，横空直指曹娥江心琵琶洲。

曹娥江在这里和小舜江汇流，两水交汇处，经多年冲积沉淀，在江中心形成了一块状如琵琶的沙漠绿洲，人称“琵琶洲”。洲上绿树成荫，芳草萋萋，三五人家，鸡犬相闻。

传说，琵琶洲上的琵琶女和东山脚下的吹笛郎，两情相悦，夜夜调琴吹笛，互诉衷肠。有一夜，吹笛郎情不自禁伸过手去，帮助调琴。不防，一个早起的农夫看见后大喊："吹笛郎和琵琶女调琴(情)啦！"适逢雄鸡一唱天下白，吹笛郎缩手不迭，留下一指成"指石"。

山美水美传说美，江畔两岸人更美。

相传，唐尧禅位虞舜后，尧子丹朱作乱，虞舜避乱南下，至现在上虞境内。在这里，虞舜励精图治，垦荒造田，理水泽民，政声蜚然。当地百姓感其恩德，遂名其地为"上虞"，号其水为"舜江"。《水经注》引《晋太康三年地纪》说：

舜避丹朱于此，故以名县。百官从之，故县北有百官桥。又云：舜与诸侯会事讫，因相娱乐，故曰上虞。

时光飞逝，舜江长流。东汉末叶时，舜江岸边发生了一件令人悲伤的事。

汉顺帝汉安二年（公元 143 年）五月五日，舜江两岸百姓依例驾龙舟，祭祀潮神伍子胥。巫祝曹盱立于船头，"抚节按歌，婆沙乐神"。突然，一巨浪掀翻龙舟，曹盱随之翻落舜江，浪遏不知所踪。其时，曹盱十四岁的女儿曹娥，"沿江号哭，昼夜不绝声"。(《后汉书·曹娥》)至第十七日，曹娥悲伤至极，奋身投江……

乡人深为曹娥孝行感动，遂集资厚葬她于舜江东岸。八年后，上虞县令度尚又主持改葬曹娥于舜江西岸，改名舜江为曹娥江，并命有异才的弟子邯郸淳，作文传世，刻碑墓侧。这就是有名的"曹娥碑"。曹娥遂成为中国历史上著名的孝女。

汉献帝建安三年（公元 198 年），开罪宦官的东汉大文豪蔡邕，"亡命江海，远迹吴会"。(《后汉书·蔡邕》)他流亡到了会稽时，听说邯郸淳作曹娥碑文，"操笔而成，无所点定"，(《后汉书·曹娥·李贤注》)因此慕名前来拜读。但蔡邕赶到时，天色已晚，于是，以手摹读，大为惊叹；当即索笔，题辞碑阴处："黄绢幼妇，外甥齑(jī)臼。"(《后汉书·曹娥·李贤注》)这样谜语般的题辞无人能解。

多年后，曹操和其主簿杨修路过蔡邕女儿蔡文姬庄园，看到了蔡邕的题辞，两人共同破译，其意为："绝妙好辞"。原来，以义衍字，黄绢指丝帛有色，谓"绝"；幼妇指女子年少，谓"妙"；外甥指女儿之子，谓"好"；齑臼指捣碎的齑粉，以舌尝之辛辣，谓"辞"。但杨修破解时，曹操尚未得解，因此，曹操不让杨修说出来。直到又走了三十里，曹操才破译。所以，曹操称许杨修"智高三十里"。

逝者似斯夫，悲伤难以停住流水的脚步。舜江依然奔腾北去，不舍昼夜，只是平添了一份曹娥失父伤痛的孝道悲情。

二、不减王东海

谢安出生时，离开曹娥已经二百余年；东晋也已立国三年；时代从两晋交替的混乱年代，过渡到了相对稳定的东晋初期。

在谢安出生前的四、五年之间，谢家曾惶恐不安地忙于迁徙奔波。

谢氏家族族谱显示，谢家曾分三次南渡过江。第一次是遥远的第二十八世孙、宜礼公谢文仪南渡江左到会稽。后来，第三十五世孙谢瓒，随父重又回迁到了陈郡阳夏。而其他南渡的谢氏宗族成员没有回迁。

第二次是谢衡南渡，时间大约在公元 314 年。由于谢氏宗族的其他成员早已在会稽生根，因此，谢衡直接就迁到了会稽郡始宁县东山。

第三次是谢鲲和谢裒兄弟南渡，时间大约在公元 316 年。

谢安出生时，谢家在始宁安居乐业已多年了。

这一时期，东晋皇朝正处于上升阶段。一是晋元帝司马睿在南北世族的拥戴下，在江南初步站稳了脚跟，政治上较稳定。二是江南自然禀赋较好，沃野千里，人口稀少，有充足的自然资源可资开发。且孙吴政权已割据半个多世纪，社会经济各个方面都得到了长足发展。三是北方混乱，胡族政权林立，客观上相互牵制，都没有能力狼顾江南。四是长江天堑有效地阻挡了异族南侵的脚步。南北朝时，长江下游江面开阔，广陵和京口之间江面宽达四十余里，沪渎（今上海）出海口宽达一百八十里。

谢安生逢其时，整个中年以前，过足了贵族豪门的优裕生活。

祖父谢衡南渡后，择居始宁东山，先在山上“国庆寺”旁建造五间平房栖身。

国庆寺建于汉代，谢衡来后，整修了大殿和山门，并重塑了菩萨金身。

同时，谢衡还对谢氏未来聚居宅院认真作了规划，开始筹建谢氏庄园。好多年以后，谢安按照这一规划，在南坡建了一个过堂，谓“白云堂”；在北山建了一处小庭院，曰“明月堂”；在东、西山岗分别建了两个休闲亭，称“东眺亭”和“西眺亭”；在西坡平坦处建造了一处别墅院落，为家族聚居之所，名“西园”；后来又疏浚了山上原有的泉眼，使之扩大成池，说是“始宁泉”；在山上还开辟了“调马路”，以方便上下交通；很久以后，谢玄又扩建了“西园”，并在山下建造了两处园林别墅，分称“南园”和“北园”。以后，谢氏子孙把这一大片泱泱山林别墅群，统称曰“始宁墅”。

谢安四岁时，大名士桓彝来“始宁墅”作客。他看到小谢安后，特别喜欢，说：

此儿风神秀彻，后当不减王东海。（《晋书·谢安》）

桓彝是桓温的父亲，和谢安的伯父谢鲲都是中朝名士中的“八达”之一，既有儒、玄双修的深厚功底，也有奋发有为的进取精神，他的品评具有很高的权威性。桓彝说小谢安风度清秀、神形兼美，以后将成为王东海之类的拔尖人物，全家人听了都很高兴。

王东海是指王承，他曾被东海王司马越任为东海太守，在职时，实施宽恕仁政，因此人们尊称他“王东海”。王承后来进入司马睿幕府，为镇东将军从事中郎将。《晋史·王承》称：

推诚接物，尽弘恕之理，故众咸亲爱焉。渡江名臣王导、卫玠、周顗、庾亮之徒皆出其下，为中兴第一。

王承为人推诚相待，宽恕仁厚。晋元帝江东立足未稳时，很需要这样的人才辅佐其争取民心。因此，《晋史》称王承为东晋中兴第一名臣；而有大功于晋元帝的王导等人，反而出其下。后来谢安执政时，确也是“不存小察，弘以大纲”，和王承风格很相似。

由于世风玄学清谈的熏陶，谢安对此也发生了浓厚兴趣。加上儒学功底深厚，谢安对玄学领悟得特别透彻，刚成年就登上了玄学的殿堂。有一次谢安去造访王濛，两人清谈了很久才分别。谢安走后，王濛的儿子王修问父亲说，刚才的客人和父亲相比怎么样？王濛说，这个客人志趣深远，气势逼人，将来成就不可限量。

王濛是当时出了名的美男子，以至他自己也很自恋。有一次，他一边照着铜镜，一边念叨着父亲的名字，感叹地说，王文开啊王文开，你竟生了一个如此潇洒漂亮的儿子。王濛同时也是当时的玄学清谈领袖，和同是清谈家的大名士刘惔齐名。当时人们只要说起玄学盟坛的风云人物，一定是首推王濛和刘惔。所以，谢安要提升自己的玄学水平，就得和王濛、刘惔这样的精英人物交往。幸好，谢安得到了他们的认可。后来，刘惔的妹妹还嫁给了谢安。可见，谢安在很年轻时，其玄学清谈造诣就达到了很高的水平。

丞相王导认识谢安后，也非常器重他。因此，谢安虽然还很年轻，但也有了不小的名声。

三、修竹茂林下

谢安和王导等高官的交往是在建康，因为他家和王家在乌衣巷中比邻而居。但谢安的大好青春年华是在东山度过的。

谢家寓居的东山，地处会稽郡腹地剡县、上虞县、始宁县的交界处。从近处看，这里东、北两面，濒临大海；西、南两面，连接群山；碧波清川，荡漾满境；好山好水，环绕四野。虞舜象耕之野、大禹长眠之陵、勾践卧薪之处、孝女曹娥之碑、竹林七贤嵇康故里，等等，都一一散落在周边数十里范围内。

从远处看，曹娥江在东山脚畔蜿蜒北流，向北注入杭州湾，钱塘江也在这里入海，钱江大潮、浊浪排空、日夜汹涌。向东是东洋大海，千奇百怪的神仙妖魔，日夜出没在变化莫测的海市蜃楼中。向西一百五十里是武林山，山南西子湖水清澈见底、碧波荡漾、山水常绿。向西南一百里就是绝代佳人西施故乡诸暨；再向西南二百里就是富春江，天高云淡、鸟语花香、青山绿水、春色满江，难怪严子陵要拒绝好朋友光武帝刘秀的好意，执意赖在这儿隐居。向南二百里就是天台山，这里山清水秀，瑞云缭绕，一团和气，后来成为佛教天台宗圣地；再向南二百里就是雁荡山，山顶有湖，芦苇茂密，北雁南归时就栖息在那里。

会稽郡的山山水水堪称东南无比。同时代的人对这儿无不神往赞叹、心向往之。

大书法家王献之说：

从山阴道上行，山川自相映发，使人应接不暇。若秋冬之际，尤难为怀。（《世说新语·言语》）

王献之的父亲王羲之说：

此地有崇山峻岭，茂林修竹；又有清流激湍（tuān），映带左右。（《晋书·王羲之》）

大画家顾恺之，晋陵无锡（今江苏无锡市）人，家乡也是好山好水，但他对会稽山水仍赞叹不绝。

顾长康从会稽还，人问山川之美，顾云："千岩竞秀，万壑争流，草

木蒙笼其上，若云兴霞蔚。”(《世说新语·言语》)

谢家寓居的在这诗情画意、四季如春的山林里，一门老少，安居乐业，琴棋书画，太平富贵，早已淡忘了北来南渡时的落寞和恐慌。

谢安生于斯长于斯，无限热爱这里的一草一木，真心实意想在这里过闲云野鹤般的生活。因此，谢安无忧无虑、意气风发、潇洒悠逸、终日陶醉在会稽山水的婀娜多姿中。

可以说，纵情山水，是谢安年轻时的第一喜好。

有一次，谢安出游竟乐而忘返，丢了牛车，徒步而归。《世说新语·任诞》说：

谢安始出西戏，失车牛，便策杖步归。道逢刘尹，语曰：“安石将无伤？”谢乃同载归。

谢安单独到西边去游玩，过于忘情于山水之中而走远了，回家时竟然找不到牛车。没办法，只好安步当车、徒步而归。吉人天相，谢安归途中遇见了刘惔。这位大名士大吃一惊：安石没了牛车，莫非出了事故毁了车？他连忙关切地问：安石，你没有受伤吧？得到肯定后，两人同车而归。这也算是一次意外惊喜吧。

还有一次到临安去游览，谢安特意坐进森森石窟，体验隐士的“处世”意境。面对幽深的峡谷，谢安近距离感受到了隐士的生活情趣，不禁感叹：

此去伯夷何远。(《晋书·谢安》)

这和伯夷相差不远了吧。伯夷、叔齐兄弟忠于商朝，周武王伐商时，兄弟俩出奔首阳山隐居，义不食周粟，采薇充饥，最后饿死。人们认为伯夷、叔齐是真正的隐士。谢安此刻坐在石窟中，也觉得自己成了真正的隐士。

其实，谢安充其量是游乐隐士而已，他是耐不得隐士清贫生活的。每次游乐，谢安都要作“携妓游”。《晋书·谢安》载：

安虽方情丘壑，然每游赏，必以妓女从。

妓者，贵族自备的专业歌舞演员也。士大夫携妓冶游，在东晋被看作非常高雅的风流盛事。但是，这必须有足够的家财支撑才成。所以谢安相去伯夷、叔齐实在太远了。

可是，“携妓游”却流露了谢安的“出世”思想。谢安在东山时，朝廷屡次征其为官，但谢安每次都不应诏。辅政大臣司马昱认为谢安在故作姿态。

简文帝时为相，曰：“安石既与人同乐，必不得不与人同尤，召之必至。”《晋书·谢安》

原来，司马昱从“携妓游”中嗅出了谢安的“出世”意味：能与人同乐者，也就能与人同忧，谢安一定会出山。后来果如其言。

谢安的“携妓游”还招来了自己夫人的疑忌。《世说新语·贤媛》载：

谢公夫人帏诸婢，使在前作伎，使太傅暂见便下帏。太傅索更开，夫人云：“恐伤盛德。”

谢安成日混迹于脂粉堆，让刘夫人深深担忧。于是，刘夫人想出一个防患于未然的高招：用帐帏把漂亮的婢女围起来演出，让谢安稍微观看几眼就闭幕。谢安还想看，要求开幕，刘夫人开导他说，多看会损害您的美德，少看才有利益于陶冶行操。是啊，没日没夜地欣赏漂亮姑娘们的轻歌曼舞，能让刘夫人不聪明点吗？

偶然，也有不如意的出游。有一次，谢安和谢万路过吴郡（今江苏苏州市),谢万提出兄弟俩一起到王恬府上作客。王恬是王导的二儿子,但王导不喜欢他,而喜欢大儿子王悦。

导见悦辄喜,见恬则有怒色。(《晋书·王恬》)

谢安说,恐怕王恬不会好好接待我们,不值得去。因此谢安坚持不去,但谢万坚持要去,于是独自前往。不一会,王恬走进谢万待着的房间的内房去了。谢万很高兴,以为王恬要拿出什么来款待自己。谁知,过了好一会,王恬从内房洗头完毕后又走了出来,也不坐下,径直走到庭院当中,躺在胡床上晒头发去了,气得谢万连忙告辞。

未至船,逆呼太傅。安曰:阿螭不作尔。(《世说新语·简傲》)

谢万还未来得及上船,就委屈地大呼兄长。谢安说:“如何,王恬没有接待你吧!”这和王羲之接待他们兄弟俩形成了巨大的反差。

王羲之盛情款待谢安和谢万,其热情程度让郗夫人异常妒忌,痛恨王羲之厚此薄彼,为此大发牢骚。

王家见二谢,倾筐倒庋;见汝辈来,平平尔。汝可无烦复往。(《世说新语·贤媛》)

郗夫人对自己二弟郗愔说,王家接待谢安、谢万时,翻箱倒柜,倾其所有;接待你们时,平平常常,随随便便,下次你们就不要来了。引起郗夫人反感,足见王羲之接待二谢规格偏高了。

不过,引起夫人反感的事,任谁都难免。谢安的朋友也有被刘夫人反感的人。好友孙绰、孙统有一次住在谢安家,说话玄虚空乏,隔壁的刘夫人听了很不满意。第二天,谢安问夫人:昨天的客人怎么样?刘夫人说:我大哥门下从来没有这样的客人。“谢深有愧色。”(《世说新语·轻诋》)谢安听后感到非常惭愧。

众多隐逸山林的朋友，也并不都能情投意合。有一次，王羲之邀谢安一起去拜访阮裕。阮裕是阮籍的族侄，当时已退休在会稽。他曾和谢鲲一起在王敦处任职，但发现王敦有不臣之心后，就故意嗜酒旷工。后来阮裕多次违旨不出来做官，被御史中丞周闵参奏，定为“违诏累载，并皆有罪，禁锢终身。”（《晋书·阮裕》）王羲之比谢安大十七岁，阮裕又比羲之大好几岁，因此是他们的长辈。但谢安并不推崇阮裕。羲之知道谢安为人方正，不肯虚情假意逢场作戏，所以到阮裕家门口时，特意嘱咐他说：

“故当共推主人。”谢曰：“推人正自难。”（《世说新语·方正》）

王羲之特别告诫谢安，要客套地推崇阮裕。谢安则委婉拒绝说，推崇人实在太为难。

阮裕为人峻刻，容不得别人有缺陷。支遁相貌丑陋，阮裕说“恶见其面”；阮裕家有好车，但别人不敢开口借，最后，他自己把车焚烧了；他对谢氏家族也不看好。《世说新语·简傲》载：

谢万在兄前，欲起索便器。于时阮思旷在坐，曰：“新出门户，笃而无礼。”

谢万随意散漫，当着客人和兄长的面索要尿壶，实在任诞得近于无礼，阮裕批评是对的。但阮裕批评时说“新出门户”，不经意间流露出了轻视谢氏的意思。阮氏在东汉时就已是望门大族了，而谢安隐居东山时，谢氏刚跨入高门行列。

凡此种种，都让谢安不肯推崇阮裕。

不过，总的说来大家相处还是很融洽。有一次，好几个朋友一起去海上游乐，大家享受了一次有惊无险的乐趣。

谢太傅盘桓东山时，与孙兴公诸人泛海。风起浪涌，孙、王诸人色并遽，便唱使还。太傅神情方王，吟啸不言。舟人以公貌闲意说，犹去不止。既风转急，浪猛，诸人皆喧动不坐。公徐云：“如此，将无归？”众人即承响而回。于是审其量足以镇朝野。（《世说新语·雅量》）

东晋时，始宁向北几十里就可出海。有一次，谢安和孙绰、王羲之等出海游乐。忽然风起云涌，浪遏飞舟。船上诸人，神色遽变，纷纷倡议即刻返航。但谢安神情安逸，游兴正浓，嘘嘘吟啸，不发一言。船家见谢安意犹未尽，于是继续向深海航行。一会儿，风更高、浪更急、众人更喧哗不息、坐立不安。谢安这才慢慢说：“如此混乱，怎么回得了？”众人猛然醒悟，纷纷重又归坐。大家从这件小事看出，谢安的稳健气度，足以镇抚朝野、安定民众。

正是这些闲适的交往，充分展示了谢安的才识和胸襟，并赢得了大家的赞赏。

就这样，谢安终日和一帮好朋友“出则渔弋山水，入则言咏属文”。（《晋书·谢安》）与他交往的朋友们，个个都是风流倜傥、出类拔萃的文人雅士。经常在一起的有许询、支道林、王羲之等几人。

谢安和王羲之关系最为密切，无话不说，但不作清谈，因为王羲之反对清谈。《世说新语·言语》说：

王右军与谢太傅登冶城，谢悠然远想，有高世之志。王谓谢曰：“夏禹勤王，手足胼胝；文王旰食，日不暇给。今四郊多垒，宜人人自效；而虚谈费务，浮文妨要，恐非当今所宜。”谢答曰：“秦任商鞅，二世而亡，岂清言致患邪？”

王羲之的意思很明白，现在时艰国难，应该少说空话，多干实事。但谢安认为玄学清谈和务实治国互不矛盾；秦国任用经务用世的商鞅，虽然富国强兵，不也二世就灭亡了吗？

谢安和王羲之不讨论玄学，但经常讨论艺术和人生等问题。王羲之是大书法家，而谢安既是书法家，也是音乐家，因此艺术方面的共同语言较多。王导五世孙、书法家王僧虔(公元426—485年)在《论书》中说:“谢安也是名重一时的书法家,自己也很自负,曾应邀为王献之书写了嵇康诗词;谢安得到王献之书作时,有的撕裂做了稿纸。”

有一次,谢安哀叹说,我中年以来,常常处于忧伤和欢乐的矛盾之中,尤其是与亲人朋友分别时,往往要难受好几天。王羲之说,人到年纪大时都会多愁善感,这是很正常的现象,所以要用音乐来调节,“顷正赖丝竹陶写”。(《晋书·王羲之》)

四、兰亭盛会

在东山的日子里,最风雅的一次冶游当数“兰亭会”。这一次集会虽非谢安主持,但却全方位地展示了谢安当年悠逸东山时的交游盛况。

永和九年(公元353年)三月初三,时任会稽内史的王羲之邀请谢安、孙绰、孙统等四十一位文人雅士,齐集会稽郡的山阴兰亭(今浙江绍兴市兰亭),“修禊事也”。(《晋书·王羲之》)

三月三是上巳节。远古时候实行氏族与氏族的婚配制,约定每年三月上旬巳日举行集会,一方面祭祀天神、地神、春神、女神,以求农业丰收,子孙满堂;另一方面载歌载舞,男女相亲,择偶婚配。后来,节日被固定在每年的三月初三日。随着不同部落之间文化的融合,上巳节又被赋予了在水滨“祓禊(fúxì)”的内容,即在河水里沐浴洗涤,以驱除邪恶而洁净身心。随着文化的发展,原始的上巳节内容显得过于放肆淫荡而被禁止,到东晋时“修禊事”的内容已大有更改,在文人雅士之间则代之以曲水流觞等活动。

参加这次兰亭集会共有四十一人,其中,

王家十人:羲之、彬之、凝之、肃之、徽之、丰之、玄之、蕴之、涣之、献之;

谢家五人:谢安、谢万、谢绎、谢瑰、谢滕;

庾家二人:庾友、庾蕴;

孙家三人：孙绰、孙统、孙嗣；

曹家三人：曹茂之、曹华、曹礼；

虞家二人：虞说、虞谷；

吕家二人：吕系、吕本；

其他十四人：袁峤之、郗昙、华茂、魏滂、桓伟、丘髦、卞迪、羊模、孔炽、刘密、劳夷、后绵、华耆、任儗。

这四十一人大多为当时王、庾、桓、谢四大家族成员和社会名流。

活动内容主要是饮酒赋诗，但不是室内宴会，而是野外自助。具体形式是“曲水流觞”，即，四十一人分散列坐在弯曲平缓的小溪流旁边，由仆人们从上游飘下斟满美酒的酒觞，大家随意取饮。另外，大家都得做诗，做不出来就得罚酒三觥，觥(gōng)可比觞大的多了。当日得诗三十七首，其中，王羲之、谢安等十一人各作诗两首；郗昙、王玄之等十五人各作诗一首；王献之、虞谷等十五人未作诗；王献之仅九岁。

谢安的诗是这样写的：

其一

伊昔先子，有怀春游。契此言执，寄傲林丘。
森森连岭，茫茫原畴。迥霄垂雾，凝泉散流。

其二

相与欣佳节，率尔同褰裳。薄云罗物景，微风翼轻航。
醇醪陶元府，兀若游羲唐。万殊混一象，安复觉彭殇。

这次聚会所得诗词在中国文化史上地位不高，原因是诗的内容空洞无物。如果按诗的通行标准来衡量，这个结论是正确的；但如果把这些诗放到东晋这一具体历史条件下来考量，这个结论又是不全面的。因为这次聚会的参与者大都是东晋的精神贵族，而他们又大都醉心于玄学清谈，王羲之不尚清谈是个别现象，所以“兰亭会”的诗文无不带有玄学韵味。玄学以今人的眼光来看，非常空洞，由此衍生的诗文也显得很乏味。但是，玄学作为中国思想史上的一个具体文化现象，在当时自有其存在的重要价值，只是今人已无法全面再现和体会到这种价值而已。所以只能深入研究，而不能妄自菲薄。同理，带有玄学倾向的诗文也不能简单否定。

兰亭会诗文虽然地位不高，但其中王羲之作文并书写的《兰亭序》，却被中国文化史公认为书法的巅峰之作。聚会结束前，大家公推东道主、德高望重的王羲之写一篇文章，以纪念这次风雅集会。时年五十一岁的王羲之，酒酣兴高，欣然命笔，写下了书、文双绝的千古名文《兰亭序》。文章淡和空灵，隽妙雅逸，文采灿烂，字字珠玑；而书法更是行云流水，潇洒飘逸，姿态殊异，出神入化。由于传文易、存书难，书帖更显尊贵。久而久之，人们对《兰亭序》书帖的追捧超过了对文章的推崇。

人们对《兰亭序》书帖的追捧，其实也隐含着对王羲之个人的推崇。

王羲之是王导叔叔王正的孙子，所以，王羲之是王导的堂侄儿。王羲之父亲是淮南太守王旷。

因为王旷第一个为司马睿谋划了出镇建康之策，所以他是皇室功臣，王羲之家族因此也受益匪浅。

王羲之很年轻时就以擅长隶书知名，被当时人视为古今第一。加上他能言善辩，骨鲠正直，因此和王承、王悦（王导子）并称“王氏三少”。太尉郗鉴想在王家选择一子侄作女婿，王导集中了全部子侄任其门人挑选。门人回去告诉郗鉴：“王家子侄都很优秀，但听说我去为您挑选女婿，或多或少都有点不自在；只有一人东床坦腹、若无其事！”郗鉴大喜说：“佳婿就是此人！”王羲之遂成为郗鉴快婿。

王羲之曾任宁远将军、江州刺史、护军将军。因为他风流潇洒，特别喜欢会稽的好山好水，所以后来长期担任会稽内史、右军将军职务，直至退休。

王羲之任职会稽时，浙东发生了饥荒。王羲之自行开仓赈灾。但朝廷征收赋役如旧，吴郡、会稽尤其繁重。王羲之为此上疏抗辩，朝廷这才予以宽缓。

晋永和四年，司马昱为对抗桓温，引殷浩为心腹；殷浩又引荀羡为吴国内史；引王羲之为护军将军，欲“以为羽翼”。(《资治通鉴·晋永和四年》)但王羲之认为，只有内外和谐，国家才能安定；于是力劝殷浩大局为重，不要和桓温产生隔阂，但殷浩未采纳。

王羲之性好爱鹅，有一天约了许多朋友去看鹅。养鹅的老太太听说王羲之要来，特地杀了那只鹅，准备款待他。为此，王羲之惋惜了好几天。

王羲之的字在当时已很珍贵。他想买山阴道士的鹅，但道士不要他付钱，只要他写一篇《道德经》。王羲之应约用五千言的《道德经》换取了一群鹅。有一天，他看到一位老太太在卖扇子，于是自告奋勇为每把扇子写了五个字，并告诉老太太，只要说是王右军所书，无不畅销。果然扇子被争抢一空。

王羲之原来和王述齐名，但王羲之不重视王述。王述在会稽为母亲服丧时，王羲之礼节性地去拜访了一次，以后再也没去。王羲之和王述分属琅邪王氏和太原王氏，并不是近亲。王述高就扬州刺史时，走遍会稽郡县，一一告别，但就是不去向王羲之辞行。会稽郡属扬州刺史管辖，王羲之耻于为王述下属，于是辞官退休；以后，尽情渔弋游乐，穷尽了浙东名山秀水。

王羲之最后以书、文双绝的《兰亭序》蜚声海内，而“兰亭会”也以《兰亭序》而名垂千古。当时平民身份的谢安兄弟被邀请参加这样的胜会，当然很有面子。但日后谢安又高居宰相大位，反过来又为“兰亭会”增色许多。谢安在东山几十年，参与类似的名士聚会应该有很多机会。但可以想见，不会每次都会有书、文双绝的类《兰亭序》出现，因此聚会就失去了传世的机会，后人不得知之。

第八章　师友子侄

一、芝兰玉树

在东山的日子里，谢安最喜欢做的第二件事就是教育子侄。至于为什么这样喜欢他们，恐怕连谢安自己也说不清。有一次，他就以此为题目，让子侄们讨论。《世说新语·言语》说：

安尝戒约子侄。因曰："子弟亦何预人事，而正欲使其佳？"诸人莫有言者，玄答曰："譬如芝兰玉树，欲使其生于庭阶耳。"安悦。

谢安的意思是问，长辈为什么都期望自己的子弟优秀。但预设了前提：不过多参与他人非分事务。这个问题看似简单，但要正确回答却也不易。因此"诸人莫有言者"。谢玄打了一个比方，总算回答了问题，谢玄说，好比芝兰玉树这样的美好事物，大家总希望让它们生长在自家庭院的玉阶旁。

后人的解释有二种：一是认为，谢安希望自己子侄们不要过多参与他人非分事务。另一种认为，谢安希望自己子侄像芝兰玉树一样，蓬勃生长在自家庭院的玉阶旁。

其实，应该把两种解释合二为一才完满。所以，谢玄的回答是正确的，因此，"安悦"。只是谢玄省略了谢安预设的前提内容。完整的解释应该是：谢安希望自己子侄们不要过多参与非分事务，而重点要把自己塑造完美。两晋总体上是乱世，因此乱象丛生，变幻莫测。谢安不希望子侄们作非分之想，怕引来不测之祸；而希望他们具有完美的人格，乘时而起，有所作为。

不过，在这里回答得正确与否已无关紧要，要紧的是谢安真心实意地喜欢子侄们，喜欢和他们在一起，喜欢把对他们的教育看做是自己最大的责任，这就够了。

由于子侄们很优秀，所以谢安非常愿意把他们推出来炫耀。有一次支道林来访，谢安特意安排善谈玄理、但还是少儿的侄子谢朗与他辩论。《世说新语·文学》载：

林道人诣谢公，东阳时始总角，新病起，体未堪劳，与林公讲论，遂至相苦。母王夫人在壁后听之，再遣信令还，而太傅留之。王夫人因自出，云："新妇少遭家难，一生所寄，唯在此儿。"因流涕，抱儿以归。谢公语同坐曰："家嫂辞情忼慨，致可传述，恨不使朝士见。"

谢朗后来官至东阳太守，所以称他为"东阳"。他和清谈高士支道林"相苦"，可见两人辩论得很激烈，也可知少儿谢朗水平很不一般。如此旷日持久地反复辩论，一时半刻难以收场。在隔壁听闻多时的谢朗母亲王夫人害怕了，因为谢朗刚生过一场病，虽痊未健。于是王夫人不断派人催促谢朗回去；谢安则坚持挽留不让走。无奈，王夫人越礼来到堂前，说："我年轻守寡，一生的寄托都在这个孩子身上。"说完，流着眼泪抱着谢朗回去了。谢安猝然无备，只好自找台阶，努力挽回面子。他强颜欢笑地对在坐的客人说："家嫂虽然言辞直率、情绪激动，但慈母情怀还是值得传颂的，只是千万不能让官员们知晓。"这一次实在太没面子了，从来都潇洒从容的谢安，居然会哀求客人不要对外传扬。原来，大名士也有童稚般天真有趣的一面。

谢安子侄辈人数众多，但在史书中有案可稽的只有十二人，即，

大兄谢奕三子一女：谢泉、谢靖、谢玄，女儿谢道韫；

二兄谢据子一人：谢朗；

谢安子二人:谢瑶、谢琰;

大弟谢万子一人:谢韶;

二弟谢石子一人:谢汪;

三弟谢铁子一人:谢貌;

堂兄谢尚子一人:谢康(原为谢奕子,后继嗣谢尚);

堂姐谢真石女一人:褚蒜子。

这些子侄们都很优秀,其中,最优秀的当数谢万儿子谢韶,小名封;谢据儿子谢朗,小名胡;谢奕三儿子谢玄,小名遏,大儿子谢泉,小名末。当然,谢安的儿子谢琰,侄女谢道韫也很优秀。《晋书·谢安》载:

时谢氏尤彦秀者,称封、胡、遏、末。封谓韶,胡谓朗,遏谓玄,末谓川(即泉),皆小字也。韶、朗、川并早卒,惟玄以功名终。

谢玄在后来的淝水大战中,作为前线最高指挥官立下了丰功伟绩,是谢安子侄辈中功名和声望最高的人物,所以史书说"惟玄以功名终。"

其实,谢玄的姐姐谢道韫也非常优秀。《晋书》专门辟出《列女》章节,为三十四位女性立传,道韫列第十六位。这在高官如云、名士如林、男尊女卑的中古时期,非特别出类拔萃者,难获如此殊荣。

谢道韫和谢玄是同胞姐弟,两人感情深厚,互相关爱有加。《世说新语·贤媛》载:

王江州夫人语谢遏曰:"汝何以都不复进?为是尘务经心?天分有限?"

王江州夫人即谢道韫,她的丈夫是王羲之儿子王凝之,曾任江州刺史,所以如是称。不知什么原因,姐姐谢道韫突然觉得弟弟谢玄不思进取了,因此责备他说:"难道是世俗事务太多而分心了吗?是自己天分不够而难以进取了吗?"可见,做姐姐的时时都在关心和督促着弟弟的进步。

谢道韫也善于清谈。有一次，小叔子王献之和客人辩论，渐渐辞穷理屈了。道韫知道后，就让婢女告诉王献之说：

“欲为小郎解围。”乃施青绫步障自蔽，申献之前议，客不能屈。（《晋书·王凝之妻谢氏》）

道韫在青绸布做的步障遮隔下，来到堂上，继续用王献之原来的论据辩论，终于使客人败下阵去。

谢玄非常以这位才女姐姐为骄傲，甚至与朋友相处时，也要为姐姐争强好胜。《世说新语·贤媛》载：

谢遏绝重其姊。张玄常称其姊，欲以敌之。有济尼者，并游张、谢两家，人问其优劣，答曰：“王夫人神情散朗，故有林下风气；顾家妇清心玉映，自是闺房之秀。”

张玄也是名士，和谢玄是好朋友，曾任吴兴太守、会稽内史、吏部尚书，和谢玄齐名，人称“南北二玄”。顾家妇即张玄的姐姐，当时已嫁为顾家媳妇。张玄常常称许自己的姐姐，并以此和谢玄匹敌。有一个名为济的尼姑经常出入张、谢两家，人们请她裁量优劣。济尼公允地回答说：王夫人神情潇洒、气度爽朗，大有名士林下风范；顾家妇冰清玉洁、心胸明净，自然是大家闺秀。济尼见多识广，言辞精辟，似乎谁也没有偏袒。但是，“林下风气、大家闺秀”的语境，使两人优异立见分晓。谢道韫以她的“林下风气”超越了女子的衡量标准，成为冠绝古今的巾帼之秀。其实，从“王夫人、顾家妇”的称呼中，也已流露出了济尼的倾向。

很多年后，孙恩起义军围攻会稽，道韫丈夫和儿子都相继被杀。危难时刻，谢道韫也执刀厮杀，居然给她杀死了好几个人，但最后她还是被俘了。外甥刘涛只有几岁，敌方打算杀害他。道韫大义凛然地说:“你们要杀的是王家人,我外甥是刘家人,关他什么事?你们一定要这样做,那就先杀我吧。”孙恩听后,为之动容,于是下令释放了刘涛和谢道韫。

后来,谢道韫一直寡居在会稽。多年后,太守刘柳慕名拜访她。这时候谢道韫虽已年衰,但仍然风韵高迈;陈述家事,慷慨动情;酬答客人,义理通达。刘柳事后感叹说:从未见过如此令人身心服膺的人。

从谢道韫身上,大体可以体会到谢氏子弟雅致高贵的人生风貌。正是有了这样一批家族子弟的共同努力,遂有了谢氏家族成为东晋第一门阀的事功,谢安执政朝廷也才有了可靠的基础。这时候,“譬如芝兰玉树,欲使其生于阶庭”,才真正显现出动人的魅力。

二、我自常教儿

谢安的兄弟们这时或亡或官,因此一大堆儿女都由谢安管教。但在子侄面前,谢安既不是严父,也不是严师,而仅是良师益友而已。刘夫人为此抱怨,说谢安缺乏家长尊严、疏于管教子侄。

谢公夫人教儿,问太傅:“那得初不见君教儿?”答曰:“我常自教儿。”(《世说新语·德行》)

谢安说得很明白,他是“常自教儿”,即以自身学识和行为为师,对子侄言传身教。

谢玄少时很花哨,一副纨绔子弟模样。

玄少好佩紫罗香囊,安患之,而不欲伤其意,因戏赌取,即焚之,于此遂止。(《晋书·谢玄》)

谢安看到谢玄左佩紫罗巾、右携红香囊、毫无男子汉气概的模样，很为他担心。但又不想太伤他的自尊，于是用游戏打赌的方式赢取了他的“紫罗巾、红香囊”，随即把这些东西都烧掉了。谢玄也从中体会到了谢安的良苦用心，从此改正了缺点。

谢安的二兄谢据早卒，但小时候很淘气。因为老鼠在屋顶上捣乱，于是他爬到屋顶熏老鼠。这是粗野小子可做的平常小事，但贵族公子去做却大失身份。所以“谢据熏鼠”在公子圈内被广为嘲笑。谢朗不知道这是他父亲小时候干的傻事，在外面听说后，回家反复学说，恣意嘲笑。谢安趁谢朗又一次学说时说：“这些都是外人诽谤你父亲的话，有时还说我也一起干了呢。”谢朗这才醒悟，懊悔不已，羞愧得个把月不出门。谢安教育子侄可谓煞尽苦心了，既不能伤害他们的自尊，又要收到教育效果，这一次谢安居然给自己也抹了半身泥。《世说新语·纰漏》赞叹说：

太傅虚托引己之过，以相开悟，可谓德教。

不过，谢安于叔侄之间，也并非总是居高临下地处于教导者的地位，叔侄们其实是极其平等的。子侄们有不同意见，谢安也并不强词夺理，反而一概予以宽容。《世说新语·言语》载：

谢公云：“贤圣去人，其间亦迩。”子侄未之许，公叹曰：“若郗超闻此语，必不至河汉。”

谢安认为圣贤和普通人很相近，两者并非有难以逾越的鸿沟。但子侄们谁也不同意，谢安也只能哀叹说，如果郗超听到我这么说，一定会同意我的观点的。郗超善于周旋高官，见多识广，一定深知“圣贤们”的弱点。

又有一次，谢安在子侄面前骄傲地称赞谢万。

谢太傅谓子侄曰：“中郎始是独有千载。”车骑曰：“中郎衿抱未

虚，复那得独有？"(《世说新语·轻诋》)

谢安认为弟弟谢万，才识旷世，千古独有。谢玄不同意，虽然事关自己的亲叔叔，但还是直言不违地评论说：谢万胸襟不够谦虚，更说不上千古独有。看来，谢安是囿于兄弟亲情，反而影响了对谢万的客观评价，倒是血缘稍远的侄儿们更客观些。

叔侄们相处，也不总是讨论严肃的话题，有时也会轻松地讨论文学艺术等。

有一年冬天，外面纷纷扬扬下起了大雪，谢安在温暖的别墅里给子侄们讲论作诗做文的义理。忽然，风更紧、雪更骤，谢安突然诗兴大发。他指着窗外的鹅毛大雪，兴致盎然地问大家：白雪纷纷像什么？

兄子胡儿曰："撒盐空中差可拟。"兄女曰："未若柳絮因风起。"公大笑乐。即公大兄无奕女，左将军王凝之妻也。(《世说新语·言语》)

侄儿谢朗抢着说：撒盐空中似。

侄女谢道韫接着说：柳絮因风起。

谢安听后高兴得大笑起来。"柳絮因风起"确比"撒盐空中似"高明许多。因为"撒盐空中似"仅是颜色相似，但没有雪花飞舞的情趣。而"柳絮因风起"，既把冬日瑞雪漫天飞舞的情形描绘的惟妙惟肖，而且又让"柳絮"给人以春风扑面、暖意融融的感觉。这在冰天雪地的季节里，给人带来多么温馨的快乐啊？这一比拟达到了形似和神似高度统一的境界，所以谢安要"大笑乐"。

好一曲"柳絮因风起"，中国人从此就以"咏絮"来称崇女才。

三、评说前贤二、三

有时候，谢安也和子侄们议论政要得失。

晋武帝每饷山涛恒少，谢太傅以问子弟，车骑答曰："当由欲者不多，而使与者忘少。"(《世说新语·言语》)

谢安问子侄们：晋武帝对山涛为什么赏赐得那么少？谢玄回答说：可能山涛自己不需要那么多，晋武帝渐渐也忘了赏赐得偏少了。谢玄的回答显得有点含糊，事实上这也是一道难题。因为晋武帝和山涛是前朝人物，与谢安及子侄们相去已远了。

山涛是大名鼎鼎的竹林七贤之一，官至吏部尚书、侍中、太子少傅、司徒，和司马家族是中表亲。司马懿正妻张春华的母亲山氏，是山涛的堂房祖姑，因此，山涛和司马师、司马昭是表亲兄弟，比晋武帝司马炎还高出一辈。

当初，司马昭在确定继承人选时颇废思量，在儿子司马炎和司马攸两人之中难以取舍，这俩人都是正妃王元姬所生。司马攸待人接物既和善又慷慨，学识又渊博，因此才望比司马炎高，司马昭也比较喜欢他，并把他过继给了兄长司马师。司马攸小字桃符，司马昭常常抚摸着他的头，指着晋王的王座说："天下是景王(司马师)打下来的，我百年之后，这就是桃符的座位了。"但又因为司马炎是嫡长子，司马昭又迟迟下不了立嗣决心。他去征求尚书仆射裴秀的意见，裴秀极力推荐司马炎。他又去征求相国左长史山涛的意见，山涛说：

废长立少，违礼不祥。国之安危，恒必由之。(《晋书·山涛》)

正是山涛这一"立嫡以长"的皇位继承规则，才使司马昭下定决心传位司马炎。事后，"太子亲拜谢涛。"(《晋书·山涛》)

但是，山涛受到晋武帝的优遇，并非完全是进言"立嫡以长"大功的关系，与"中表亲"更无干系，而主要还在于他经营朝政有方。

山涛既是好人也是好官。

作为"竹林七贤"之一，山涛与诸贤相善。当他卸任"吏部选官"另有高就时，极力推荐冠世名士嵇康继任，但嵇康反而作《与山巨源绝交书》，与山涛“绝交”。不过，这仅仅是嵇康的政治宣言，目的是借机向司马昭宣示决裂，而决非与山涛个人“绝交”；嵇、山对此也心照不宣。嵇康后来因“吕安事件”遇难时，虽然未当面把年仅十岁的儿子托付给山涛。但嵇康深信，山涛一定会义不容辞地承担这份责任，因为他们之间有着很牢固的默契。《世说新语·贤媛》载：

山公与嵇、阮一面，契若金兰。山妻韩氏，觉公与二人异于常交，问公，公曰：“我当年可以为友者，唯此二生耳。”

可见，竹林七贤中，山涛与嵇康、阮籍有着与其他四贤更深厚的关系。

康……临诛，谓子绍曰：巨源在，汝不孤矣。（《晋书·山涛》）

嵇康临刑时安慰儿子嵇绍说：只要山涛在，你就不会孤立无援。后来，山涛果然不负嵇康期望。在司马昭死去、司马炎继位后，山涛把嵇绍推荐给司马炎说：“父之罪，不应累及儿子”。于是，嵇绍顺理成章地被朝廷任为“秘书丞”。“八王之乱”中，成都王司马颖部将石超追捕晋惠帝，御林军和近侍都跑光了，只剩下侍中嵇绍一人护卫皇帝。石超军追上后，砍杀了嵇绍，鲜血溅满晋惠帝皇袍。

事后，晋惠帝不忍洗去袍服上的血迹，说：“此嵇侍中血，勿去。”（《晋书·嵇绍》）从此“嵇侍中血”成为忠臣之血的代称。嵇绍被葬在荡阴县南（今河南汤阴南），因有洗血衣典故，葬地被称“浣衣里”。嵇绍门生万分悲痛，自愿为他守墓的有三十多人。他的遗著有《嵇绍集》，现已散佚。

《晋书·山涛》又载：

（山涛）与钟会、裴秀并申款昵。以两人居势争权，涛平心处中，各得其所，而俱无恨焉。

与两个相互敌对的人同时做朋友，确实太难了。但山涛做到了，而且“各得其所，俱无恨焉”。所以他称得上“好人”。

说他是好官，一是忠于职守，二是为官清廉。

山涛无论作地方官员，还是任吏部尚书，都以选贤任能为己任。经他甄别选拔出来的官员，后来都“显名当时”，以至山涛写的人事任命奏疏，也被当时人誉为“山公启事”。

山涛做官，位列极品，但从不贪赃枉法，一生清廉，两袖清风。陈郡人袁毅为鬲县县令时，目无王法，贿赂公行。有一次，他送给山涛一百斤真丝。山涛不想在贪污成风的朝廷中太显异类，于是也收受了，但立即封存，束之高阁，任其腐朽。后来袁毅败露，山涛也被追究，他如实从阁楼上取出真丝交公。大家这才知道，那一百斤真丝上面堆满了灰尘，当初的封存印记还完好如旧。从此他得了“悬丝尚书”的美名。山涛七十九岁去世，左长史范晷等官员上疏皇上说：“涛旧第屋十间，子孙不相容。”山涛有五个儿子，十间屋确实是“子孙不相容”，因为古时房屋开间极其狭小。这才引起皇帝重视，“帝为之立室(《晋书·山涛》)”。

由于山涛恩泽皇上、位高权重，所以司马炎对他的赏赐多寡，自然也成了人们关心的话题。因此虽然事隔七、八十年之久，谢安还要拿出来和子侄们议论。

其实，谢玄大可不必含糊其辞，因为他的回答是准确的。晋武帝对山涛赏赐得少，正是因为山涛清廉而不需要那么多，晋武帝也习以为常，“每饷恒少”。《晋书·山涛》多次提到司马家族对山涛赏赐，确实都很少，但规格很高。司马昭为了赏赐山涛，还专门写信给他，说，“你做官清廉，节操过人，知道你家中很匮乏，现在送钱二十万，给谷二百担。”司马师有一次送他一件春装，但却是当初魏帝送给司马师的礼物。晋武帝时，“帝以涛清俭无以供养，特给日契，加赐牀帐茵褥。礼秩崇重，时莫为比”。(《晋书·山涛》)赏赐物件虽然都是日常生活用品，但因是皇帝赏赐，因此，“礼秩崇重”。因为山涛为官端方，自然就不会接受过量的赏赐；晋武帝要鼓励山涛清廉，因此也不肯过量赏赐。

所以皇帝赏赐主要是表达对山涛的尊崇，而不在于数量的多寡。

事隔七十多年，谢家叔侄还要议论山涛赏赐，足以见得山涛确实是一个公认的清官。

又有一次，谢安叔侄和李弘度在一起议论李重和乐广。《世说新语·品藻》载：

谢公与时贤共赏说，遏、胡儿并在坐，公问李弘度曰："卿家平阳何如乐令？"于是李潸然流涕曰："赵王篡逆，乐令亲授玺绶。亡伯雅正，耻处乱朝，遂至仰药，恐难以相比。此自显于事实，非私亲之言。"谢公语胡儿曰："有识者果不异人意。"

平阳指李重，是李弘度的伯父，晋武帝太熙初累迁至中书郎，继而为吏部尚书。他安贫乐道，为官清正。《晋书·李重》说：李重自幼好学，很有文才；曾上疏力陈"九品中正"制的弊端；任尚书吏部郎时，选贤任能，不徇私情，为朝廷选举了一大批优秀人才，史称"群才毕至，海内归心"；为官数十年，清正廉洁；逝世后，"宅宇狭小，无殡敛之地"，还是朝廷下诏，安排在"典客署"才完成了葬仪。特别值得一提是，赵王司马伦篡位后，李重"以尤(忧)逼成疾而卒，时年四十八。"李重死于对司马伦篡位的愤怒，因此他是晋廷官场的佼佼者。

乐令指乐广。因为他曾任"代尚书令"，因此称其"乐令"。乐广曾任元城县令，累迁至中书侍郎、侍中、河南尹。《晋书·乐广》说：乐广善于清谈，特别擅长以最简明的语言阐述深奥的哲理；当朝名流夏侯玄、裴楷、卫瓘、王衍、潘岳等和他都过从甚密，并真心佩服他，时人都认为他和王衍是玄学界并驾齐驱的第一流人物。但是，乐广极力反对王澄、胡毋辅之等酗酒、躶体之类过分放肆的任诞。作地方官时，并没有十分突出的政绩，但一旦调离，人们却十分感念他留下来的那些政令和政绩。王戎作荆州刺史时，第一个举荐乐广为秀才，从此使之踏上仕途。王戎曾任左仆射兼吏部尚书，后来官尚书令；乐广后来也任右仆射兼吏部尚书，以后又代王戎任尚书令。这种"荐于王戎而又取代王戎”的巧合，一时传为美谈。“八王之乱”中的成都王司马颖和长沙王司马乂互为政敌，而司马颖是乐广的女婿，因此司马乂把持朝政时十分疑忌乐广。乐广为此讨好司马乂说：“我岂能以五个儿子换一个女儿？”意即为了自己身家性命，不会因女婿原因而与司马乂为敌。但司马乂“犹以为疑”，乐广为此忧愤而卒。

总的说来，乐广在晋廷官员中算得上是一个优秀人物，谢安把他和李重相提并论是合适的。但是，李弘度这时提出了一个非常尖锐的问题：乐广有失节行为。

原来，八王之乱时，赵王司马伦施用阴谋，借贾后之手害死了愍怀太子司马遹。过后，司马伦又以此为由，废杀了贾后及其党羽，包括名臣张华、裴頠等。大权在握的司马伦这时忘乎所以，先是逼迫晋惠帝给自己加“九锡”，接着又由党羽孙秀出面，逼迫晋惠帝把皇位“禅让”给自己。孙秀还让义阳王司马威直接从晋惠帝手中夺下了皇帝的玉玺。以至后来晋惠帝复辟时，坚决不予赦免司马威。晋惠帝说：“阿皮（司马威小名）最坏，夺我玉玺时，把我的手指扭的痛了好几天，要杀，要杀。”于是司马威立即身首异处。司马伦是司马懿第九个儿子，晋惠帝是他的侄孙，这等于是他从孙儿手中抢得了皇位。举行禅让仪式时，满奋、崔随、乐广三人，代表前皇室把皇权象征玉玺授予司马伦。《晋书·赵王伦》说：

伦从兵五千人，入自端门，登太极殿，满奋、崔随、乐广进玺绶于伦，乃僭即帝位。

看来，在赵王司马伦篡位过程中，乐广虽未直接参与，但确实也难辞其咎。从表面看，乐广也许是合法的，因为晋惠帝自己白纸黑字下达了禅位诏书，大臣们进玉玺给司马伦，只是奉命行事而已。但是，晋惠帝的禅位诏书，又是在强迫的情势下做出的被动行为，因此，又缺乏充足的法理依据。说穿了，司马伦就是篡夺皇位。因此，当时官居尚书令高位的乐广虽然被动参与，但也很不光彩，大损名节。只是因为晋惠帝复辟后，颁布了较宽容的大赦令，因此一般参与者都既往不咎了。加上乐广原来官声较好，大家都原谅了他。这一点很明显，连《晋书》的撰写者也“为尊者讳”，在乐广的本传中只字不提，在《晋书·赵王伦》中才偶露痕迹。不过，谢安、李弘度等后朝人物其实是心知肚明的。

泛泛而谈或可以毋论是非，现在谢安把李重和乐广一对一提出来比评，则不能不使李弘度认真甄别了。况且，皇权出现变故时，高官们的政治立场历来是大是大非问题。李重和乐广虽然才识、地位、官声都相去不远，但皇权更迭时，两人的表现相去甚远。

谢安由衷地认同李弘度的观点，因此立即“语胡儿曰：‘有识者果不异人意。’”（《世说新语·品藻》）谢安对谢朗等人现身说法，称赞李弘度是有识之士。其实，李弘度的分析也使谢安顿开茅塞。

第九章　数风流人物

（本章可作选择性阅读）

一、快意清谈

在东山的日子里，谢安最喜欢做的第三件事，就是与诸风流人物快意清谈。

魏晋时，“清”就是“好”、“佳”“上品”的代称，清谈就是绝妙好辞的上佳清言。东晋贵族阶层非常重视这种精神生活。清谈的主要内容就是依据“三玄”中的有关命题展开辩论，也可以就当前大家关注的热议话题进行辩论。“三玄”即《老子》、《庄子》、《周易》三部经典。

严格说，清谈和玄学联系紧密，但并非一体。

玄学是以《老子》、《庄子》、《周易》三部经典为主体，综合儒、道、名、法诸家学说，采取思辩哲学的方法和形式，探讨“有—无”、“本—末”、“体—用”、“言—意”、“动—静”、“情—礼”、“儒—道”、“自然—名教”、“出世—入世”、“个体—群体”等哲学范畴的社会思潮。它随魏晋门阀势力的发展而兴衰，为门阀势力建立新的等级秩序提供理论依据。

清谈则是魏晋上层贵族和知识分子，以探讨人生、社会、宇宙等哲理为主要内容，以讲究修辞技巧的谈说论辩为基本形式，而进行的一种学术社交活动。清谈的话题范围比玄学更宽泛。

上述玄学涉及的哲学范畴，都是清谈家们经常辩论的话题；除此而外，形神论、养生论、佛经佛理、名家理论、声无哀乐论、鬼神有无论、圣人有情无情论，等等，也是清谈家们所爱。这些话题，有的是从

“三玄”中提炼出来的，有些是随清谈发展而新增的，如佛经佛理。上述这些命题，开始时和社会现实联系紧密，但随着玄学的发展和清谈的深入，都无一例外地与社会现实渐行渐远了，最后完全脱离，成为纯粹的哲学命题。这就是我们今人对玄学命题难以理解、并感到枯燥乏味的原因。而当初魏晋名士们却为之痴迷狂热、津津乐道。

清谈的场所一般利用私人住所。有一次王导还把殷浩叫到自己床上进行辩论。后来，由于一些具有名士情怀的僧人也加入到了清谈家行列，因此寺庙也成了清谈的场所。此外，风景胜地更是清谈场所的不错选项。

清谈的顺序是：先分清论辩双方的主、宾身份；然后由主方提出辩论的主题内容，并简单阐述自己的见解，称为“立义”或“竖义”；再由客方就主题内容提出和主方相反的论点和论据，称为“难”；如此反复，直至主、客双方中的一方无话可说为止。此时，“不应者为拙劣，先止者为负败”。极个别条件下，也有“不应者”胜出的情况。那是在主客双方实力非常悬殊、一方不屑于作答、另一方自觉形秽时才出现的特例。

清谈方式以口谈为主，笔谈为辅。因为清谈过程中，有人清谈终了而言犹未尽；有人拙于口述而辞不达意；有人即席口谈而难以周全。因此，这都会使其退而著述，全面记录或补充、发挥、订正原来口谈内容。所以，笔谈也是清谈重要的形式和补充，但主要还是口谈。

口谈大致有三种方式：一是“客、主对谈”，二是“一主多谈”，三是“自难自谈”，此外还有“剧谈”。

客、主对谈就是客、主两人对抗。即一人就某一问题提出自己的看法，另一人提出相反的意见予以反驳，如此反复辩难，直至一方理屈词穷，方告结束。

一主多谈就是一人与多人对抗。即一人就某一问题提出自己的看法，其他人相次提出许多相反的意见予以反驳，如此反复辩难，直至一方理屈词穷，方告结束。

自难自谈就是自己与自己对抗。即自己提出问题，自己驳难自已，如此反复辩难，直至穷尽自己的设疑，方告结束。这是最高级的清谈方式，一般是在对抗的一方理屈词穷后才出现。这时候，胜利的一方兴犹未尽，于是主动接续失败一方的论点设疑，然后同时身兼正、反两方角色，自难自辩，直至一方论点胜出。

所谓“剧谈”，其实就是以清谈的气氛来区分的一种方式。气氛激烈紧张者为“剧谈”。

清谈还必须有一件重要的道具，就是麈(zhǔ)尾。这是纯粹体现清谈文化意义的符号性物件，而并无特别的实际功用。在清谈过程中，麈尾最直接的功用就是象征和形象。首先，它是名士清谈者高贵身份的象征，非名士不敢用、不能用。其次，持有它能为名士增光添彩，形象更显风流潇洒。

清谈在历史上曾出现过四次高潮，相应的清谈盛况或清谈名士，也分别被号为：正始名士、竹林名士、中朝名士、东晋名士。前三类名士，沿袭的是东晋大才子袁宏《名士传》的分类，而袁宏的《名士传》又源于谢安闲谈。《世说新语·文学》载：

袁彦柏作《名士传》成，见谢公，公笑曰：“我尝与诸人道江北事，特作狡狯尔，彦柏遂以著书。”

袁宏广闻博记，援谢安闲谈之说为佳作，堪称奇才。虽然当时谢安要不以为然地调侃袁宏，因为，于谢安而言是闲谈之辞，不足为凭；但于袁宏而言，则是采集到了高端权威人士亲历、亲闻的第一手资料，足可凭信。所以，袁宏还是做了一件功德无量的好事，为中国文化保留了宝贵的信息。

东晋名士未有袁宏这样的才子型学者标榜，因此没有代表性名称，但也不是没有名士。不过，这也微妙地显示，东晋名士难以与前朝名士相比肩。

东晋名士主要是指东晋建元至咸安年间(公元317—372年)、约半个世纪中的一批玄学家，也即司马睿至司马昱为帝时的一批名士。

简文帝司马昱是东晋名士的保护人和分界线，他生前，名士灿若河汉，他死后，名士寥如晨星。

东晋名士的清谈活动有以下特点：一是基本没有了玄学理论创新内容；二是具有名士情怀的僧人也加入到了清谈行列，并相应地使佛经成了清谈的内容之一；三是权臣、帝王成为清谈的组织者和保护人。

东晋前期是玄学清谈最活跃的时期之一，出类拔萃的清谈家很多，他们之中的大部分人都与谢安有清谈交往。其中最重要的有十一位。他们是：王导、殷浩、王濛、刘惔、许询、支道林、孙绰、孙盛、孙统、桓温、司马昱。他们之中的前七位，即：王导、殷浩、王濛、刘惔、许询、支道林、孙绰等，在谢安隐居东山时，他们有直接的清谈交流活动。谢安与其他人的清谈交流，有的是在东山再起以前，有的在以后，但都没有史料佐证。

当时的这些清谈人物，一概被敬称为风流人物。谢安本人也是东晋清谈领袖，因此，谢安和他们的清谈交往，堪称风流人物“群英会”。

二、第一风流阵

风流人物在清谈时，并不一概温文尔雅，有时甚至不亚于战场拼杀。因为清谈界也有英雄榜，清谈精英也要为自己的荣誉而战。于是，清谈界内也有了第一风流阵和第二风流阵之分，后来的“第一流、第二流”之称，即源于此。

综合评价与谢安同时期的清谈家可以发现，与谢安有交往的风流人物中，居于第一方阵的应该是王导、殷浩、刘惔等；居于第二方阵的应该是王濛、许询、支道林、孙绰等。另外，未见得与谢安有交往的孙盛，应属第一风流阵。

1. 王导

王导(公元 276—339 年)字茂弘，东晋琅邪王氏中心人物，门阀政治的开启者。他自幼跟随父兄周旋于司马皇室之间，因此很早就成了琅邪王司马睿的好朋友。“八王之乱”时，他南渡江左，在司马睿幕府任职，尽心竭力，出谋划策，为创建和稳固东晋新皇朝建立了不世功勋。

王导执政时，为了使新建的司马睿皇朝得到江南、江北士族的普遍认同，采取了多种办法和措施。他礼贤下士，说服司马睿大批任用三吴豪族和北方南渡士族为官；移风易俗，带头和江东士族联姻；学说吴语，加强与吴人感情联络。特别是为了赢得南北士人的广泛支持，他还精研玄学和清谈，成为清谈大家。不可否认，王导清谈的主要目的是出于政治需要。

《世说新语·文学》载：

旧云：王丞相过江左，止道“声无哀乐”、“养生”、“言尽意”三理而已，然宛转关生，无所不入。

在这里可以知道，王导主要侧重研究“声无哀乐”、“养生”、“言尽意”三个论题，关键之处婉转曲折、面面俱到。

“声无哀乐”是嵇康的玄学理论。他认为：声音和人的感情是两种事物；音乐有好有坏，能激起人的情感反应，但音乐本身不含喜怒哀乐的情感成份；而喜怒哀乐是人的内心冲动，决定于人的内在情感，与音乐无必然关联。他把心和声完全分开，即把主观和客观完全分开了。

“养生”也是嵇康的玄学理论。他主张通过精神修养、呼吸吐纳和饮食来养生；还主张“清虚静泰，少私寡欲”，不追求荣华富贵等外部刺激，而通过加强内心修养等来养生。

“言尽意”是《易经》“书不尽言，言不尽意”的相反理论。认为外界事物独立于名称、概念之外而存在；但认识事物又不能缺少名称、概念。人们通过名称、概念来辨别事物、交流思想；事物或人的思想发生变化，名称、概念也随之相应变化；两者既区别又联系。

由于王导拥有清谈大家和当朝首辅的特殊身份，因此他身边经常围绕着大批重量级清谈家。《世说新语·文学》曾详细记载过一场由他组织的辩论会：

殷中军为庾公长史，下都，王丞相为之集，桓公、王长史、王蓝田、谢镇西并在。丞相自起解帐带麈尾，语殷曰："身今日当与君共谈析理。"既共清言，遂达三更。丞相与殷共相往反，其余诸贤略无所关。既彼我相尽，丞相乃叹曰："向来语乃竟未知理源所归。至于辞喻不相负，正始之音，正当尔耳。"明旦，桓宣武语人曰："昨夜听殷、王清言，甚佳，仁祖亦不寂寞，我亦时复造心；顾看两王掾，辄翣（shà）如生母狗馨。"

殷浩当时任荆州刺史庾亮的长史，是公认的第一流清谈大家。他从上游的荆州"下都"到京师建康来时，王导特地为他召集了一次清谈胜会。当晚参加者是王导、殷浩、桓温、王濛、王述、谢尚诸人。王导还郑重其事地亲自起身，从帐带上解下麈尾交给殷浩，说："今天我要和你一起共谈玄理。"清谈开始后，两人你来我往，反复争辩，旁人无从插话，一直持续到三更天才结束。王导感慨地说："以前所谈，虽文辞比喻都不错，但竟不知义理所在，'正始之音'就该像今天这样。"第二天，桓温还沉醉在隔夜的兴奋中，他得意地告诉别人：昨晚听殷、王清谈，非常好，虽未插上话，但谢尚不感到冷落，我也深受启发；回头看丞相府两位王官人，简直像母狗一样（驯服）。

当时殷浩等人都很年轻，但清谈水平已达到了很高的水准，所以王导要感慨：今天像"正始之音"。

谢安青少年时期就与王导有交往，并得到其器重。《晋书·谢安》载："王导亦深器之。由是少有重名。"谢安小王导44岁，但其伯父谢鲲、堂兄谢尚等，都是王导同时期的清谈大家，并都与王导过从甚密。因此，谢安也有机会和王导进行清谈交流，并得到其提携和器重。

2. 殷浩

殷浩（公元 305—356 年）字渊源，东晋陈郡长平（今河南西华县东北）人，名士殷羡之子。穆帝二年，辅臣司马昱为对抗桓温，引殷浩参与朝政，任建武将军、扬州刺史。后来殷浩统军北伐，屡战屡败，遭桓温弹劾，贬为庶人，徙至东阳信安（今浙江衢州）。

殷浩虽无统军之能，却有清谈大才。在同时代人中，他称得上是首屈一指的玄学大师。《晋书·殷浩》载：

> 浩识度清远，弱冠有美名，尤善玄言，与叔父融俱好老、易。融与浩口谈则辞屈，著篇则融胜。浩由是为风流谈论者所宗。

殷浩因擅于玄学清谈，所以刚成年就获得了大名。他和叔父殷融一样喜欢《老子》和《易经》，殷融口谈能力弱，因此常常屈于殷浩；但书谈能力强，又常常胜过殷浩。殷浩被当时的清谈家们公认为玄学界的宗主级领袖。

在玄学研究中，殷浩对《四本论》特别有造诣。《四本论》是三国时钟会的著作，主张人的才能和德行可以兼备、不相抵触。当时正是司马和曹魏皇权之争的尖锐时期，《四本论》为支持司马夺权而专造，所以是政治斗争的产物。

曹魏集团主张“唯才是举”，认为人的才能与德行无关。其代表人物是中书令李丰、屯骑校尉王广。李丰主张“才、性异（不一致）”；王广主张“才、性离（分离）”。后来两人都被司马集团杀害了。

司马集团这时正紧锣密鼓地准备篡魏，因此刻意回避“忠”的思想，大力倡导“孝治天下”。他们在理论上也为之大造舆论，认为人的才能和德行可以兼备；才能基于德行；德行为先，才能为次。其代表人物是侍郎钟会、尚书傅嘏。钟会主张“才、性合（相关）”；傅嘏主张“才、性同（一致）”。

因此，才、性关系的异、同、离、合理论称为“四本论”。钟会写完《四本论》，希望得到理论权威嵇康的支持，但又怕这位性情古怪的大名士反对，于是，悄悄把书稿扔到了嵇康院子里，自己急抽身逃了回去。谁知道，“四本论”后来成为魏晋时期玄学清谈的最重要论题之一。晋朝建立后，“四本论”思想不再和现实政治斗争相关，而成为清谈玄学的纯粹哲学命题。

有一次，殷浩和支道林在会稽王司马昱家里辩论“才、性”。开始前，司马昱提醒支道林说：“谈论才性问题是殷浩的专长，他的理论缜密程度，就像崤关和函谷关一样牢不可破，你要小心谨慎才是。”

数四交，不觉入其玄中。相王抚肩笑曰：“此自是其胜场，安可争锋？”(《世说新语·文学》)

两人只交锋了三、四个回合，支道林不知不觉就落入了殷浩的理论玄机之中。乐得司马昱拍着支道林的肩膀大笑说：“这本来就是他胜过别人的地方，怎么轮到你和他争锋呢？”

所以，《世说新语·文学》说：

殷中军虽思虑通长，然才性偏精，忽言及《四本》，便若汤池铁城，无可攻之势。

殷浩在玄学清谈理论上是全才，尤其精于“才性论”，如遇《四本论》命题，那就更是固若金汤、无懈可击了。

由于殷浩在玄学理论上有着全方位的能力，因此他擅长的论题非常广泛，与他辩论的朋友也很多。但是，基本没有人能胜过他。

刘真长与殷渊源谈，刘理如小屈，殷曰：“恶！卿不欲作将善云梯仰攻？”(《世说新语·文学》)

同是清谈领袖的刘惔和殷浩论谈时，殷浩略占上风。于是殷浩冷笑着调侃刘惔说：“嘿！你该不会还想制造云梯来仰攻吧？”

但殷浩遇孙盛时却无法取胜。《世说新语·文学》曾生动地记载了他们两人对抗时的情境。

孙安国往殷中军许共论，往反精苦。客主无间。左右进食，冷而复暖者数四。彼我奋掷麈尾，悉脱落，满餐饭中，宾主遂至莫忘食。殷乃语孙曰："卿莫作强口马，我当穿卿鼻！"孙曰："卿不见决鼻牛，人当穿卿颊！"

孙盛去殷浩家中清谈，两人唇枪舌剑、反复争辩，而彼此都无懈可击。中午时分，仆人们送上饭菜，但论战不休，于是又把饭菜撤下去。如此者三翻四复，冷了又热，热了又冷。争到激烈处，两人不再顾忌斯文体面，极力挥舞麈尾助谈，以至麈尾上的毛发尽皆脱落，满桌饭菜都布满了尾毛。两人一直论战到傍晚还不想吃饭，最后，相互谩骂，恶言相加。殷浩骂孙盛说："你不要作强口马，我要刺穿你的鼻子！"孙盛反唇相讥说："你没看见豁鼻子牛吗？别人还要刺穿你的面颊呢！"

这是一场标准的"剧谈"。

殷浩被贬寓居东阳时，转而研究佛经。有一次，他读佛经至"事数"处不理解，于是在那里做了一个标签。后来"遇见一道人，问所签，便释然"。(《世说新语·文学》)他读佛经《小品》，被做了标签的地方不下二百处。

皆是精微，世之幽滞。尝欲与支道林辩之，竟不得。(《世说新语·文学》)

殷浩曾想就这些被做标签的、精妙深奥的佛理，与高僧兼清谈家支道林论辩，但未有机会。

殷浩精研精读，不耻下问，终于使自己的佛学水平达到了博大精深的境界，连精通佛理、又善于清谈的支道林也退避三舍。南朝学者刘孝标为《世说新语》注释时,引《语林》说:殷浩派人迎支道林辩论佛经,支道林整装待发,但被王羲之阻止了。他警告说:殷浩佛学渊博,难以取胜,如有闪失,数十年高名岂不毁于一旦?还是不去为好。“林公亦以为然,遂止。”

谢安和殷浩是姻亲,他的堂兄谢尚和殷浩是连襟,“袁彦道有二妹,一适殷渊源,一适谢仁祖。”(《世说新语·任诞》)殷浩妻名袁女皇,谢尚妻名袁女正。谢尚的二女儿谢僧韶又嫁给了殷浩堂兄弟(殷融儿子)为妻。要论起辈份,谢安一会儿与殷浩平辈,一会儿又比殷浩高出一辈。因此,谢安和殷浩联系密切。《世说新语·文学》说:

殷、谢诸人共集。谢因问殷:“眼望属万形,万形来入眼不?”

谢安问殷浩:眼睛能看到万物,而万物是否能进入眼睛呢?《世说新语》至此没有了殷浩的回答,专家怀疑是《世说新语》流传中丢失了下文。更可惜的是,谢安和殷浩清谈交往的直接史料仅此一条。

3. 刘惔

刘惔(公元314—349年)字真长,沛国相(今安徽濉溪县西北)人。他的祖父三兄弟都担任过朝廷吏部尚书之类的高官,父亲曾任晋陵太守。刘惔少年时家里很贫穷,和母亲一起在京口织芒鞋为生,但安贫乐道。时人因他才学优长,经常把他比作袁羊、范汪等贤人,刘惔为之窃喜。母亲断然否定说:“此非汝比”,教育他不要妄自尊大。成年后,刘惔尚晋明帝女儿庐陵公主为妻;后被任为丹杨尹(今江苏江宁),为官清正。

刘惔富有政治远见,在桓温尚未显达时,就看出他是既有才能也有野心的双面人。桓温积极筹备伐蜀时,别人都认为胜负难卜,只有刘惔认为桓温必胜,但又非常忧虑,认为桓温必将据功而专断朝政;后来还密谏辅臣司马昱,不让桓温出镇荆州,这些都一一应验。

刘惔对殷浩也不看好。殷浩在丹阳(今江苏江宁)为父母守孝时,他和王濛、谢尚一起去拜访他。王、谢二人忧虑地说："渊源不起，当如苍生何？"(《世说新语·识鉴》)但刘惔不相信，他问：你们真以为渊源不会出山吗？后来果如所言，殷浩养望功德圆满后，出山做了扬州刺史。

玄学清谈上，刘惔自视很高。他认为自己是第一流的清谈家。《世说新语·品藻》载：

桓大司马下都，问真长曰："闻会稽王语奇进，尔邪？"刘曰："极进，然故是第二流中人耳。"桓曰："第一流复是谁？"刘曰："正是我辈尔！"

桓温从荆州到建康来，问刘惔：听说会稽王的清谈水平有了突飞猛进的提高，是这样吗？刘惔回答说：进步极快，但毕竟是二流中人。桓温又问：那第一流又是谁呢？刘惔回答说：自然是我这样的人！

刘惔的回答虽然显得有点自负，但绝非妄言。

有一次"谈宗"殷浩出了一道难题，大家都答不上来。只有刘惔能回答。

殷中军问："自然无心于禀受，何以正善人少，恶人多？"诸人莫有言者。刘尹答曰："譬如写水著地，正自纵横漫流，略无正方圆者。"一时绝叹，以为名通。(《世说新语·文学》)

殷浩的意思是说，大自然给予人的禀赋是平等的，那为什么世界上正人少，恶人多呢？大家都无从应答。刘惔回答说，譬如流水泻地，自然是纵横交错、遍地漫流，几乎全是不规整的方形或圆形。当时大家都赞叹不绝，认为这是名言。

刘惔和殷浩经常辩论，互有胜负。殷浩占了上风时曾调侃刘惔须"仰攻"；刘惔占了上风时也一样讽刺殷浩，说他是"庄稼汉"。《世说新语·文学》说：

殷中军尝至刘尹所，清言良久，殷理小屈游辞不已，刘亦不复答。殷去后，乃云：“田舍儿强学人作馨语!”

殷浩和刘惔辩论时理亏，只好游移不定地说些不着边际的话语搪塞。刘惔也不接话茬，待殷浩走后才说：庄稼汉也敢逞强，学人家说风雅话! 这就是“不应者”胜出的情况。

可能因为清谈时过于弓张剑拔，或还有政见不合的缘故，刘惔和殷浩关系很一般。

殷浩始作扬州，刘尹行，日小欲晚，便使左右取襆(fú)。人问其故，答曰：“刺史严，不敢夜行。”(《世说新语·政事》)

原来，扬州刺史殷浩颁发了宵禁令，虽然天色还未到傍晚，但出行在外的刘惔还是早早地命随从取出行李，准备就近投宿。随从不明就里，刘惔解释说，殷刺史军令严肃，我不敢犯禁夜行。

丹杨尹是扬州刺史的直接下属，刘惔和殷浩又是玄学谈友，按理，刘惔尽可以放松一些。但刘惔却小心翼翼，不敢越雷池半步，唯恐冒犯殷浩。可见，殷刺史和刘大尹之间完全是公事公办的关系。后来刘惔请求调出扬州辖区为官。《世说新语·轻诋》说，刘惔请时任豫州刺史、镇西将军的谢尚说情。于是谢尚写信给殷浩，请求调刘惔到会稽郡去任职。殷浩很不以为然，回信说：“刘惔党同伐异，是那些行侠尚义人中的大将。我虽然常认为您过于降贵纡尊，但还是没料到，你竟然会为刘惔这样的人奔走效力！”原来，殷浩对刘惔非常不满。

和殷浩齐名的孙盛也曾和刘惔辩论，但结果大败亏输。《晋书·刘惔》载：

时孙盛作《易象妙于见形论》，帝使殷浩难之，不能屈。帝曰：“使真长来，故应有以制之。”乃命迎惔。盛素敬服惔，及至，便与抗答，辞甚简至,盛理遂屈。一坐抚掌大笑,咸称美之。”

当时,孙盛写了一本《易象妙于见形论》的书。司马昱让殷浩来诘难孙盛,但没能使他屈服。司马昱说:“假使刘真长能来,他应该有办法制服孙盛。”当即,司马昱派人去传呼刘惔。刘惔到场后,孙、刘立即开始辩论,语言非常简洁明快,没几个回合孙盛就败下阵去。一屋子人鼓掌大笑,齐声喝彩。

所以,刘惔说“第一流正是我辈”并非妄言,他是名符其实的第一风流阵中人。

可惜,刘惔英年早逝,仅三十六岁就离开了人世。他病危时,老百姓要为他祈祷延年,家人也要为他祭祀求神。他引孔子的话说:“丘之祷久矣”《晋书·刘惔》。”这一方面是说,自己性好老庄,应任其自然,不要家人为其滥祀;另一方面也是说,自己一生正直,无须祈祷。名士孙绰为他作的悼词说:“居官无官官之事,处事无事事之心。”时人以为名言。孙绰是从任诞放达的角度,标榜刘惔有“居官而不理政事、办事而无心事竟”的名士高风。其实,刘惔是愤世嫉俗而不理政事的。《晋书》说,刘惔为地方官时,许多老百姓状告官府长官,而官府则来回推托,互相包庇。刘惔说,这种弊端不革除,损失掉的民心就无法挽回了,于是心灰意懒,不问政事。“遂寝而不问。”(《晋书·刘惔》)

刘惔和谢安的关系非常亲密,和谢安堂兄谢尚也是好朋友。谢尚非常推崇刘惔,说:“昔尝北面,”(《世说新语·赏誉》)意思是说,自己过去曾以刘惔为尊者。刘惔也自命是谢尚的长者,他曾把孔子学生颜回、子路,分别比作谢尚、许询,暗指自己是他们的老师。《世说新语·品藻》说,谢、许两人很乐意接受这样的比拟:“二人皆受而不恨。”。

刘惔的妹妹是谢安的夫人,所以他们又是至亲。因此,他们之间的交流极其密切。有一次,他俩在一起议论王脩。王脩是王濛的儿子,十二岁就著书立说,写出了《贤全论》著作。他对自己的品德修养要求很严格,可能近乎苛刻。所以谢安对刘惔说:“王脩对自己的品德修养要求太严格了。” 刘惔称赞说:“亦名士之高操者。”(《世说新语·赏誉》)就是说,王脩确实是名士中节操高尚的人。谢安对刘惔的清谈水平很钦佩,曾称赞说:“刘尹语审细。”(《世说新语·赏誉》)即称赞刘惔的清谈言论周密详细。刘惔去世时,谢玄约六、七岁,他不认识刘惔,所以也很不理解谢安为什么要尊崇刘惔,于是问谢安:刘惔性情极其严厉,何必那样敬重他?谢安回答说:

是不见耳。阿见子敬,倘使人不能已。(《世说新语·赏誉》)

那是因为你没见过刘惔的缘故,我见了王献之尚且情不自禁地景仰他,何况见了刘惔!可见,谢安极其推崇刘惔。

4. 孙盛

孙盛(公元 302—373 年)字安国,太原中都(今山西平遥)人。

孙盛是清谈界为数不多的第一方阵精英,他和谢安是同时期人物,他的堂兄弟孙统、孙绰是谢安最亲近的朋友,他本人也和谢安一样,曾供职于桓温幕府,但没有史料佐证孙盛和谢安有什么清谈交往。

孙盛父亲孙恂是颍川太守,但在孙盛很小时,就被强盗杀死了。孙盛的祖父是“才藻卓绝”著称的孙楚。两晋时,大家把“枕石漱流”指代餐风宿雨、栖身山林的隐士生活。孙楚年轻时有意隐居,对好友王济说话时,误将“枕石漱流”说成了“枕流漱石”。王济取笑他说:“流水可以枕头吗?坚石可以漱口吗?”孙楚强辩说:“之所以‘枕流’,是为了要洗洗耳朵;之所以‘漱石’,是为了要砥砺牙齿。”王济为之语塞,而中国语言竟因孙楚的狡辩,而新创了“枕流漱石”词。

但孙楚并非完全强词夺理,“枕流漱石”也有依据。

东汉蔡邕《琴操·河间杂歌·箕山操》和皇甫谧《高士传·巢父》载:上古唐尧想把帝位让给许由,许由不但立即拒绝,还连夜逃进箕山隐居。唐尧以为许由谦虚,更加敬重,又派人去请他,说:“如果不能接受帝位,就出山当‘九州长’吧。”许由听罢更加厌恶,立刻跑到山下颍水边，掬水洗耳。

许由的朋友巢父也在箕山隐居，这时恰巧牵着小牛来饮水。许由就把唐尧的意思告诉了他，并说："我听了这样不干净的话，怎能不赶快洗耳呢？"巢父听后，冷笑一声说："这都是你到处招摇惹的祸，还洗什么耳朵！算了吧，别弄脏清溪沾污了牛嘴！"说完，牵着小牛往上游去了。

所以王济要为之语塞。

孙盛十岁时，和堂兄弟孙统、孙绰一起南渡到了江左，长大后，博学多才，善于清谈。当时，殷浩在清谈界独占鳌头，无人可敌，唯有孙盛能够与之对抗。有一次，两人从早到晚整整争论了一天，饭也没吃上，可就是未分胜负。从此，殷、孙一起被尊为清谈宗主。

但是，孙盛遇到刘惔时，却表现的很胆怯。孙盛写成了《易象妙于见形论》后，"意气干云"，(《世说新语·文学》)自鸣得意，神采飞扬，简直是气贯云霄了。虽然很多人对书中观点不敢苟同，但没有人能驳倒孙盛。于是，司马昱召来刘惔与之辩论。听说刘惔要来，孙盛意气收敛了许多；刘惔到后，孙盛叙说书中义理时，自己感到没有原先说的那样顺畅了。刘惔听后，总共说了二百来句言辞简明的话，就使孙盛理屈了。在座之人无不叹服，长时间赞美刘惔。

当然，孙盛和刘惔仍然是同一层次的清谈家。这次孙盛理屈，只是两人互有胜负的其中一次罢了。

孙盛最初任著作郎，因家贫母老，想外放做官，乘机敛财。不久，孙盛被任为浏阳县令，后来又被陶侃任为参军；庾亮接替陶侃后，又引其为征西大将军府主簿，后又转任参军。桓温伐蜀时，孙盛以参军身份，在后方负责筹集和运输粮秣辎重。平蜀后，孙盛因功受封安怀县侯；以后，又因平洛之功，进位吴昌县侯，并补授长沙太守。

可是，官位高了，贪欲也大了。孙盛居然以家贫为由，肆无忌惮地搜括钱财。州部从事到长沙郡巡查时，发现了孙盛的许多劣迹，因为钦服他才大名高，没有弹劾他。可是，孙盛因州部从事揭了他的老底而恼羞成怒，于是仗着与桓温有僚属旧谊，反咬一口。他给桓温写信，肆无忌惮地诬说州部从事官仪猥琐、敷衍塞责，“徘徊湘川，将成怪鸟”。(《晋书·孙盛》)于是，桓温又派人复查，结果，起获了许多赃物，孙盛也被押解到了州府。但桓温没有给他治罪。

孙盛虽然为官不正，但治学态度却非常严谨。他学而不厌，手不释卷，著述颇丰。他写的《魏氏春秋》和《晋阳秋》等史书，直言不讳，词直理正，被当时人称为“良史”。

可是，桓温不满意孙盛在《晋阳秋》中据实记载伐燕时的“枋头之败”。他恼怒地召来孙盛儿子威胁说：“枋头之役确实失利了，但也不至于如令尊大人所说那样坏！如果这部史书流传出去，那可是关系你家门户的大事了。”孙盛儿子吓得急忙谢罪，答应回去一定敦请老父改正。当时孙盛年老在家，性情依然方正严峻，虽然子孙有的已经头发斑白，但仍然害怕孙盛严厉的家教。为了删改史书的事，儿孙们一起磕头号哭，哀求孙盛要为全家百十口人命考虑。孙盛大怒，坚决不同意改动。没有办法，儿子们只好瞒着父亲，私下里对《晋阳秋》作了删改。

孙盛被儿孙们一闹，也引起了注意。他把《晋阳秋》写成了两个定本，并把其中一部寄给了前燕国的朋友收藏。晋太元年间，孝武帝广泛收罗奇书轶文，有人献上在辽东得到的这部《晋阳秋》。通过与宫廷原收藏本相互考校发现，辽东本和宫廷本有许多不同之处。于是，史馆同时收藏了两个本子。

孙盛严谨、坚定、机智的治史态度，为中国文化保留了难得的历史信息。

三、第二风流阵

第二风流阵包括王濛、许询、支道林、孙绰等。

1. 王濛

王濛(公元307—345年)子仲祖，太原晋阳(今山西太原)人，是鼎鼎大名的太原王氏后裔。他年轻时，放荡不羁，为乡人所不齿。但随着年龄的增长，王濛慢慢砥砺行操，不断改正缺点，喜怒不形之于色，清雅简约，工于隶书。终于，王濛慢慢有了风雅美誉，受到人们的尊重。

王濛姿容俊美，风流倜傥，连他自己也据以窃喜。有一次，他照着铜镜，念叨着父亲的名字自夸："王文开生如此儿邪！"(《晋书·王濛》后来王濛被王导引为掾属，又任长山县令、中书郎；简文帝时官至司徒左长史，所以人们又称他为"王长史"。

王濛也是清谈界的领袖人物，与刘惔齐名，《晋书·王濛》说：

凡称风流者，举濛、惔为宗焉。

所以王濛很受琅邪王司马昱的青睐。司马昱曾和孙绰排队比对清谈界的重要人物，如刘惔、王濛、桓温、谢尚等。最后两人一致认为，王濛的特点是"性和畅，能言理，辞简而有会。"就是说，王濛性情平和温顺，能据理清言，语言简约但能使人清楚地领会。

但是，王濛没有刘惔那样的能耐，因此也无法和殷浩对垒。《世说新语·赏誉》说：

王仲祖、刘真长造殷中军谈，谈竟，俱载去。刘谓王曰："渊源真可。"王曰："卿故堕其云雾中。"

和殷浩清谈完毕，刘惔夸奖说，殷浩真行！王濛则清醒地说，你已掉进了殷浩设置的云山雾障中去了。

王濛看得清殷浩的"云雾"，但无有说辞诘难，只能事后说说作罢。所以说他是"谈宗"有点夸张；与刘惔齐名也很勉强。

王、刘每不重蔡公。二人尝诣蔡语，良久，乃问蔡曰："公自言何如夷甫？"答曰："身不如夷甫。"王、刘相目而笑曰："公何处不如？"答曰："夷甫无君辈客。"(《世说新语·排调》)

蔡公即蔡谟，是一位方正笃慎的人。丞相王导生活奢侈，在家里让伎女表演歌舞，蔡谟碰见后拂袖而去。蔡谟又是一位很有能力的人。郗鉴临死时，很忧虑无人接管所部骄兵悍将，于是推荐蔡谟继任。蔡谟还是一位谦虚谨慎的人，他后来官居扬州刺史、录尚书事高位；但他的升迁之路其实也是反复谦让推辞之路。

晋永和三年（公元347年），司马昱主导朝廷提升蔡谟为司徒，这是相当于丞相的大官，但蔡谟坚持三年不到任。永和六年十二月，朝廷又催蔡谟去上任；小穆帝和百官在朝堂耐心等候；使者往返十几次催他，但他不肯上朝领命。当时桓温势力日盛，和执政的司马昱明争暗斗、日趋激烈，蔡谟不肯蹚这趟浑水。

八岁的小穆帝奇怪地问："叫的人为什么不来？还要多久散朝？"他还急着去和太监玩呢！司马昱很生气；殷浩要杀蔡谟！幸亏荀羡劝阻，司马昱才把蔡谟废为庶人了事；吏部尚书江彬（bīn）倒霉，被免官，算是吏部推荐失察！

所以，蔡谟和王濛、刘惔不是一路人，也不为他们所重视。因此王、刘要蔡谟自比王夷甫（王衍）时，蔡谟知道他们轻视自己，故意说，我不如王夷甫。王、刘相视而笑，以为有机可乘，又穷追不舍地问：什么地方不如？蔡谟反唇相讥说，我有你们这样的客人，而王夷甫没有。平常以论辩见长的王、刘，这次却讨了个大大的没趣。

在一些重要的场合，都可以看到王濛的身影。但经常和王濛在一起的，只有殷浩、刘惔、谢尚、许询、支道林这些人。他们要么清谈，要么饮酒，而且，这些活动还都和名士任诞放达相关。

有一次，王濛、刘惔一起在朱雀门外桓伊家欢宴。这天，恰巧谢尚要到他叔父谢裒坟上举行葬后三日的"反哭"仪式。但是，王濛等人很想让谢尚一起来饮酒，于是派人去路边拦截。谢尚起先不答应，但犹犹豫豫停了车；后来王濛又派人去请，他总算同意了。大家兴高采烈地把谢尚迎进厅堂，摘去丧帽，立刻就开怀畅饮起来。"半坐，乃觉未脱衰。"（《世说新语·任诞》）喝到一半，大家突然发现，谢尚竟未脱去丧服！主人和客人岂不沾染晦气吗？但朋友畅聚最重要，其他一概无所谓。况且，任诞名士并不信鬼神。

有时候，过分的任诞行为也会被抵制。《世说新语·政事》载：

王、刘与林公共看何骠骑，骠骑看文书，不顾之。王谓何曰："我今故与林公来相看，望君摆拨常务，应对玄言，那得方低头看此邪？"何曰："我不看此，卿等何以得存？"诸人以为佳。

这一次，王濛、刘惔、支道林一起去拜访何充。他们进门后，何充故意视而不见，只顾看文书而不理会。大概支道林不经常去打扰何充，所以，王濛抬出支道林说事。他说："我和林公一起来看你，哪有这样低头看东西的道理？赶快摆脱俗务，和我们一起去清谈！"何充回答说："我不看这些东西，你们怎么活？"何充料理的是民生大事，他不勤政，天下百姓怎么办？大家一时语塞，但还是认为何充说得好。

王濛和刘惔是最要好的朋友，他常说，"刘君知我，胜我自知。"所以，他们经常出双成对地外出游宴清谈，时人也认为他们是并驾齐驱的清谈领袖。但平心而论，王濛和刘惔相比还是有距离的。在清谈圈子内，很多人都这么认为。王恭是王濛的孙子，谢安曾委婉地问他："您祖父确实能让刘尹（惔）赶上吗？"王恭也委婉地回答说："刘尹非不能逮，直不逮。"（《世说新语·品藻》）就是说"刘尹不是不能赶（超），只是不去赶（超）罢了。"王濛自己也承认刘惔的清谈水平在自己之上。《世说新语·品藻》说：

刘尹至王长史许清言，时苟子年十三，倚床边听。既去，问父曰："刘尹语何如尊？"长史曰："韶音令辞不如我，往辄破的胜我。"

王濛儿子苟子（王脩）听完父亲和刘惔清谈后问：刘尹清谈比父亲大人如何？王濛说：声音和言辞他不如我；但一语破的的能力胜过我。其实，谁都明白，破解论题的水平才是清谈水平！

但不管怎么说，刘惔和王濛既是清谈朋友，也是知心朋友。王濛三十九岁去世，刘惔很伤心。临出殡时，刘惔把一柄珍贵的犀牛角把柄的麈尾，郑重地放进王濛的棺材，以寄托自己的哀思。

《晋书》曾以谢安的评价作为王濛本传的结束语：

谢安亦常称美濛云："王长史语甚不多，可谓有令音。"

谢安称赞王濛：语言甚简，堪称上好佳音。

王濛和谢安有过很密切的交往。谢安曾在王濛家参加过一次影响较大的清谈聚会，并以自己出色的玄学修养倾倒了所有与会者。那一天在场的人还有支道林、许询等。人到齐后，谢安看着大家说："今天可算是群贤胜会。时光难以留住，胜会也难常有，大家应当踊跃来谈论和咏吟。"许询随即问王濛："有《庄子》没有？"王濛正好翻到《庄子》的《渔父》篇，谢安拿过去看过题目后，就请大家以《渔父》为题，阐释义理。支道林首先陈说，娓娓道来七百言，叙述雅致精美，才华新奇优异，大家齐声称好；其他人随后也纷纷各抒己见。待大家讲完后，谢安问："诸位都谈完了吗？"在座人都说："谈完了，今天清言，很少言犹未尽了。"但未料到，谢安接下去还会有长篇大论。他先粗略驳难了几句，然后就开始阐发自己的见解；洋洋洒洒一万余言，才识精当、难以辩驳，言辞秀逸，姿态潇洒，在座人无不感到心满意足。支道林对谢安说：

君一往奔诣，故复自佳耳。（《世说新语·文学》）

支道林称赞谢安说：您的议论一往无前、直奔主旨，所以不得不承认，这是最佳清言。

谢安比王濛小十三岁，但他很年轻时就和王濛有了交往。《晋书·谢安》载：

（谢安）弱冠诣王濛，清言良久，既去，濛子脩曰："向客何如大人?"濛曰:"此客亹亹,为来逼人。"

通过和青年谢安长时间清谈,王濛对儿子说:"这个客人娓娓而谈,意趣高远,将来必定气势逼人,成就不可限量。"

王濛去世早,未能亲自验证自己的预言。但是,谢安后来权倾天下,功高盖世,足以慰藉王濛的在天之灵。

2. 支遁

支遁(约公元314—366年)字道林,河东林虑(今河南林县)人,本姓关,二十五岁出家,人称"支公"或"林公"。晋隆和元年(公元362年),支遁奉诏来到建康东安寺,从此,出入禁中或士大夫家,与建康上流社会有了密切交往。支遁著有《道行旨归》、《学道戒》、《圣不辩之论》等书;精通《般若道行品经》,在所撰《即色游玄论》中提出"即色本空"思想,创立了"般若学即色义",成为"般若学"六家七宗之中的"即色宗"宗主。支遁善于清谈,在玄学中糅杂老、释经义,增添了许多清谈命题;所注《庄子·逍遥游》,为群贤叹服。因此,他是僧人型清谈领袖。

可是,就是这样一位名动京师的大僧人,却是一个相貌极其丑陋的人。

南朝学者刘孝标为《世说新语·容止》注释时,引《语林》说:

诸人尝要阮光禄共诣林公。阮曰:"欲闻其言,恶见其面。"此则林公之形,信当丑异。

大家邀请阮裕(曾官光禄大夫,故称阮光禄)一起去拜访支遁,阮裕推辞说:"愿意听他的清言,厌恶看他的面目"。这其实就是对支遁相貌的评价,大家都相信他一定丑陋的很离奇。由此可知,支遁是一个貌丑才高的清谈家。

但是,东晋人士品藻人物以相貌为最重要标准之一,因此上流社会无法原谅支遁的容貌。《世说新语·排调》载：

王子猷诣谢万，林公先在坐，瞻瞩甚高。王曰："若林公须发并全，神情当复胜此不？"谢曰："唇齿相须，不可以偏亡。须发何关于神明。"林公意甚恶，曰："七尺之躯，今日委君二贤。"

王子猷就是王羲之儿子王徽之，他去拜访谢万时，支遁已先在坐，且器宇轩昂、神色高傲。王子猷讨厌支遁相貌丑陋，鄙薄说："假如林公须、发齐全，神情气度一定比现在更胜一筹。"主人谢万连忙圆场说："嘴唇和牙齿相互依存，不可偏废；但须、发和神情气度却没有关系！"支遁没想到王子猷会对自己如此品头评足，心里很不痛快，发作说："我堂堂七尺之躯，今天就交给你们二位了！"

倒是里巷小人很重视支遁的奇异相貌。有一次，王濛生病在家，谢绝访客，要求守门人，无论亲疏，一概不予通报。支遁这天来访，守门人看到他奇异的相貌很吃惊，不顾王濛禁令，急忙进去通报说："有一个相貌奇异的人在门外，不敢不禀报。"王濛笑着说："一定是林公。"

名士中，谢安和孙绰却认为支遁是品貌非凡的人物。谢安说支遁"双眼黯黯明黑。"(《世说新语·容止》)就是说，支遁两眼黑白分明，炯炯有神；孙绰说支遁"棱棱露其爽。"(《世说新语·容止》)就是说，支遁神色凛凛，显露出豪迈爽朗的气概。

事实上，品藻人物真的不能以貌取人。支遁虽然相貌丑陋，但学识高妙，所以，司马昱、殷浩、刘惔、王濛、许询、郗超、王羲之、谢安等重量级人物，都愿意和他倾心交往。

王羲之和支遁的交往还富有曲折传奇。在朝廷任命王羲之为会稽内史前，支遁在会稽郡寓居已多年。王羲之刚任会稽内史时，孙绰就对他说："支道林做学问善于标新立异，他的见识和思想都有很好的新意。您要不要见见他？"王羲之满腹经纶，很轻视支遁，不肯见他。后来，孙绰和支遁一起去拜访王羲之，但王羲之总是回避支遁，不与之交谈。冷场了好一会，支遁只好告辞。王羲之也跟着出去，并已走到了备好牛车的大门口。支遁鼓起勇气对王羲之说："您暂时不要走，贫僧和您稍微说几句话。"支遁抓紧时间，就有关《庄子·逍遥游》的义理，滔滔不绝说了数千言，才思新颖，文辞奇异，好似繁花绽放、交相辉映。王羲之被深深打动，"遂披襟解带，留连不能已。"（《世说新语·文学》）于是，王羲之也敞开胸怀、直抒己见；对支遁也开始恋恋不舍起来。

孙绰说支遁做学问善于标新立异，可说是一语中的。支遁无论研究佛学，还是研究玄学，都贯彻了标新立异的思想。《世说新语·文学》载：

支道林造《即色论》，论成，示王中郎，中郎都无言。支曰："默而识之乎？"王曰："既无文殊，谁能见赏？"

支遁写成了《即色游玄论》，送去给王坦之看，王坦之读完后一言不发。支遁问他："默记在心还是心领神会了？"王坦之说："没有大智慧菩萨文殊那样的慧眼，怎么赏识？"

王坦之看过《即色游玄论》后，自叹没有文殊菩萨那样的大智慧来赏识。看来，《即色游玄论》的义理，远远超出了王坦之对佛学的研究，所以弄得他无言以对。

《即色游玄论》相对中国既有的"般若学"是创新之说。"色"，指一切人能感知到的事物；与"色"相对应的是"空"，指事物的虚幻不实性。东晋时，传入中国的是佛学"大乘中观宗"，所依据的主要是佛学经典《般若经》，但只有其中的一些章节，极其零散。因而造成了对"色、空"概念理解的混乱，"般若学"由此也形成了六家六宗的对立局面。支遁作《即色游玄论》，提出了"色即为空，色复异空"的观念。他认为，事物不凭籍自身而存在，所以"色即为空"；但和纯粹虚幻的事物又有区别，即"色复异空"。这种对原有佛教"般若学"既批判又继承的义理为大家所接受，从而，奠定了支遁"即色宗"成为"般若学"第七宗的地位。

由于“般若学”宣扬的“色、空”观念，和玄学争论的“有、无、本、末”等命题非常接近，因此，“般若学”的宗教命题，也成为玄学家研究的对象。所以，支遁写成《即色游玄论》后，要送给王坦之看，以示切磋。

在玄学清谈上，支遁也多有创新。《庄子·逍遥游》列《庄子》第一篇，其宗旨是淡泊名利，从而在精神上达到无牵无挂，优游自在的境界。西晋时，向秀和郭象都曾注过《庄子》(大家都认为郭象的注剽窃了向秀的学术成果)，因此，两晋时清谈家谈论《逍遥游》，都跳不出向、郭两人的义理范围。所以《逍遥游》长期以来都是玄学家们争论不休的话题。有一次，支遁和冯怀(官至太常)在白马寺一起清谈，言及《逍遥游》，支遁在向、郭已有义理之外、也在当时名流研究成果以外，以高超的创新思想，对《逍遥游》作了新的诠释，受到大家的赞同。《世说新语·文学》说：“后遂用支理。”从此，在议论《逍遥游》时，大家都引用支遁的义理。

但在日常的清谈中，支遁并非总是所向披靡。有一次竟输给了手下败将于法开大师的徒弟。

于法开大师也是东晋时的高僧，他一开始就和支遁角逐名声。后来舆情逐渐倾向支遁，于法开很不服气，于是就隐居到剡县一带，潜心钻研。后来，于法开认为自己义理已经成熟，决心和支遁一决高下。

于法开派遣弟子于法成到建康去，并特别安排他顺路去会稽和支遁辩论。因为当时支遁正在会稽宣讲《小品》经。于法开告诫于法成说：“当你到达会稽时，支道林讲述《小品》经应该到了第某某品。”于是，于法开为于法成演示有几十个回合之多的进攻诘难模式，然后说：“向来讲经到这里就不可能说得通了。”于法成按照师父的指点去拜访支遁，正值支遁讲经至第某某品。于是，于法成小心谨慎地陈述了于法开教给他的诘难问题，和支遁反复往来辩论了很长时间，终于，支遁理屈词穷了。支遁气得厉声说：“你何必受人之托来辩论！”支遁从辩论的思路中感觉到，于法成是受于法开指使而来。

支遁性好养马，也喜欢好山好水。有人说，和尚养马不雅。支遁说，我喜欢欣赏马的神采。有一次他途经东阳长山(今浙江金华山)，看到三百里长山、低缓起伏、连绵不断，非常喜爱，不禁感叹说，怎么这样平坦逶迤啊！于是，他就萌发了买山的愿望。他托人去和竺法深大师洽谈，要求买下他的岇山。竺法深大笑说："未闻巢由买山而隐。"(《世说新语·排调》)从未听说大隐士要买山后再隐居的话。不知后来是否做成了这单生意，反正支遁是寓居到了岇山(今浙江剡县之东)。

支遁还喜好养鹤，有人听说后，就到岇山来送给他两只幼鹤。过了一段时间，幼鹤长大了，翅膀也长硬了，常常想飞走。支遁舍不得，就剪掉了它们翅膀上的硬羽毛。两只仙鹤振动翅膀想飞起来而又不能，于是看看自己的翅膀，无可奈何地垂下头去，看上去很沮丧。支遁说：

既有凌霄之姿，何肯为人作耳目近玩？(《世说新语·言语》)

是啊，仙鹤有着直上云霄的优秀资质，怎么能甘愿充当娱人耳目的宠物呢！于是，支遁命人好好调养双鹤，待它们的硬羽毛重新长成后，就放开它们，任其飞翔而去。

支遁一生谈论自由，追求自由，也最珍惜自由，所以他借双鹤把自由还给了自然。

支遁和谢安属最亲近的好朋友，《晋书·谢安》说：

(谢安)寓居会稽，与王羲之及高阳许询、桑门支遁游处，出则渔弋山水，入则言咏属文。

可见，他们三人是情投意合、形影不离的旅伴和文友，因此，他们可以成天在一起悠逸山水，清谈赋诗。

3. 许询

许询，字玄度，生卒年不详，高阳（今河北高阳）人，小时候很聪明，大家称他为神童；长大后官府曾征辟他为司徒府掾属，但他钟情林下，无意仕进，未接受任命。他的曾祖父许允曾任三国时魏国的中领军，所以他是家道中落人家的子弟。

许询是谢安朋友圈中的真正隐士，也曾在东山寓居过。《晋书·王羲之》载：

> 时刘惔为丹杨尹，许询尝就惔宿，床帏新丽，饮食丰甘。询曰："若此保全，殊胜东山。"惔曰："卿若知吉凶由人，吾安得保此！"羲之在坐，曰："令巢、许遇稷、契，当无此言。"二人并有愧色。

大约隐居生活很清苦，所以许询住到刘惔家里后，对其"床帏新丽，饮食丰甘"的接待大为感慨，说，如果能长久地保全这种生活，那比隐居东山强多了！由此可知，许询这时候已在东山隐居了。刘惔虽身为郡府大尹，但也心系锦衣玉食，因此不经意间流露出了贪图享受的思想。他说，人如能自己掌控时势命运，我何尝不想设法保全眼前这种生活！同座的王羲之听了很不满意：隐士和贤臣怎么能追求享受呢！当即讽刺他们说：真隐士巢父和许由、大贤臣后稷和商契该说不出这样的话吧！刘、许两人都面露愧色。

但是，许询是割舍了士大夫优遇生活的隐士，和身居朱门的谢安做隐士完全不同。谢安仍可以天天锦衣玉食；而许询正好相反，衣食起居等基本生活也难有保障。所以，郗超每听说有高士要隐居时，就赶快自己掏钱为其盖房子。名士戴逵隐居时，就曾接受了郗超赠予的"精舍"。他惊叹地写信告诉朋友："最近已到了剡县（隐居地），住宅简直就如官衙一样。"许询隐居时郗超还幼小，大约十岁左右。所以许询没那么幸运，连日常用品也必须依靠朋友赠予，否则隐士就做不下去。

但是，偶而的赠予是馈赠，长期的赠予就成了施舍，这就和隐士情怀相去甚远了。所以，许询每次接受“馈赠”时，多少都有点不好意思。《世说新语·栖逸》载：

许玄度隐在永兴南幽穴中，每致四方诸侯之遗。或谓许曰：“尝闻箕山人似不尔耳。”许曰：“筐篚(fěi)苞苴(jū)，故当轻于天下之宝耳。”

这时候，许询在永兴(今浙江萧山西)幽僻的山洞里隐居，由于他和朝廷高官、甚至辅臣司马昱有清谈交往，致使本地官员常常去赠送礼物。有人不以为然，对许询说：“上古隐士许由好像不是这样，(尧让天下给他，他都不要，你怎么能接受人家的礼物呢？)”许询自嘲说：“那些竹筐蒲包(礼物)，和天下最宝贵的天子大位相比，肯定要轻微的多吧！”看来，做真正的隐士实属不易。

做隐士平常应该是无所事事的吧，所以许询和支遁一样，无牵无挂，可以做谢安形影不离的旅伴和谈友，“出则渔弋山水，入则言咏属文。”他生性喜欢名胜妙境、游山玩水，年纪又轻，因此练就了一副爬山涉水的不凡身手。所以当时人说：“许非徒有胜情，实有济胜之具。”(《世说新语·栖逸》)就是说，他并非徒有喜爱胜境之情的虚名，实在也有登临胜境的身骨。

在清谈上，许询的水平足以令人惊叹。他年轻时，有人把他和王脩相比，因为王脩小时候也很聪明。但许询很不服气，他觉得自己更在王脩之上。有一次，支遁和众名士一起在会稽西寺清谈，王脩也在场。许询知道后很忿然，于是就到西寺去找王脩辩论，以决雌雄。两人辩论时艰苦曲折，王脩大败亏输。但许询不买账，又反过来要求自己持续王脩的论点，而王脩持续自己的论点，再次进行辩论。就这样又反复陈说，王脩又词穷理屈。许询得意地问支遁说：“弟子刚才的论说怎么样？”支遁大不以为然，但故作从容地说：“您的言辞好倒是好，但何至于这样穷追不舍地苦逼人家呢？这难道是寻求义理核心思想的谈论吗！”许询确有点得理不饶人，但既然是辩论，哪能讲究温良恭谦让?

许询的清谈水平算不得第一流，因为刘惔曾把许询比作孔丘的学生子路,而暗比自己是许询的老师,许询也“受而不恨”。但许询和第一流也相去不远。因此,刘惔特别看重他。刘惔曾说:

“清风朗月,辄思玄度。”(《世说新语·宠礼》)

倾慕之情,昭然可鉴。

有一次,许询在京都建康停留了一月有余,刘惔也从驻所赶到建康,天天和他清谈,好在不远。后来,刘惔对许询叹息说:

卿复少时不去,我成轻薄京尹。(《世说新语·宠礼》)

刘惔说,您再这样不赶快走,我都成了不务正业的京兆尹了。刘惔当时任建康所在的丹阳郡太守,相当于京兆尹。

辅臣会稽王司马昱也很器重许询,有一次,他们居然谈论了整整一个晚上。那天夜晚,风轻月明,司马昱特意把许询带到密室中交谈。敞开胸怀咏诗吟词本是许询所长,何况,这天许询咏吟的玄诗,清丽可心、委婉动人,比平常更富情趣。司马昱和许询虽然一向情投意合,但这天更胜往日。两人不觉促膝而谈、握手相语、通宵达旦。事后,司马昱说:

玄度才情,故未易多有许。(《世说新语·赏誉》)

司马昱称赞许询的才华不可多得。

后来王坦之推举许询任吏部郎,郗昙打岔说:“相王好事,不可使阿讷在坐。”(《世说新语·轻诋》)阿讷是许询的小字。郗昙言下之意是说,辅政王司马昱醉心清谈,如果许询来到他身边,“清”上加“清”,那说不准又要重演一场“清谈误国”的悲剧了。

其实，以当时人的眼光看，许询的真正实力不在清谈，而在诗文。刘孝标注释《世说新语》时引《续晋阳秋》说：

询有才藻，善属文。……故郭璞五言始会合道家之言而韵之。询及太原孙绰转向祖尚，又加以三世之辞，而诗、骚之体尽矣。询、绰并为一时文宗，自此作者悉体之。至义熙中，谢混始改之。

原来，当时人普遍认为许询很有才华，善于赋诗作文。当初郭璞作五言诗时开始糅合道家言辞而咏吟。许询和孙绰都宗法郭璞，并综合上三代诗人的文辞体裁赋诗作文，当时文人都竞相仿效他俩的文体，致使《诗经》、《离骚》之类的体裁不行于世，许询、孙绰两人因此也被奉为“文宗”。这种文风直至义熙年间，谢混领袖文坛后才改过去。

司马昱很赞赏许询的五言诗，他说：许询五言诗可谓精妙绝伦，超过当代任何诗人。支遁赏识许询的文才也溢于言表。但是，后人却不看好许询的五言诗，南朝梁人钟嵘作《诗品》时，把他的诗列为下品。这也难怪，两晋时期玄风盛行，许询这样的清谈大师做的五言诗，一定浸透了玄学精神和玄学语言。所以后人读这些诗，必定和听那时的玄学清谈一样，艰涩难懂，枯燥无味。因此这些诗列为下品也在情理之中。但是，当时人作当时那种诗，受到当时人的追捧，自然是以当时的文风标准去衡量的。后人可以在整体历史中去评定它们的地位，但切不可轻易否定它们在当时历史条件下的地位。也没有这个必要，正所谓“今人不见古时月，今月曾经照古人。”

4. 孙绰

孙绰（公元314—371年）字兴公，太原中都（今山西平遥）人。他的祖父孙楚，曾以“才藻卓绝，爽迈不群”闻名于时。孙绰年幼时跟随兄长孙统和堂兄孙盛一起南渡，定居会稽，十几年中，整日游乐山水，无意仕进。对这一段经历，孙绰在当时写就的《遂初赋》中，快意地倾吐了自己的情思。后来，孙绰先后进入庾亮、殷浩、王羲之等的幕府为僚，累官至永嘉太守、散骑常侍领著作郎。

孙绰和谢安关系极为密切。一是因为他们都是南渡江左的北族后裔；二是在游乐山水、清谈玄学、吟诗作赋等诸多方面意气相投；三是年龄相当，差不多是同龄人；四是他们都长期寓居在会稽，互为友邻。所以他们经常在一起，相互之间无所顾忌。但有一天，却也因此惹得刘夫人很不高兴。《世说新语·轻诋》载：

孙长乐兄弟就谢公宿，言至款杂。刘夫人在壁后听之，具闻其语。谢公明日还，问："昨客何似？"刘对曰："亡兄门未有如此宾客！"谢深有愧色。

孙绰、孙统兄弟和谢安原本投机，因此共宿在谢安家时言谈无忌，不免杂乱。不想刘夫人听后很不乐意，她挖苦谢安说：我过世的兄长（刘惔）门下从来没有这样的客人。弄得谢安很惭愧。

但是，留宿孙家兄弟、言谈无忌、谢安惭愧等过程本身，却从另一个侧面透露出他们之间的友谊非比寻常。

孙绰和许询一样，被尊为当时的文坛宗主。两人虽然齐名，但孙绰更自负。有一次支遁问他：您和许询相比怎么样？孙绰说：

高情远致，弟子蚤已服膺；一吟一咏，许将北面。（《世说新语·品藻》）

孙绰的意思是说，他只服膺许询高迈悠逸的情致，至于吟诗作赋，许询还得对自己北面称臣。《晋书·孙绰》载：

绰与询一时名流，或爱询高迈，则鄙与绰；或爱绰才藻，而无取于询。

当时人在许询和孙绰两个"文宗"间各有取舍：有的喜欢许询高

迈悠逸的情致,而鄙视孙绰的为人:有的喜欢孙绰才气横溢的辞章,而不看好许询。

姑且不论许、孙两个"文宗"的高低,孙绰评论自己和许询两人的特点时,却和时人的看法相一致。这说明孙绰确实长于才气横溢的辞章。不过,"一吟一咏"的高差是否达到北面称臣的程度,不得而知。

孙绰对名家诗赋文章颇有研究。他曾说:"《三都》《二京》,五经之鼓吹也。"(《晋书·孙绰》)在这里他把左思的《三都赋》和张衡的《二京赋》,提高到了仅次于儒家《五经》的地位。今天看来这个评价偏高了,但在东晋时,这个评价是符合当时社会舆情的。因为当时《三都赋》和《二京赋》都曾倾倒天下文士,而致洛阳纸贵。

《世说新语·文学》还采集了孙绰评论潘岳、陆机等人文章的说辞。

潘文浅而净,陆文深而芜;潘文灿若披锦,无处不善;陆文如排沙简金,往往见宝。

孙绰说,潘岳文章辞藻华美,但极尽铺排;陆机文章深海藏宝,须披沙淘金。对他们文章的优长和短板提炼的非常精当而又委婉。

孙绰自己的文章也写得很好,他在东晋名士群中,以才气横溢的诗赋文章见长,他曾把自己的大作《天台赋》拿给朋友范荣期看,并说:您把文章扔到地上试试看,肯定会发出金、石碰撞之声。

卿试掷地,要作金石声。(《世说新语·文学》)

孙绰把自己的文辞比为黄金之作,很是自鸣得意!

范期荣接过《天台赋》调侃说:恐怕您的"金、石"之声不符合音乐的"宫、商"旋律吧!但是,看到文中"赤城霞起而建标,瀑布飞流而界道"等佳句时,范期荣不由得惊叹起来,由衷地赞叹说:确实只有我们的"文宗"才写得出这样好的文辞!从此,中国文学多了一句成语:"掷地有声”!

由于孙绰具有公认的出色文才，因此当时的一些显赫人物去世后，都由孙绰为之作“诔文”。诔文是一种颂扬逝者，以示悼念的文章。孙绰曾给很多名人作过诔文，特别是大名人，如庾亮、王濛等。最有名的是他为刘惔做的诔文，其中“居官无官官之事，处事无事事之心”(《晋书·刘惔》)被誉为名言。这不仅是对刘惔一人的评价，其实也是对整个一代名士的总结。《晋书·孙绰》称：

温、王、郗、庾诸公之薨，必须绰为碑文，然后刊石焉。

桓温、王濛、郗超、庾亮这些大名人去世后，都必须由孙绰写就碑文，然后方能刻到石碑上去。

孙绰为名人作诔文，除了因他的过人文才外，还因为他善于识鉴人物。只有对逝者识鉴到位，才能颂扬得当。但对生者，孙绰同样具有这样的识鉴能力。会稽王司马昱曾向他垂询当朝名人优长，他一口气评定了七位大名士，无不精当。他说：刘惔清纯丰蔚，简素美好；王濛温良柔顺，恬静平和；桓温高傲爽直，豪迈出众；谢尚清明平易，美好通达；阮裕宽广平和，淹通渊博；袁乔滔滔畅达，清雅简易；殷浩思想高远，颇有情趣。

司马昱最后问：“你自己怎么样？”孙绰回答说：下官才能赶不上上述各位贤达；考虑政务、总揽时局，也不如他们；但研究玄学，咏诵老庄，寄清纯情趣于高远，不以世俗事务分心，“自谓此心无所与让也。”(《世说新语·品藻》)他以为自己玄远之心与上述贤人相比，没什么可以谦让。说得倒也坦率!

支道林是佛教徒，王羲之是道家友，因此王羲之很轻视支遁。孙绰因为支遁善于标新立异，就把支遁推荐给王羲之。王开始不重视支，但等到支遁用创新的义理谈说《逍遥游》后，不禁对他刮目相看、留恋不已起来。

可见，孙绰识鉴人物独具慧眼。

孙绰为人机敏风趣,有时又投机取巧。

有一次他和习凿齿一起出行,他在前,习在后。于是他回过头去调侃习凿齿说:大浪淘金,瓦砾在后。习凿齿立刻反唇相讥说:簸箕扬谷,糠秕在前!

孙绰曾为《列仙·商丘子》作赞语。商丘子是《列仙》中吹竽牧猪的仙人,所以孙绰作的赞语说:“商丘放牧何物?恐怕不是真猪。倘若风起云涌,猪或腾云成龙。”大名士王述很轻视孙绰,听说后取笑说:“近闻孙家小子作文,说什么‘何物真猪’(《世说新语·轻诋》)云云”。不想日后王述却被孙绰玩于股掌,“赔了公子又折兵”,大呼上当!

原来,王述有个儿子王虔之,小名阿智,极不争气,老大不小的还未娶上老婆。孙绰也有一个女儿,性情怪僻,实在嫁不出去。孙绰为此专程去拜访王述的另一个儿子王坦之,请求见见阿智。见过面后,孙绰假惺惺地说:“阿智还可以嘛,根本不像外人传说的那样差,怎么至今还没婚娶呢!我有一女,倒也不错,但恐怕我寒微书生,不相宜和您计议这样的事。”王坦之很高兴地把孙绰的意思告诉了父亲。王述听后大为惊喜。不想成婚以后发现,孙绰女儿的愚昧和固执大大超过了阿智。大家这才知道“兴公之诈。”(《世说新语·假谲》)

对孙绰的品行,世人多有诟病。刘惔去世后,孙绰流着眼泪诉说对刘惔的哀思。褚裒大怒说:“真长生平何尝相比数,而卿今日作此面向人邪!”(《晋书·刘惔》)意思是说,刘惔生前何尝看得起你,而你今天装出这付嘴脸给谁看!《世说新语·品藻》也说:“或……鄙孙秽行”。

世界是矛盾的,人和事物都有两面性,无法苛求人人完美。

上述八位人物的清谈活动可谓五彩缤纷。在这些风流人物的纷繁活动中,既可以感受到东晋玄学清谈的活跃气氛,也可以看到谢安与他们进行学术交往的亲密侧影。所以,东山隐居时的清谈活动,是谢安快意人生中最重要的一页。

（宋）马麟《静听松风图》

第十章　高卧不起

一、违诏不仕

谢安在东山的日子里，出则渔弋山水，入则言咏属文，遍游名郡胜地，悠然忘情世外。

但是，朝野贤士没有忘记谢安，他们希望与之共展宏图；特别是朝廷，更希望谢安走出东山，效命国家。

谢氏家族从谢尚任太守或刺史等地方大员开始，谢奕、谢万等兄弟也分别由散官改任了太守等地方官；后来子侄辈们也开始踏入官场。因此谢安高卧东山，心安理得，无忧无虑。他自以为谢家人才辈出，前后相继，自己可以专心致志纵情会稽山水和清谈了。

但是，随着谢安名声的不断传扬，朝廷和官府的聘任纷至沓来；但谢安坚拒不应。人们实在难以理解，都以为谢安故意在“养望”。

望者，名望也。汉代以来，做官的途径不外乎公府征辟、郡国举荐、官府属吏累功升迁等。但要获得达官贵人的举荐，又何其难也？因此有些士人想通过旁门左道获取征辟和举荐的资格，其中，“养望”就是办法之一。例如，许武被举为孝廉以后，与两个弟弟分家，三份财产中自己取最好的一份，这样就使两个弟弟获取了“能让”的好名声，于是也被举为孝廉。过了一段时间，许武大会宾客宣布：把自己已得的那份财产再分给两个弟弟。于是，许武又使自己获得了更大的名望。又如赵宣，他在父母墓道中居住守孝了二十年，远远超过三年的规制。于是乡人都称他为孝，州郡官府也屡次举荐他做官，但他都不去，于是，名望愈来愈高了。后来郡太守陈藩查出他在墓道中生了五个儿子，这才真相大白、身败名裂。因此，名望是很重要的政治资本。而刻意累积名望的过程就是“养望”。

养望在东晋士人中也很普遍，高级士族也不例外。譬如殷浩，善清谈，有高名，后来被会稽王司马昱引为中军将军、扬州刺史、都督扬豫徐兖青五洲军事。在他出山之前，也长期隐居。《世说新语·赏誉》载：

殷渊源在墓所几十年。于是朝野以拟管、葛，起不起，以卜江左兴亡。

殷浩在父母墓道中隐居几十年，不出来做官，声望愈来愈高，朝野都认为他是管仲或诸葛亮一类人物，再后来，声望居然提升到了关乎国家生死存亡的高度。

谢安等高门豪族有着做官的特权，并不屑于赵宣、许武辈那样“养望”，那是低级士族干的蝇营勾当。但是，有条件模仿一下殷浩也未尝不可，这是进入高官快速通道的捷径。总之，能使自己的名望愈来愈高总归是好事。或者，谢安并未非想养望，但客观上却收到了养望的效果。

但是，不管怎么说，谢安的名望确实是愈来愈高了。

谢安在东山时，先是扬州刺史庾冰来聘任。庾冰曾任会稽内史，久闻谢安大名。他是晋明帝庾皇后的兄弟，是一个很有作为的人，后来任中书监兼扬州刺史；丞相王导去世后，又任辅政大臣，被朝野冠以“贤相”美名。庾冰倾慕谢安“有重名，必欲致之”，(《晋书·谢安》)坚持征辟谢安为自己掾属，还屡次敦促郡、县官府去催逼。由于庾冰名高天下、位高权重，谢安没有办法推辞，不得已而勉强就职。

但一多月后，谢安辞官回家了。

不久，朝廷征召谢安任“尚书郎”职务。

晋朝实行尚书、中书、门下“三省制”，尚书省以下又设“六曹”，即吏部、三公、驾部、客曹、屯田、度支，六曹长官均称“尚书”。在“六曹”以下，又设专职尚书郎。晋武帝司马炎时设三十四曹尚书郎，如，吏部尚书郎、度支尚书郎、水部尚书郎、金部尚书郎、库部尚书郎等等。到东晋康帝、穆帝后，尚书郎先精简为十八曹，最后减为十五曹，并且，一个尚书郎还可兼任多个尚书郎职务。凡任职不满一年，称“守尚书郎”，满二年称“尚书郎”，满三年称“侍郎”，普通场合，统称“尚书郎”。

但这次征召，谢安坚辞未就。

后来，朝廷又征召谢安任“琅邪王友”职务。

琅邪王友也是一种官职。晋朝规定：各藩王府置专职属官三人，分别称师、友、文学，职务虽不特别崇重，但与皇室特别亲近。其中，琅邪王属官尤为亲贵。因为晋元帝发迹于琅邪王，因此对晋封的后继琅邪王特别重视；后来的晋帝也大都先琅邪王而后为皇。

这一次谢安仍未应诏。

最后，吏部尚书范汪亲自举荐，要谢安来本部任“吏部尚书郎”职务。

这次举荐于谢安而言，其实是给足了面子。一是吏部尚书范汪亲自推荐，充分体现了朝廷的重视；二是到“六曹”之首的吏部任职，充分体现了对谢安的重用；三是担任吏部尚书郎职务，虽暂时位卑权轻，但以后前途无量。

但是，谢安还是写信给范汪推辞了。

谢安决意高卧东山，违诏不仕，这让很多朋友为之惋惜。

王右军语刘尹：“故当共推安石。”刘尹曰：“若安石东山志立，当与天下共推之。”(《世说新语·赏誉》)

王羲之希望和谢安妻舅、皇室女婿、大名士刘惔，一起说服谢安出山大展宏图。刘惔感到很为难，他说：谢安如果真的确立了隐逸东山的志向，恐怕你我两人也无能为力，只能发动天下人共同来推举他了。可见，刘惔非常明了谢安高卧东山之志的坚决。

谢安决意高卧东山，违诏不仕，也让朝廷部司很恼怒。于是，御史中丞周闵对谢安上奏参劾，以屡次违诏之罪，“禁锢终身”，(《晋书·谢安》)不得为官。这应是很重的贬斥。

但谢安不以为意，一门心思，悠逸东山。

二、雅人深致

是否从政，其实谢安也有考虑。

有一回，谢安趁子侄聚会时问大家：《毛诗》中哪句最好？谢玄说：“昔我往矣，杨柳依依；今我来思，雨雪霏霏。”谢安却说：“訏谟定命，远猷辰告。这一句好。”

《毛诗》即《诗经》。今本《诗经》即由《毛诗》流传而来。

战国初期，研究讲习《诗经》者，有齐人辕固、鲁人审培、燕人韩婴、河间毛亨。毛亨又传侄儿毛苌。

鲁、齐、韩三家为今文经学，在汉代被立为官学；毛诗晚出，属古文经学，但未被立为官学，只能在民间传授。东汉末年，经学大师郑玄，汇集今、古文经学研究成果，作《毛诗传笺》，《毛诗》由此大行天下，并受到朝廷重视，允许在朝野公开传授。而鲁、齐、韩三家《诗》学自此渐渐衰落。

《隋书·经籍志》说：“《齐诗》亡于魏，《鲁诗》亡于西晋，《韩诗》亡于宋”，所以，东晋时鲁、齐、韩三家《诗》学还有不小的影响力，高级士人议论《诗经》时，还必须区分清楚《鲁诗》、《韩诗》、《齐诗》、《毛诗》。故谢安直接点名问《毛诗》。

谢玄说的“昔我往矣，杨柳依依；今我来思，雨雪霏霏。”意思是说：当初我离家时，杨柳依依，春意正浓；现在我回家来，雨雪纷纷，严寒逼人。这四句诗情景交融，确是《诗经》中的上品。

谢安说的“訏谟定命，远猷辰告。”意思是说，有宏图就要申明，有远略就得宣告。宏图和远略，只有政治家才会去筹划，才会去思考如何申明和宣告。

叔侄两人所说，虽都是《诗经》的优美诗句，但两者选项视角不一样，所以评价结果迥然有异。谢玄所说是艺术的诗，而谢安所说却是政治的诗。

但是，谢安说：

此句偏有雅人深致。（《世说新语·文学》）

谢安的意思是说，他的那句诗，是高雅人士应该达到的深远意境。原来，谢安希望子侄们要通过文学艺术的熏陶，慢慢成为风流高雅的政治家。

后来的事实证明，这既是谢安对子侄们的期望，也是他自己的政治家标准，他自己也做到了。所以，后来人们把谢安和王导相提并论时，认为谢安更胜一筹，其文雅风采超过了王导。

谢安在东山时虽醉心清谈，但也有着“雅人深致”的政治远图。

东山隐居时的清谈活动，可以毫不夸张地说，这是谢安日后迈步政坛的重要台阶。

东山的清谈活动，一方面，谢安向世人全方位展示了自己的才华和能力；另一方面，谢安也由此扩大了自己在众多政治人物中间的影响。其中，权臣桓温和辅政大臣会稽王司马昱无疑是最为关键的两位人物。

桓温和谢安虽然后来成为政治对手，但早期是通家好友。桓温父亲桓彝和谢安伯父谢鲲同是“八达名士”；桓温和谢安的大哥谢奕也有布衣之好，而且这种情谊一直保持到谢奕去世。何况，桓温也有较高的清谈造诣，在当时的清谈界算得上是一位风云人物。因此，桓温和隐居时的谢安虽没有直接的清谈交往，但是，以桓温和谢奕、谢尚的关系，以桓温对玄学清谈界的关注，以及谢安本人清谈等学养风度、能力，桓温一定早已通过多种途径，和隐居时的谢安熟识了。因此，谢安后来有意出仕时，桓温直接邀请他东山再起，到自己幕府任司马。

后来，桓温之所以能长期在政治上容忍谢安，并与之反复周旋，一方面固然是现实政治实力较量的结果,另一方面也不可否认,是因为长期以来,谢安人格方面的内在实力使桓温有所顾忌。桓温临终时,他的弟弟桓冲曾想杀害谢安,但桓温没有同意。他说:“伊等不为汝所处分。”《晋书·桓温》他深知自己对付不了的人物,桓冲等人更对付不了了!

司马昱和谢安后来成为直接的君臣关系。谢安隐居东山时,两人也未有何清谈之类的近距离交往。但司马昱却很关注隐士谢安,可能还刻意对谢安进行了一番研究。因此,在大家说“安石不肯出,将如苍生何”时,独司马昱清醒,他说:安石既能与人同乐,必能与人同忧,召之必至!后来果如其言。司马昱既是清谈家,也是名士保护人。因此,他会用更专业的眼光审视谢安。所以谢安虽和司马昱没有直接的清谈交往,但清谈的学术传播其实也使他们进行了间接的交往,可谓“神交”。

同时,谢安清谈圈内的亲朋好友,却有许多人和司马昱有直接的亲密交往。比如堂兄谢尚,他是司马昱的清谈座上客;比如亲戚殷浩(谢尚连襟),他是司马昱心腹重臣;比如妻舅刘惔,他是司马昱的侄女婿,可以和司马昱说天下最机密的话;比如密友许询,他可进入司马昱密室,与之通宵达旦清谈,等等。所以,谢安和司马昱之间,早已因清谈建立起了正式或非正式的多种联系。

谢安东山再起前后,司马昱正以会稽王和辅政大臣身份执掌朝政,人称“相王”,可谓大权在握。在司马昱任辅臣和登上皇位直至逝世这一期间,谢安在政治上也不断攀升,由桓温幕府司马、而吴兴太守、侍中、吏部尚书、中护军,最后成为司马昱的亲信近臣。这虽不能说完全是由于清谈的关系,但也不无关系。

因此,谢安的东山清谈,是“雅人深致”的政治前奏。虽然谢安未必如此实用主义,但是,有所政治作为的思想准备是肯定的。所以,当刘夫人问他是否出仕时,谢安会肯定地回答:“但恐不免耳”!

第十一章　风云突变

一、方外司马

正当谢安快意清谈、忘情世外、违诏不仕、悠逸东山时，历阳传来消息，堂兄谢尚一病不起了。

晋升平元年初（公元 357 年），朝廷加谢尚都督豫、冀、幽、并四州军事。但是，这时的谢尚已病魔缠身了。朝廷看他也已烈士暮年，因此又升任他为卫将军、加散骑常侍，相当于"大将"军衔。终于，谢尚于当年五月在历阳病逝，终年五十岁。

谢尚是把自己家族推向东晋高门的第一人，由于他的努力，谢氏家族从此摆脱了居高官而不显赫的境况，正式跻身高门豪族行列。因此，谢家对谢尚的去世悲痛万分。

谢尚去世后，朝廷委派谢安兄长谢奕任豫州刺史、安西将军、假节、都督豫司幽并四州军事。

谢奕也是清谈名士，风度处事和谢鲲不相上下，特别是任达和嗜酒。

谢奕（公元？—358 年）是谢安的大哥，但两人年龄悬殊。当谢安七、八岁时，谢奕已经是剡县（今浙江嵊州市）父母官了。谢奕刚到剡县任县令时，接手了一个老人犯法的案子。审判末尾，谢奕竟以酒代罚，让老人猛灌烈酒。虽然老人醉得不省人事，谢奕仍令灌酒不已。这一天，少年谢安恰好在县衙玩耍，看到兄长如此荒唐判案，很不以为然，于是上前劝谏。谢奕看到弟弟小小年纪，竟有如此恻隐之心，且言语通情达理，不禁悚然醒悟，立即停止灌酒，指派衙役，扶起老人送回家去了。其实，这也并非谢奕故意恶作剧。谢鲲以后，谢氏家族早已彻底由儒入玄了。子侄辈们也受谢鲲及其周围的玄学大师们的影响，个个都成了玄学清谈高手；谢鲲的任诞放达、随心所欲的作派，也统统被继承无余。所以，谢奕虽是地方父母官，却肆无忌惮地把任诞放达的名士作风，延伸到了署理政务上；加上谢奕也有贪酒嗜好，于是理政之际，信手拈来徇“酒”枉法。

谢奕后来又升任晋陵太守（今江苏常州市）。不久，桓温出任安西将军、荆州刺史，不日即将西去赴任。桓温和谢奕是无话不说的好朋友，交情非同一般，平常交往也很随意，并不讲究礼仪。但桓温即将西去时，忽然对谢奕表现得情谊深厚、恋恋不舍起来。别人都觉得这很正常。但谢奕弟媳王夫人却觉得桓温此举异乎寻常，一定另有所想。她说：

“桓荆州用意殊异，必与晋陵俱西矣。”俄而引奕为司马。（《世说新语·简傲》）

王氏觉得，桓温对谢奕恋恋不舍，一定是想让谢奕和他一起去荆州。不出王氏所料，在桓温推荐下，谢奕被任命为荆州府司马，被桓温拉着一起去了荆州。

在西藩，谢奕和桓温是幕僚与藩主的关系，但私人情谊仍然保持着布衣之好，没有上下之分。谢奕一如既往，豪放洒脱，欢歌笑语，无拘无束。桓温也司空见惯，无所计较，听之任之；有时只是说：你真是我的“方外司马”。即是说，谢奕是幕府中与其他僚属有区别的、被特许放浪形骸的“司马”。

谢奕虽贵为刺史府司马，但贪杯嗜酒旧习不改，以至常常喝酒过量；有时还醉得忘记了朝廷礼仪和上下尊卑，“犯上作乱”，满世界追着已经是封疆大吏的桓温灌酒。枭雄桓温这时居然也像常人逃酒一样，不顾脸面，东躲西藏。有一次无处藏身，一头撞进了正妻南康长公主的内室，惹得公主大声取笑。公主说：

君若无狂司马，我何由得相见。（《晋书·谢奕》）

若没有狂放的谢司马，我哪里能见得着你！

桓温三妻四妾外，还在外面金屋藏娇，所以南康长公主要取笑他。《世说新语·贤媛》说：

桓宣武平蜀，以李势妹为妾，甚有宠，常著斋后。主始不知，既闻，与数十婢拔白刃袭之。正值李梳头，发委籍地，肤色玉曜，不为动容，徐曰："国破家亡，无心至此，今日如能见杀，乃是本怀。"主惭而退。

桓温平蜀后，把李势的妹妹作为战利品纳为侧室，瞒着公主安置在外。南康长公主知道后，带着数十婢女和刀剑前去袭杀。不想，公主看到李势妹妹光彩照人的美丽容颜时，大为震动；又听了她红颜簿命、视死如归的一番叙说，深感惭愧。于是，南康长公主主动退了回去。

这时桓温躲进了公主卧室，谢奕不方便进去灌酒，于是顺手拉住一个警卫队军官，在议事厅堂上喝起酒来。谢奕边喝边说："逃掉一个老兵，又抓到一个老兵，总归是饮酒作乐，又有什么不一样！"谢奕虽然这样任性使酒，但桓温并不见怪，可见两人交情非同寻常。

谢奕平常也很任诞放纵，性情显得很急躁，常常对人恶语相加，对朝廷大臣也是如此。这和原来也性情急躁的王述形成了鲜明的对比。

有一次王述吃鸡蛋，他想用筷子插进去夹起来吃，可鸡蛋滑溜得插不进去；王述愤怒地抓起鸡蛋扔在地上；鸡蛋似乎故意嘲弄王述，在地上旋转不停；王述气的七窍生烟，跳下座位、穿着木屐去踩，可又踩滑了；王述气死了，冲上前去，一把拾起来塞入口中，使劲嚼碎后喷吐一地。可是，急躁的王述当大官后，性情变得出奇的平和。《晋书·王述》载：

(王述)既跻重位,每以柔克为用。谢奕性亦粗,尝忿述,极言骂之。述无所应,面壁而已。居半日,奕去,始复坐。人以此称之。

王述当了大官后,极力对自己以柔克刚。谢奕性情粗暴,因故指责王述,愤忿之余恶言谩骂。但王述一声不吭,起身面壁而立,不作回应。谢奕谩骂了半天才走,王述这才重新回身坐下。人们都称赞王述度量如海。其实,王述和谢奕还是至亲,他是谢奕二弟谢万的岳父。

谢尚长期在豫州任太守、刺史等地方官,政通人和,士民归心。他去世后,豫州百姓们感念恩德,追思不已。同时,谢奕也品行端方,政务练达。因此,朝廷让谢奕继任豫州刺史。

当然,幕后更有各种政治势力制衡的考虑。桓温随着权势的日益增长,愈来愈专横跋扈,朝廷对其疑忌也越来越重。谢氏家族自谢衡、谢鲲和谢裒兄弟、再到谢尚,三代人都高官朝廷,深得皇室信任;况且,当朝皇后褚蒜子还是谢家嫡亲外甥女;因此谢氏家族和朝廷关系非同一般。豫州地处长江中游,是京师的西大门,号称"西府":向西可以抑制上游桓温,向东可以屏障京师建康。综合各方面因素考虑,谢氏成员出刺豫州最可靠。于是,朝廷任谢奕为豫州刺史、安西将军、假节、都督豫司幽并四州军事。

可惜,谢奕就职仅一年就病故了,朝廷追认他为镇西将军,。

二、任诞将军

基于同样的政治考虑,朝廷在谢奕病故后,立即又从谢氏家族中选拔谢万(公元 321—362 年)刺史豫州。这时候,谢万正在吴兴太守(今浙江湖州)任上。

可是,这一次却让朝廷和谢家都失望了。

谢万是谢安的大弟,字万石,虽然才识气度比不上谢安,但由于他特别擅长炫耀，所以暴得大名，早早地跻身大名士行列了，连会稽王司马昱也慕名召他为“抚军从事中郎”。

原来谢万曾被征辟为司徒府僚属，后来屡有升迁，但都未应命。这一次因为司马昱是当今皇上的叔爷爷，辅政大臣，位高权重，谢万觉得很有面子，所以就应命了。晋见司马昱那天，谢万头戴白丝头巾、身着鹤绒披风、脚登时新木屐、十足名士装束地走进了司马昱王府。见到司马昱后，两人相见恨晚，整整清谈了一天玄学大义；至于时政官务，丝毫未及。会稽王司马昱也是清谈家。

平心而论，谢万也还算得上是一个有才能的人。譬如，他除了善于清谈玄学外，还写得一手好文章，很早就著书立说了。他的玄学著作《八贤论》在当时很有影响。书中取古代先贤八人，分为四组，即“四隐四显”：渔父和屈原、季主和贾谊、楚老和袭胜、孙登和嵇康。然后，《八贤论》对“四隐四显”进行了异同比较，最后得出的结论是“处者为优，出者为劣”，（《晋书·谢万》）即隐者优于显者。这为当时通行的“处优论”充实了理论基础。

谢万特意把自己的这部大作送给大名士孙绰“斧正”，可孙绰根本不同意他的观点。于是两人你来我往，反复争辩，无法统一。孙绰的观点是，只要精神上体会到了自己孜孜以求的真理的真谛所在，“出、处”就显得殊途同归了，无须分别孰优孰劣。

看来，学术争论历来是针锋相对的。不过，谢万在学术争论中表现出来的名士风度，很值得赞赏。有一次，谢万和朋友蔡系一起送别支道林东还会稽，到了“征虏亭”的地方，两人因学术观点不同又发生了激烈争论。蔡系一时冲动，不觉粗鲁出手，狠劲推了一把，顷刻间，谢万从坐床上跌倒在地，头上的冠帽也滚落尘埃，狼狈至极。一会儿，谢万慢慢从地上爬起来，轻轻掸去衣服上的泥土，从容入座，很快又恢复了自如神色。坐定后，谢万对蔡系说：你刚才几乎跌坏了我的脸面。蔡系回答说：我本来就没有顾惜你的脸面。很快，两人重归言好，不再介意刚才发生的碰撞。当时人们都对这种名士风度称道不已。

谢万的日常风格也很率直任达。有一次他去拜见岳父王述，这时王述已官居扬州刺史高位了。谢万也是浑身上下名士装束，还特意坐上平肩舆——一种高抬在人的肩膀之上的轿子，径直抬到刺史府厅堂上才下轿。见过岳父后，谢万大大咧咧地说：人家都说大人很痴，大人也自认为很痴，是吗。

孔子说：三十而立。因此晋人认为，三十岁未能出人头地就是“痴”。王述父亲王承，很早就已是名满天下的西晋名士了，而王述和父亲相比就差远了。

(王述)年三十，尚未知名，人或谓之痴。(《晋书·王述》)

可王述自己不这样认为，他回答谢万说：“并不是没有这种议论，只是随着时间的推移，这种痴愈来愈有优势了。”王述言下之意是说：别人说我痴，可我升迁得比“不痴”的人还高！他很为自己的“痴”而得意！

司徒王导独具慧眼，不认为王述“痴”。王导因为王述是“中兴第一人”王承的儿子，所以征辟他为司徒府掾属，负责兵役方面的事务。王导召见王述时，不问其他，只问江东米价如何。《晋书·王述》载，“述但张目不答。”是啊，这如何回答，对一个锦衣玉食的贵胄子弟而言，这无疑是一道天大的难题。可是，王导反而大加赞叹。

导曰：王掾不痴，人何言痴也。(《晋书·王述》)

原来，从王述“张目不答”，一副知之为知之，不知为不知的真诚模样中，王导感到他这是真诚的聪明，从此留下了良好的印象。以后王述也都是以这种真诚的聪明，受到王导和朝廷重用。桓温收复洛阳后曾要求朝廷迁都，王述一眼就看穿了他“虚声威朝廷”的政治野心，所以建议朝廷干脆真的授权桓温筹备迁都，戳穿了他的阴谋。王述的“痴”其实是大器晚成。谢万旧事重提，看似率直，其实也暴露出他的任诞之中，还有着傲慢和浅薄的另一面。

可是，就是这样一位任诞名士，现在却要“天降大任于斯人”了。

起初,也有人推荐桓温弟弟桓云出任豫州刺史。辅政大臣司马昱拿不定主意,于是找来王彪之商量。《晋书·王彪之》载:

简文曰:“有人举桓云者,君谓如何?”彪之曰:“云不必非才,然温据上流,割天下之半,其弟复处西藩,兵权尽出一门,亦非深根固蒂之宜也。人才非可豫量,但当令不与殿下作异者耳。简文颔曰:“君言是也”

司马昱为出任豫州刺史人选,征询尚书仆射王彪之的意见。王彪之说,桓云不是没有才能,但桓温镇守在长江上游,据有天下之半;现在桓云又去镇守西府豫州,天下兵权岂不都集中到桓家一门去了吗?这不是国家强基固本之策。人才选拔并非一定要预先精确衡量,只要被选之人对殿下没有异心就行。司马昱点着头说,您说的很是。

在这里,司马昱没有明说是谁推荐了桓云,但推荐者来自桓温集团当是确定无疑的。既然如此,幕后主使者非桓温莫属。这时的司马昱其实也明白:如果把豫州刺史授予桓云,无疑是继续在增加桓温要挟朝廷的筹码。但他缺乏政治家的恢弘气度,因此在政治布局和桓温面子之间患得患失。王彪之帮他厘清了政治和人情孰轻孰重的关系,使他下定决心,在忠于朝廷的谢氏家族中物色豫州刺史人选。

升平二年(公元358年)八月二十一日,朝廷任命谢万为西中郎将、豫州刺史、兼淮南太守、监司豫冀并四州军事、假节。

听到这个消息后,人们忧喜不一。

大书法家王羲之听说后非常忧虑,这时他已辞官在家。王羲之任会稽内史时,和谢安、谢万兄弟过从甚密,非常熟悉谢万个性。现在听说谢万要担任豫州刺史要职,连忙写信给总管北伐军务的桓温说:

谢万才流经通,处廊庙,参讽议,故是后来一器。而今屈其迈往之气,以俯顺荒余,近似违才易务矣。(《晋书·谢万》)

王羲之说,谢万虽才学优长,但用于庙堂之上参政议政,自然是人才难得；现在派他到抗胡前线豫州去，却有点用非所长了。但是，桓温未采纳他到意见。或许，他要的就是这个“违才易务”效果。因为，唯有“违才易务”，才能陷谢万于被动，才能造就桓温谋取豫州之地的可乘之机。

王羲之写信给桓温的同时，也给谢万写了一封信：

“以您豪迈的风格和不屑细务的作风，此去豫州治理群氓，实在难以逞心如意。请你根据不断变化的客观环境，随机应变，相时而动；并坚持与部下同甘共苦，这样就尽善尽美了。”（《资治通鉴·晋升平二年》）

可是，以谢万的性格，他根本不会采用。

当时的吏部郎、后来的侍中高崧，也为此专程前去拜访谢万。《世说新语·言语》载：

谢万作豫州都督，新拜，当西之都邑，相送累日，谢疲顿。于是高侍中往，径就谢坐，因问：“卿今仗节方州，当疆理西蕃，何以为政？”谢粗道其意。高便为谢道形势，作数百语。谢遂起坐。高去后，谢追曰：“阿酃（líng）故粗有才具。”谢因此得终坐。

谢万因高就藩镇刺史大位，整天忙于迎来送往，非常疲惫。高崧来访时，谢万半坐半躺地倾听他说话。不想高崧仅数百言就打动了谢万，使之坐直身子来倾心聆听。事后，谢万追思不已，说，高崧真的有才！

可是，正式坐上豫州刺史高位后，朋友忠告都蜕变成了耳边轻风，无一施行。

终于，谢万春风得意地去赴任了。

三、痛失豫州

谢家听到谢万出任豫州刺史的消息后，自然欣喜万分。只有谢安喜忧参半。对于这位弟弟，谢安虽宠爱有加，但也十分了解他的个性和弱点，因此，千方百计帮助他弥补。

万既受任北征，矜豪傲物，尝以啸咏自高，未尝抚众。兄安深忧之，自队主将帅已下，安无不慰勉。谓万曰："汝为元帅，诸将宜数接对，以悦其心，岂有傲诞若斯而能济事也！"(《晋书·谢万》)

谢万上任后果然是我行我素，自高自大，恃才傲物；整日以赋诗啸咏为能事，而不以军务为重，更不去关心和抚慰部众。谢安深感忧虑，于是亲自出马，把各部队主管以下将校官佐，一一加以抚慰勉励。同时也告诫谢万："作为统帅，要好好对待部下将佐，使其心情舒畅，哪能像你这样傲慢无礼、任诞不羁而能成事的？"谢万闻风而动，立即召来将校官佐集会。可是，由来已久的傲慢与任诞，反而让他适得其反，由此更加激怒了将校官佐。《晋书·谢万》载：

万乃召集诸将，都无所说，直以如意指四坐云："诸将皆劲卒。"诸将益恨之。

由于平时上下离心，到会将官都默不作声。谢万并不谦让，径自发话。他挥舞着如意棒，指点着众将官说："诸位将官都是精兵强卒"云云。兵卒一词从来都是贬义词，只是没有谁去捅破这层纸。现在大家亲耳听到统帅把自己唤作"劲卒"，因此愈益愤恨。

东晋沿袭魏制，军队实行"世兵制"，即兵卒另编户籍，父子相继，世代为兵，不得更改。因为要在战场上出生入死，所以兵卒是贱役；汉末至晋，兵卒还要参加屯田，钱粮收获大大低于自耕农，经济地位低下；兵户补充大部分来源于奴隶、罪犯、无籍游民等，属于最低社会阶层；政府的兵户管理还有种种歧视性规定。因此兵卒的政治、经济、社会地位极其低下，势同奴隶。政府高官离任时，有的地方官吏还把若干数量的兵户作为礼品赠送。

两晋之际的大名士王尼就出生“兵户”。他学识渊博、贯今通古。可是，“兵户”贱籍不允许他做官，只能作护军府养马兵。

王尼字孝孙，城阳人（今山东青岛城阳），出身“兵户”，世代贱籍；但很有学问，胡毋辅之等许多大名士都争向与之交往。王澄、胡毋辅之、傅畅、刘舆、荀邃、裴遐等多人，还想帮助王尼摆脱贱籍。他们接二连三、反复向河南功曹甄述和洛阳令曹据说情，要他俩帮助王尼脱离“兵户”。但“据等以制旨所及，不敢。”（《晋书·王尼》）曹据等不敢违反制度，王澄、胡毋辅之等在“制旨”门槛前，也没有办法。他们去看望王尼时，只好在马棚里和他一起饮酒作乐。

王尼在护军府当养马兵，胡毋辅之等名士抬着美酒羔羊去护军府和他欢宴。门卫把众名士的身份一一梳理后禀报护军，护军皱着眉头说：“这么多名士抬着羊酒来，不知又有什么难事要托我办了！”可是，众名士直入马棚，和王尼一起喝酒去了。众名士吃完烧烤羊肉和美酒，尽欢而散，谁也没去拜会护军。护军没想到王尼有这么多高贵朋友，不敢再让他养马，于是以放长假名义让他坐吃空饷。

后来王尼去洛阳进见执政的司马越，但直着身子不磕拜。司马越奇怪地问为什么？王尼指责他欠债不还。司马越吃惊地说：“哪来这样的事！”王尼说：“我的房屋财物都给您的兵卒抢光了，害得我饥寒交迫，难道不就是明公欠我的债吗？”司马越大笑，赏他五十匹布；其他达官贵人知道后，也竞相馈赠。

洛阳陷落后，王尼和儿子向南逃奔到江夏，依附了荆州刺史王澄；王澄死后，王尼只好辗转流浪。王尼唯一的财产是一辆牛车，父子两人白天徙无定所，晚上露宿牛车。兵荒马乱，万户萧疏，最后讨饭也没有了去处，王尼只好杀牛为食，辟车为炊；牛完柴尽，“父子俱饿死”（《晋书·王尼》）！

桓温贵为藩镇方伯，威风八面；同时他也参与清谈，也有名士光环；但他长期担任军职，在世人眼中是典型的军阀。《世说新语·方正》说，桓温为儿子求婚于自己的长史王坦之之女。王坦之父亲王述听说后，愤怒地把王坦之推到在地，骂曰：你发疯了吗？女儿哪能嫁给兵家。

所以，兵卒一词背后，存在着巨大的社会歧视。

谢万部将许多人起自兵卒，但对自己低微的身世都讳莫如深。现在谢万当面指称“劲卒”，无不感到遭受了巨大的侮辱。因此，“益恨之”。

升平三年（公元359年）秋，晋泰山太守诸葛攸率领水陆大军二万人攻打前燕军，但在东阿（今山东东阿）被前燕慕容评军打败。当年十月，朝廷命令徐兖二州刺史郗昙率部出高平，抵抗前燕；命豫州刺史谢万率部出下察（今安徽凤台县），援救许、洛。谢万先派征虏将军刘建整修马头（今安徽怀远县南）城防，作为后方基地；自己率主力部队挺进涡水、颍水流域，准备相机入援洛阳。不料，徐州郗昙突然病倒，他的部队暂时退守彭城。谢万听说郗昙兵退消息，误以为徐州兵败，不等进一步证实军情，也慌忙率师撤退。由于谢万部队离心离德由来已久，也由于退兵组织不力，撤退演变成为溃退，部队一哄而散。谢万单枪匹马，狼狈逃归。

《世说新语·简傲》说：

及万事败，军中因欲除之。复云：“当为隐士。”故幸而得免。

原来，将士们想趁着部队溃败之际，一并除去向来轻视他们的谢万。后来又说，不看僧面看佛面，卖个面子给谢安吧。谢万这才幸免一死。这等统帅，焉能不败。

于是许昌、颍川、谯、沛诸城相次皆没于燕。（《资治通鉴·晋升平三年》）

因徐州部队和豫州部队的轻率退兵，前燕国竟不费一兵一卒，兵不血刃地占领了东晋国的许昌、颍川、谯郡、沛郡等一大片国土。由于谢万和郗昙两人贻误了军国大事，事后朝廷追究责任，降郗昙为建武将军；废谢万为庶人。

《世说新语·轻诋》载：

谢万寿春败后，还，书与王右军云："惭负宿顾。"右军推书曰："此禹、汤之戒？"

兵败后，谢万还是难改倨上傲下的作派，连给朋友写检讨信也是一片堂皇语言。难怪王羲之很不以为然，不屑地把书信推到了一边。

不过，对谢万的失败，大家实在难以接受。

桓温深责谢安对谢万匡正不力。《世说新语·方正》载：

桓公问桓子野："谢安石料万石必败，何以不谏？"答曰："故当出于难犯耳。"桓作色曰："万石挠弱凡才，有何严颜难犯？"

桓温很不理解，谢安既然料到谢万出师必败，为什么不规劝他呢？桓子野（桓尹）估摸着说：可能谢万也难以触犯吧。桓温当下变了脸色，说：谢万懦弱之辈平凡之才，有什么资格让人感到不可触犯！

辅政大臣司马昱听说谢万失败，也百思不解，他说，谢万失败自有失败的道理，但是失掉士卒人心怎么能到如此地步呢？郗超对他说：

伊以率任之性，欲区别智勇。（《世说新语·品藻》）

郗超分析是对的，谢万想独树一帜，用随意放纵的名士性情去统兵，而不屑于以智、勇、信、仁、严来治军。可是，他没有明白"兵者，国之大事，死生之地，存亡之道（《孙子兵法》）"的道理！统军作战，是关乎家国、兵民生死存亡的大事，岂容儿戏。后来朝廷重又起用谢万为散骑常侍，让他有名分领俸禄。但谢万痛苦万分，忧郁不乐。

两年中，谢氏家族两死一废，连续折断了三大栋梁，这不啻于三次重大打击。这时候，谢氏家族危机重重、万分尴尬：整个家族已没有了像谢尚、谢奕、谢万一样，可以直接出任豫州刺史这样高位的人了，即使是谢安也是如此。这时的谢家，虽已步入了高门豪族行列，但谢安现在还只是会稽东山的庶民，不可能一步登天；部分兄弟、子侄虽也有官位，但大都是闲职散官；其他要么如谢安一样，白身在野，要么是人才平平，难以造就，因此都不可能攀登刺史高位。

更为关键的是，谢万丢掉的豫州，不仅是体现谢氏家族位居藩镇方伯的政治象征，更是长久延续谢氏家族在政治、经济、社会、宗族等多方面影响力的世袭领地。丢掉了豫州，既丢掉了十四年苦心经营的资源，也丢掉了谢氏家族何去何从的希望。

这时候，谢安开始后悔起来了。

看着苦心经营十四年之久的豫州如断了线的风筝，摇摇晃晃地飘走了，谢安心里真不是滋味。早知今日，何必当初？

很多年以前，谢安就有预感：恐怕不得不出山。

初，谢安在东山居，布衣时，兄弟已有富贵者，翕集家门，倾动人物。刘夫人戏谓安曰："大丈夫不当如此吗？"谢乃捉鼻曰："但恐不免耳。"（《世说新语·排调》）

刘夫人看到兄弟们一个个出将入相，调侃在野安居的谢安说，大丈夫难道不应该如此吗？谢安说，恐怕免不了如此。终于，这种"但恐不免"的预感变成了现实，但没想到它会以危机的方式落在自己手上。

谢安再也耐不住了，他决定出山。

为了整个家族利益的长盛不衰，谢安决定放弃几十年悠逸山林、风流潇洒的名士生涯，西去荆州，接受桓温的邀请，任其军府司马。

东山，从此成为过去，成为终生未了的情结和梦想……

一个清谈家，为了自己的家族利益，就此尴尬地褪去了"清"色。

中　篇

宰衡天下

第十二章　高处不胜寒

一、东山再起

晋升平四年(公元 360 年)八月初一,忽然出现了日全食。

这一年,谢安刚好四十岁。

也是在这年,时任征西大将军、荆州刺史的桓温,奏请任命谢安为征西大将军府司马,朝廷诏准,谢安应命。

鉴于谢安以前屡征不起,或者官不终位,因此大家说他这次出仕是"东山再起"。

谢安赴任荆州幕府时,桓温早已功成名就了。

桓温是东晋名臣桓彝之子,他倚仗父亲余荫,尚晋明帝女儿南康长公主为妻;历任驸马都尉、琅邪太守、徐州刺史等职。

永和元年(公元 345 年),桓温在辅政大臣何充支持下,取得了荆州刺史重位。第二年十一月,桓温在朝廷众说纷纭、犹豫不定时,果断出师西伐,一举摧毁了西蜀割据势力"成汉"政权,由此威名大振。朝廷因功晋封桓温为"临贺郡公",并进位征西大将军,开府仪同三司。

永和十年(公元 354 年)二月,桓温率师首次北伐,兵指前秦。在峣柳(今陕西商县西北)地方大败秦军,屯兵灞上。但桓温没有及时乘胜进军,反而观望不前;在军粮断绝时被秦军打败,损失了万余人,无功而返。

永和十二年(公元 356 年),桓温率师二次北伐,目标是盘踞在许昌的叛晋势力姚襄。在伊水北岸,桓温军大败姚襄,并收复了西晋故都洛阳。东晋朝野欢欣鼓舞，桓温及其家族势力陡增，兄弟子侄桓云、桓豁、桓秘、桓冲等等，都被加官进爵。

因此，谢安来到桓温幕府时，桓温早已功成名就、志满意得了。

谢安去荆州就职，必须先去朝廷复命。他从会稽来建康时，行至破冈（即破渎冈），遇见了免官还乡的谢奉。谢奉字弘道，会稽山阴（今浙江绍兴）人，累官至安南将军、广州刺史、吏部尚书。现在免官回乡，船行破冈。

东晋时，从会稽去建康的线路主要是水道：起自会稽山阴的浙东运河，向西至钱塘江，再向北绕太湖到达晋陵的运河（今江苏常州段江南运河），再向西直至京口，再进入长江向西至建康。

东晋时，长江入海口是现在的镇江，宽四十余里，风高浪急，险象环生，故称“京口”。为避免船行长江的风险，三国时，吴国在句容县中部劈山破岭，作十四埭，连接东西两端原有的水道，这样，东可以到晋陵的运河；西可以直达建康。所以，句容县劈山破岭作十四埭处，称为“破冈”。埭者，堵水的土堤。十四埭，即由连续十四道堤坝构成的、十四级由低而高的台阶式存水航道。因为从晋陵去建康，地势逐步增高，所以，十四埭也是台阶式逐步增高的。这样就解决了由低向高航行的难题。这是中国古代水利建设早已有了的一项重大发明。

谢安和谢奉走的都是这条线路。

谢安考虑到自己即将远行，谢奉既是族人，又是失意人，因此特意在破冈停留三天，想好好安慰谢奉。不料，谢安每次谈及此事时，谢奉都有意叉开话题。因此，两人虽同住了两个晚上，却始终未能话及正题，“太傅深恨在心未尽”。（《世说新语·雅量》）谢安很遗憾两人没有把心里话说出来。谢奉也太爱面子了。其实，月有阴晴圆缺，人有悲欢离合，漫长的人生之旅，岂能长久一帆风顺？更何必在大白于天下的事实面前，如此讳莫如深！

谢安到建康复命后，又从建康出发西去荆州。

中年的谢安已经名满天下，所以出仕荆州司马时影响很大，朝中官员也纷纷来到长江边的新亭为之送行。这时候，一向关心谢家子弟的中丞高崧，倚酒打趣谢安说：

“卿屡违朝旨，高卧东山，诸人每相与言：‘安石不肯出，将如苍生何？’今亦苍生将如卿何？”谢笑而不答。（《世说新语·排调》）

以前，谢安屡屡违旨，不肯出山，弄得大家说：安石不肯出山，将使苍生怎么办？现在出山了，高崧问他：苍生将使您怎么办？谢安确实有点出尔反尔，所以无法自圆其说，只能一笑了之。

谢安到荆州后，桓温很高兴。

既到，温甚喜，言生平，欢笑竟日。既出，温问左右：“颇尝见我有如此客不？”（《晋书·谢安》）

谢安来荆州后，桓温高兴地和谢安欢笑叙谈了很长时间。出门后还兴致勃勃问左右随从：你们几曾见过我有如此幕宾？

东晋时候，古代养士之好还有余风，不过形式已由私人养士变为幕府养士。这既是为自己事业聚集人才之要，也是提高自己声望之需。所以，在朝野已有很高声誉的谢安来荆州任司马，无疑能为桓温带来更高的声望。所以，此时的桓温是真心地高兴。

但是，由于谢安隐居东山影响太大，现在突然出山，许多人感到他以前是故意作秀。因此，谢安到荆州府不久，这里又重演了一场与高崧相类的“打趣”活剧。《世说新语·排调》载：

谢公……始就桓公司马，于时人饷桓公药草，中有远志。公取以问谢：“此药又命小草，何一物而有二称？”谢未即答。时郝隆在坐，应声答道：“此甚易解：处则为远志，出则为小草。”谢甚有愧色。

郝隆是满腹经纶的大名士，他的应答也真高明！既真实，又贴切、还刻薄。草药远志，长在地面上的叶名为“小草”，根名为“远志”，都可入药。东晋名士大都鼓吹“处优论”，谢安还身体力行，隐居东山，这不是“远志”吗？现在却把“处优”抛到了九霄云外，又出世当起官来了，这不又长成“小草”了吗！谢安在“小草”和“远志”之间进退失据，无言以对。看来，东晋时的“处优”观念已深入人心，所以有人敢当面讥诮名高天下的谢安；谢安也自认当官“为劣”，所以“甚有愧色”。

不过，话又说回来，尽管“打趣”不断，桓温还是非常器重谢安。有一次桓温生病，谢安去探望。桓温躺在病榻上，远远看着谢安从东门进来，器宇轩昂，风流潇洒。不禁叹曰：

“吾门中久不见如此人！”（《世说新语·赏誉》）

因此，桓温对谢安持亦友亦宾之礼，有时还刻意摆出礼贤下士的姿态。有一次，桓温放下身段，亲自去拜访谢安。这天，谢安恰巧正在梳洗。听说桓温来访，急忙端正衣冠，整齐拜见。桓温却不以为意地说：“何烦此？”（《世说新语·赏誉》）何必如此繁琐，大家随意些好了。可见，他对谢安不摆架子。

对谢安的建议，桓温虽说不上言听计从，却也尽量采纳。谢安曾向荆州田曹中郎（农官）赵悦子推荐人才。赵悦子去请示桓温，桓温回答说录用一半吧。赵悦子说：过去谢安隐居东山，朝野官绅纷纷敦促他出山，唯恐他不参与世务；现在他热心推举人才，“反违之邪？”（《世说新语·赏誉》）终于，这批人员全部被录用了。

总之，这时候的桓温和谢安相得甚欢，他们都没有意识到，日后，他们将是互为对手的最强有力的政敌。

晋升平五年（公元361年），谢万去世。

升平元年至五年，谢家连续死去三位兄弟，真是祸不单行！为此，谢安悲痛万分。谢万是谢安最宠爱的弟弟，一直以来，谢安都以一种“明知不可为而为之”的心态扶持这位弟弟。现在谢万人去魂消，谢氏事业也因他而功败垂成。谢安心中有一种说不出的苦痛，为此，他放弃了迷恋已久的音乐，而且一放就是十年。

为处置谢万安葬事宜，谢安请长假离开了荆州，自此也没有再回荆州。

可能朝廷是照顾连遭不幸的谢氏家族和谢安，不久就让谢安转任了吴兴太守，这里紧挨着家乡始宁，除了不做隐士要做官以外，其他一切又和东山相仿佛了。在吴兴太守任上，谢安没有特别明显的政绩。但等他离开后，百姓们才感到，谢安清静无为而治，对他们是最大的福祉，因此很思念他。

二、宫殿遽变

过了好几年，大约在晋太和年间(约公元365年前后)。朝廷征谢安为侍中，这是门下省长官。但侍中定员为四人，另外作为加官的侍中还不计定员，所以这里的长官不止谢安一人。

侍中品级不特别高，但整日和皇帝待在一起，几乎形影不离，随时以备垂询和顾问，还常常代表皇帝和公卿大夫辩论朝政。有时皇帝还把侍中作为亲近大臣的表示，授予品级比侍中高得多的大臣。

由此可见，这时的谢安已成了最高决策层的大臣了。

官位升迁本来是令人高兴的事，但高处不胜寒。谢安这次“升”不逢时。从此以后，他被卷入了东晋皇朝剧烈动荡的第三波政治漩涡，并行走于风口浪尖上，直至生命终结。

终东晋朝一百余年历史，内部曾发生过五次政治动乱。

第一波动乱，即王敦之乱，横跨了元帝、明帝两朝；

第二波动乱，即晋成帝咸和二年的苏峻之乱；

第四波动乱，即东晋后期的桓玄之乱。桓玄是桓温幼子，桓温死时，他才五岁；

第五波动乱发生在东晋末年，直接导致了东晋皇朝的覆灭，即刘裕禅晋，宋兴晋灭。

第三波动乱，就发生在谢安升任侍中后。

其实，谢安来到中枢之前，动乱早已暗流涌动了，始作“涌”者就是桓温。

桓温经过平蜀和两次北伐，声威大增。太和四年(公元 369 年)四月，桓温重启北伐，兵指前燕，所向披靡，吓得前燕君臣想逃往辽东和龙避祸。但桓温军后来在枋头被慕容垂用持久战拖垮；撤退路上又反复遭到前燕军、前秦军的打击，大败而归。

枋头之败的后果极其严重。

首先，桓温掌握的军事力量遭到了毁灭性的打击。桓温出师时"率……步骑五万"，(《晋书·桓温》)枋头之败，前后损失了四万，加上溃散的兵卒，其实就是全军覆没了。撤退时，桓温还下令烧毁了全部船只，丢弃了全部辎重粮秣。桓温第一次北伐时，眼见威望已立，即便长安唾手可得，他也不再用兵。他需要保存军事实力的完整，用以和皇室叫板。现在枋头之败让他倾家荡产了。

其次，桓温的政治威望受到了致命打击。政治威望的积累是综合性积累，它是政治家个体人格、社会经济资源、重大政治行动处置成效等的叠加成果。如果说，军事资源可以随时间的推移慢慢积累。那么，政治威望的积累既需要时间，也需要具体成效，这是多元积累，是时间和各综合因素成效的同步积累。因此政治威望的积累比军事资源的积累要难得多。枋头大败让桓温名声扫地，政治威望消弭得无影无踪。

桓温长期以来一直想禅取晋室，枋头大败妨碍了这一目标的实现。所以桓温的创痛难以言表，决心以废黜晋帝为手段，重新立威。

咸安元年(公元 371 年)十一月初九，桓温突然兵临建康，胁迫褚太后同意更迭皇位。褚太后被迫下诏废司马奕为东海王；立会稽王司马昱为帝。于是司马奕成为桓温企图重新立威的牺牲品；司马昱成为幸运者。司马昱温和善良，醉心玄学，没有政治才干，是桓温得心应手的擅权工具。

三、剪除皇族

桓温废立皇帝的最终目标是禅取晋室，因此，他废帝以后还要铲除敌对势力，于是他开始杀人了，而且从皇室开始。

桓温第一个目标是太宰、武陵王司马晞。

武陵王司马晞是晋元帝第四子，王才人所生。他没什么学问，但长于武干，很有军事才能，长期以来都担任重要军职，曾任左将军、镇东将军。晋穆帝时司马晞被任为太宰、镇东大将军，位居文、武百官最高等级。桓温很忌惮司马晞，废帝后乘机捏造罪名打击他。

桓温亲自上表，诬告司马晞“袁真叛逆，事相连染”，（《晋书·元四王》）要求罢他的官。简文帝屈从桓温，撤去了司马晞所有职务，同时还免去他两个儿子的官位。

可是，桓温并不以此为满足，他又指使弟弟桓秘去逼迫新蔡王司马晃，让他到西堂磕头自首，污称自己和司马晞及他的儿子司马综等多人，曾密谋造反。随即，桓温派人把司马晞等人一一拘捕；然后，又指使御史中丞、谯王司马恬上疏简文帝，要求依法诛杀司马晞。

司马昱和司马晞是同父异母兄弟，司马昱哪肯杀他？

晋元帝共有六个儿子：荀夫人生晋明帝司马绍和琅邪王司马裒，他们分别在公元 325 年和 317 年去世；石夫人生东海王司马冲，公元 341 年去世；王夫人生武陵王司马晞；郑夫人生简文帝司马昱和琅邪悼王司马焕，司马焕在二岁时就夭折了。

所以，司马昱和司马晞是晋元帝硕果仅存的两个儿子，简文帝无论如何要保护他，不做皇帝也在所不惜！况且，桓温所述完全是诬陷！

简文帝下诏说：“我心中非常忧伤，听都不忍心听这样的事，何况还要说出口呢！以后再详细议处吧！”过了两天，桓温又上疏，坚决请求诛杀司马晞，这一次措词更加严酷激烈。看过桓温凶相毕露的奏疏后，简文帝一筹莫展，只好举起退位旗帜孤注一掷。他亲笔写就诏书派人送给桓温，说：

若晋祚灵长，公便宜奉行前诏。如其大运去矣，请避贤路。（《晋书·简文帝》）

这一次，简文帝态度强硬，和桓温短兵相接。他说："如果晋朝国运还能长久，明公就应当遵奉上次诏令去做；如果晋朝大运已去，请允许我为贤人让路吧！"看到简文帝的诏书，桓温大汗淋漓、脸色遽变：他没有理由出尔反尔废黜简文帝，也没有信心应对简文帝逊位后的混乱！于是，桓温重上奏章，请求废黜司马晞和他三个儿子的爵位，并把他们全家流放到新安郡（今浙江淳安县西）去。

幸亏简文帝态度坚决，桓温才作罢，司马晞也以废黜流放而幸免一死，但与之有关人员则惨遭枉杀。

桓温废帝后，最害怕出现武装反抗等军事对峙。司马晞是皇室成员中少有的军事干才，而且位高权重，在晋廷军事系统中有很大的影响力，这足以对桓温构成重大威胁。因此，桓温把司马晞视为司马集团中仅次于皇帝的中坚力量，千方百计要置他于死地。虽然在简文帝的坚持下，司马晞保全了性命，但是随着他的废黜和流放，其政治、军事势力也受到了重大打击，从此一蹶不振。桓温还是达到了既定目标。

桓温第二个目标是废帝司马奕。

司马奕是晋哀帝的同母兄弟，因晋哀帝去世后无嗣，才以兄弟身份继承皇位。司马奕为帝，虽无功绩，却也无过错。但他生不逢时，恰遇雄心勃勃的桓温枋头惨败，于是成了桓温需要重新立威的牺牲品。最窝囊的是，因为没有过错，桓温反诬他"早有痿痿"。（《资治通鉴·晋咸安元年》）

惮帝守道，恐招时议，以宫闱重閟，床笫易诬，乃言帝为阉，遂行废辱。（《晋书·海西公》）

真是"将欲加之，何患无辞"。桓温害怕突然废去一向循规蹈矩的司马奕，会招来汹汹舆论攻击，因此选择容易诬陷、难以考证的宫廷之讳、床笫之秘作为口食，施行废立。

司马奕以皇帝身份被桓温废黜，这是对司马皇族的重大打击。但司马奕被废黜后却成了烫手山芋：若对他屠刀相加，势必引起舆论反对，因为，当初以“痿痿”废黜就显得很勉强；若对他“马放南山”，桓温又不放心，说不定那一天司马奕会死灰复燃，重新复辟；即或司马奕不作此想，谁能保证其他政治势力，不以他为旗帜而起来反对桓温呢？所以桓温必须追杀司马奕，不过，可以分步实施：第一步，先杀司马奕的三个儿子，既可以兑现“早有痿痿”的说辞，也可以使他绝嗣，以免后患；第二步，流放司马奕，以后相机杀他也不为晚。

晋咸安元年十一月十九日，司马奕被废第五天，桓温派人杀掉了他的三个儿子和孩子们的母亲。

晋咸安元年十二月，桓温又上疏，要求把司马奕“屏之以远”，把他远远地流放到吴郡去。当初司马奕被废时，褚太后颁发诏书，法外施恩，特别册封他为“东海王”，回归他原来的王爵；后来桓温又要求降格，褚太后只好屈从桓温，把司马奕由东海王降为海西县侯。这一次简文帝又屈从了桓温，把司马奕发落到吴郡安顿；并以皇帝的名义，“敕吴国内史刁彝防卫，又遣御史顾允监察之。”（《晋书·海西公》）还好，没有赶尽杀绝。

但流放并不万全，司马奕时时害怕飞来横祸无端杀身。软禁期间，司马奕小心谨慎，不敢越雷池一步。为了让桓温彻底放下心来，司马奕假装糊涂，无思无想，吃喝玩乐，纵欲无度；虽生儿育女，也不敢抚养，唯要明哲保身。桓温见司马奕安于现状，也不再以他为患。太元十一年（公元386年）十月，司马奕在吴郡屈辱死去，终年四十五岁。

桓温做得也真绝！

四、屠戮豪门

桓温选定的第三个目标是殷、庾两家。

温恶殷、庾宗强，欲去之。（《资治通鉴·晋咸安元年》）

因为桓温非常忌惮殷、庾两家的强盛，必欲铲除而后快。

殷即殷浩家族。

长久以来，桓温一直以殷浩为对手。《世说新语·品藻》载：桓温和殷浩年轻时齐名，但两人互不服气，都有竞争之心。桓温问殷浩："你和我相比如何？"殷浩回答说："我最欣赏自己，我宁愿还做我，（不能做你，因为你比我差远了）。"殷浩真的能言善辩！又载：桓温对别人说："小时候我和殷浩一起骑竹马玩，我扔掉的，他都拿过去再玩，所以，他自然在我之下。"

从政后，桓温随着权势的增长，咄咄逼人，皇室和相王司马昱无不高度警惕，于是引殷浩为心腹，在中枢执掌大权。永和八年、九年，殷浩两次率师北伐，但都大败而归。在桓温的弹劾下，朝廷废殷浩为庶人，流放东阳信安。

但是流放殷浩让桓温动了恻隐之心。他说：

浩有德有言，向使作令仆，足以仪刑百揆，朝廷用违其才耳。《晋书·殷浩》

殷浩确实不是无德之人，而且是一流的清谈家。因此桓温认为，如果让殷浩担任尚书令或尚书仆射之类的官职，他还是能胜任的，足以为百官楷模；但朝廷用非所长，耽误了大局。后来，桓温还真的推荐殷浩出任尚书令一职。殷浩知道后很高兴，写信感谢桓温。谁知，殷浩在翻来覆去修改信件时遗漏了原件，最后送达桓温处的是一封空函。桓温大怒，以为殷浩戏弄自己，从此和殷浩绝交了。

殷浩死后，桓温曾派专人携慰问书信去吊唁。但殷浩儿子殷涓既不回函作答，也不登门道谢，反而经常和桓温忌讳的武陵王司马晞交往游处。为此，桓温怀恨在心。这一次在诬陷司马晞时，桓温顺势也给殷涓安了个"谋反"罪名，让他惨遭了灭族之灾。

庾即庾亮家族。

如果说，桓温降罪殷涓，个人恩怨多于政治动机。那么，桓温追讨庾氏家族，则完全是政治迫害。

晋永和元年(公元345年)，庾翼去世。他病危时上疏，推荐自己二儿子庾爰之继任荆州刺史。但在辅政大臣何充坚持下，桓温挤掉了庾爰之，自己继任了荆州刺史；第二年，桓温又将庾爰之撤了职。庾氏苦心经营数十年的西藩，拱手交给了桓温，家族利益遭受重大打击。可见，桓温为了取得荆州刺史一职，台前幕后经历了一番极其激烈的较量。桓、庾两家从此结怨。

所以，这时的桓温和庾氏，明是亲戚，实是宿敌。

庾氏虽然在政治上退出了荆州，但毕竟还有着深厚的潜在势力，这对桓温署政西藩也是不小的掣肘；同时，庾氏是继王氏家族之后的第一高门，门生故吏盘根错节，朝野内外声势盛大，这对正在崛起的桓温集团也是一个巨大的障碍；而且，庾氏家族人多势众，兄弟子侄都盘踞高位，这也让桓温忌惮；特别是庾家后起之秀庾倩，更让桓温顾忌。

倩最有才器，桓温深忌之。(《晋书·庾亮》)

庾倩是庾冰儿子，其妹妹庾道怜是废帝皇后。幸亏庾道怜在五年前已经去世，否则又是“庾亮——庾文君”再世。但是，司马奕虽然已经被废，谁能保证他不死灰复燃呢？即便他自己心灰意冷，但又有谁能保证他不被庾倩或别人利用呢？这不能不让桓温忌违。

这一连串的原由促使桓温重重出手，利用打击司马晞的机会再次打击庾氏家族。桓温借口庾翼的几个儿子和司马晞结党谋反，都该问罪。最后，庾倩和庾柔被灭族；庾蕴饮鸩自杀；庾希和庾邈及其儿子庾攸闻讯潜逃，后来在京口聚兵，假托奉司马奕密旨要诛杀桓温，事败被杀；只有庾友，因为是桓温的侄女婿，才被特赦。

在桓温接二连三的政治迫害下，一时间，京都血雨腥风，朝野人心惶惶。桓温的威权和声势也达到了顶峰。

五、艰难时世

在桓温一手制造的严酷政治环境下，人们被压迫得透不过气来。就算司马昱，虽贵为皇帝，也成天惶惶不可终日，常常害怕被桓温废黜。司马奕被废的一个月前，天上火星曾进入太微星垣和南蕃星垣之间。占星家认为，这种星象属不祥之兆，后来果然司马奕倒台。晋咸安元年(公元 371 年)十二月二十七日，火星又逆行到太微星垣内，简文帝非常厌恶。恰逢郗超在宫中当值，简文帝就对郗超说："时运长短定于天命，本不该计较；想来也不会再有废帝之类事了吧？"郗超安慰他说；"桓公正忙于对内巩固社稷，对外经略中原；我以全家百口性命担保：不会再有废黜之类事了！"后来，简文帝得知郗超要回家看望父亲，又对他说："敬告尊父，家国之事糜烂到这种地步，都是因为我不能以'道'匡正和护卫，惭愧感叹之深，任何语言都无法表达。"接着吟咏庾阐的诗说：

志士痛朝危，忠臣哀主辱。

吟罢潸然泪下，打湿了衣襟。

简文帝想以此感动郗超。可是郗超是桓温死党，简文帝与之侈谈忠义，岂非与虎谋皮？简直愚蠢至极。

这时的谢安也感到了巨大的压迫。有一次，谢安看见桓温过来，远远地就行礼参拜。桓温故作惊讶，装出不忘故旧的样子客气地说："安石，你怎么也这样呢！"谢安说："应该，应该！哪有君主在前面对您礼拜，而我们臣子却在后面作揖的道理？"

不唯如此，谢安和桓温党羽周旋时，也分外谨慎小心。《世说新语·雅量》载：

谢太傅与王文度共诣郗超，日旰未得前。王便欲去，谢曰："不能为性命忍俄顷？”

谢安和王坦之（文度）一起去拜访郗超，一直等到天黑还没有见上面。王坦之想离开，谢安说：你不能为了性命再忍耐片刻吗！郗超权势，何异熏天？

郗超，字景兴，也称嘉宾，是桓温最为亲信的幕僚。枋头之败后，就是他一手策划了废立阴谋。郗超经常为桓温出谋划策，夜深时就和桓温同眠一榻。有一天早晨，谢安和王坦之来桓温处共议朝务，郗超照例躲入幕后。桓温把隔夜和郗超议定的文案交给王、谢过目。谢安看后传给王坦之；王坦之看后还给桓温说：“多了。”桓温提笔要改，急得躲在帷幕后的郗超忘乎所处，偷偷与桓温讲起话来。谢安乐得直发笑，说：“郗生真称得上是入幕嘉宾了。”郗超本来也称嘉宾。

桓温施行废帝后，郗超被桓温作为自己私人代表，安插在简文帝身边任中书侍郎，以实时监督司马昱。一时间郗超声名显赫、权势熏天。他早就认为，自己的父亲郗愔是功臣后裔，名位待遇应该在谢安等之上；现在，谢安贵为皇帝近侍，周旋中枢，参赞机要，大权在握；而父亲郗愔在会稽“优哉而已”。所以郗超愤愤不平，出言不逊，公开表示不满。

由是与谢氏不穆。安亦深恨之。（《晋书·郗超》）

郗愔是郗鉴的儿子，这时早已是封疆大吏了。以前曾是会稽内史；太和三年（公元 368 年）九月，朝廷又改任郗愔为徐、兖二州刺史，并都督徐、兖、青、幽、扬州之晋陵五州军事。第二年桓温第三次北伐时，郗超越俎代庖，代父写信，拱手向桓温让出了徐、兖二州刺史职。桓温大喜，让郗愔又改任了会稽内史。郗超认为封疆大吏是“优游而已”，可见欲壑难填。这就不难理解郗超为什么党附桓温篡逆的动机了。

正因为郗超与谢安很不和睦，所以他让谢安和王坦之吃闭门羹。

但谢安能忍辱负重，劝王坦之为身家性命而忍耐片刻。当时形势何其险恶！郗超这时无疑也成了炙手可热的刽子手。

不过，郗超虽然党附桓温、奔走不忠不义勾当，在父子情分上却很地道。郗超四十一岁去世时，知道父亲一定会很悲痛。于是把一只事先准备好的箱子交给从人说："我死后，如老父悲痛万分到废寝厌食程度时，就把这只箱子呈送他。如果没有到这个程度，就把这只箱子烧掉。"后来，郗愔果然因郗超去世而悲哀成疾。郗超从人就依言把这只箱子呈送给了郗愔。郗愔打开一看，原来都是郗超生前和桓温的往来书信，内容都是密商篡逆之事。郗愔大怒，骂曰："这小子，真恨他死得太晚！"郗愔再也不悲痛了，身体也好了。

郗愔是晋室的忠臣，所以郗超知道，唯有自揭篡逆，方能免除老父悲哀之痛，这也算是另类孝顺吧。

第十三章　生死度外制篡逆

一、毁诏更命

简文帝在桓温控制下称帝，惶恐不安，忧郁寡欢，第二年六月去世，前后仅七个月。

晋咸安二年(公元372年)六月，简文帝发病，六月二十三日病情转危。命在旦夕的简文帝紧急诏命桓温入朝辅政，一天一夜，连发四诏。诏书说："我病势危重，再难复起，你见诏便来还能相见。便来！便来！"

桓温见诏后，没有"便来"，而是上了一道奏章，讽刺简文帝宠信谢安和王坦之，让简文帝任他俩为辅臣。奏章说："皇上身体欠安已很长时日了，我心里难受得无法排揎。但盛衰交替是天伦常理，所以，多做些(后事)准备没有害处，因为社稷存续是最大的事。现在太子幼小，朝中有声望的贤臣唯有谢安、王坦之，他俩的才能智慧都为您所赏识，因此，由他俩内辅幼主，外御强敌，朝廷上下一定会拥护，陛下应该适时隆重地授权他们辅政。至于我桓温，已经衰朽病老，怕难以支撑朝局了，实在不堪托付后事。"

桓温其实还有试探简文帝的意思。他以为简文帝尚能迁延多时，所以想和他慢慢讨价还价，因此走了这步闲棋。

桓温自有自己的盘算。他想，简文帝柔弱无能，行将就木；长子司马曜年仅十岁，尚未立为太子；皇族中也无强藩，朝臣中更无出己之右者；而自己权倾朝野、威震天下，长江全线均在掌握之中，实际已据有了天下大半。在他看来，晋皇室早已名存实亡了，简文帝无论如何也得禅位给自己；即使暂不禅让，至少也得如周公故事，拜自己为摄政大臣，全权统摄天下事务；至于晋室天下，慢慢取而代之也不晚！所以，管他什么一天一夜连发四诏！桓温想，自己禅取天下已稳操胜券，如再去建康受命托孤，反而会在道义和政治上陷于被动，不如不去！

不过，桓温的算盘打得未免太如意了。有时候，山雨欲来，未必风满楼！他智者千虑，在此一失：不懂得“狂飙起于萍末，迅雷不及掩耳”的道理。

就在桓温自以为稳操胜券、不应司马昱诏命时，事情正悄悄地向着相反方向转化了。

这时候，生命垂危的简文帝眼见桓温无望，只好立下遗诏，称：

大司马温依周公居摄故事。……少子可辅者辅之，如不可，君自取之。（《资治通鉴·晋咸安二年》）

这就是说，简文帝让桓温依周公故事，全权摄政；而且，还允许桓温自由处置皇位继承权，直至桓温自己取而代之登上皇位。实际上，依照遗诏意思，简文帝已把晋室江山拱手让给了桓温。应该说，这一道遗诏和桓温的既有盘算基本一致。可见，桓温还是有一点先见之明的。

但是，桓温只知其一，未知其二：他仅摸准了简文帝的心思，却未把握朝中大臣、特别是王谢诸高门豪族的思想。

就在简文帝迁延阴阳、命悬一线、晋室江山千钧系于一发之际，外面的侍中王坦之看到了遗诏，他大吃一惊。于是，王坦之拿着遗诏走进简文帝的卧室，二话不说，当面撕毁。简文帝有气无力地说：“天下，意外运气得来的，你有什么不满意呢！”王坦之针锋相对说：“天下，宣帝、元帝的天下，陛下怎么能专断处置呢！”简文帝这时已被死神折磨的精疲力竭了，无力再争，就让王坦之自己去起草诏书。

最后改定的遗诏说：

家国事一禀大司马，如诸葛武侯、王丞相故事。（《资治通鉴·晋咸安二年》）

死神没给简文帝留下太多时间。诏书改定后不久，简文帝就驾崩了。桓温的奏章这时还没送达朝廷，桓温也没再来建康。

简文帝病危时，于六月二十八日紧急议立司马曜为太子。“是日，帝崩”。（《资治通鉴·晋咸安二年》）简文帝去世后，顺理成章应由太子司马曜继位。但是，由于桓温权势熏天，朝中大臣都有点胆怯，不敢明确表示拥戴太子登基。桓党羽翼甚至说，应当让桓大司马来决定太子是否登基。尚书仆射王彪之立即义正词严、声色俱厉地说：“天子驾崩，太子代立，天经地义，大司马怎么能有异议呢！如果先当面咨询他，一定反被他责备。”于是朝议就这样定了：太子即位，大赦天下。

这时候，褚太后发来诏令，说，因为新皇帝年幼，加上还要为简文帝服丧，可以让桓温依照周公辅政的程式行事。这道诏令依例发往中枢，交由尚书台正式发布，因此被传到了王彪之手中。但王彪之立即回函说：“这是非常大的事情，大司马一定会坚持辞让，这样做就会使各种政事停顿了，修筑先帝陵墓这样的大事也要被耽误。不敢奉命，谨将诏书密函奉还。”就这样，王彪之把太后诏令顶了回去。从这里可以看出，褚太后没有政治见识，在生死攸关时差点搅乱了政局。但她最后能接受王彪之等人的政治安排，还是值得嘉许的。

周公居摄故事，和诸葛武侯、王丞相故事，在政治上有着重大区别。

周公姬旦是周武王姬发的四弟。周武王继位时年事已高，因此三年后就去世了。周成王姬诵继位后，因年龄幼小，由周公摄政。但周武王其他弟弟管叔、蔡叔不满，散布周公“将不利孺子”的谣言；并鼓动商纣王儿子武庚和禄父等在东方作乱。周公后来取得了召公、太公等大臣的谅解，毅然东征，平定了叛乱。七年后，周公还政成王。因此，周公旦是大权在握、又忠心事君的摄政典范。

周公旦居摄政地位时，直接发号施令，代替周成王全权处理国务，实际处于代理皇帝的地位。而诸葛武侯、王丞相故事，则是指诸葛亮和王导只以辅政大臣的身份，为皇帝出谋划策，不直接发号施令。虽然皇帝的决策实际来自辅政大臣的意见，但法理上却是皇帝"圣心独断"的结果，发号施令权在皇帝。

所以，当桓温知道遗诏的旨意后，大为不满，非常怨恨。为此，他写信给弟弟桓冲说："遗诏只让我依照诸葛武侯和王丞相那样辅政(太使人失望了)，王、谢以后每遇大事时，天天给他们出难题，不让他们消停。"桓温怀疑，这是谢安和王坦之所为，从此对他们怀恨在心。

为了敦促桓温进京辅政，朝廷诏令由谢安去征召桓温入朝，但桓温根本不予理会。

二、指斥壁后刀斧

简文帝去世八个月后，晋宁康元年(公元 373 年)二月，桓温终于来建康了，据说是为祭拜皇陵而来。朝廷为了体现对桓温的重视，孝武帝特下诏，命重臣吏部尚书谢安和侍中王坦之去新亭迎接他。

因桓温的到来，京师开始人心浮动了。有人说，桓温此行是为诛杀王坦之和谢安而来；还有的说，桓温要推翻晋室，取而代之。王坦之非常恐惧，问谢安是否要去新亭迎候桓温？

去留之间，咫尺天涯。

不去，说明王、谢豪族恐惧，朝野无人，桓温篡位将所向无敌，"我为刀俎，人为鱼肉"，从此可以恣意妄为。去，说明王、谢豪族反对，篡位之路荆棘遍地，桓温或许知难而退，晋室天下或许可保；但王、谢却以生命为赌，凶多吉少！

这次是王、谢自身面临进退失据之难了。

但是，谢安将生死置之度外，决然赴行。他神色坚定地对王坦之说：

晋祚存亡，在此一行。(《晋书·谢安》)

谢安把迎候桓温之行，看作是维系晋室生死存亡之行，看来，桓温确实是杀气腾腾而来。一时间，京师风云诡秘、深不可测，诛杀王坦之和谢安，或者推翻晋室，取而代之，绝非空穴来风。

桓温到达建康新亭后，文武官员都在路旁迎候。桓温则大肆陈兵示威，然后会见朝廷官员。摄于桓温的淫威，有名望有地位的人也战战兢兢，相顾失色。王坦之更是惊慌失措，汗流浃背，湿透了衣襟，手上颠倒拿着手板也不知道。

只有谢安，还是那样镇定自若、从容不迫。但见他器宇轩昂、旁若无人地步入了桓温军营。

但是，桓温营帐杀机四伏，气氛更为紧张。不过，谢安有备而来，并不在乎营内的肃杀之气。他坐定后，坦然对桓温说："我听说，诸侯之道在于防卫四方，明公何须置人防卫壁后！"桓温并不回避，笑了笑说："正是。但我也是不得已而如此啊。"随即命令随从撤走了壁后人员。

有时，政治就是如此厚颜无耻。撤走了壁后刀斧手，桓温重又回归了旧时谢安好友的角色，他和谢安笑谈了很长时间才分手。刚才弓张剑拔、杀机四伏的过程，好像根本没有发生。或许，这于桓温而言纯属家常便饭。就这样，靠谢安和王坦之竭力辅佐、忠诚护卫，司马皇朝才重又转危为安。

原来，谢安和王坦之齐名，自经历了新亭之惊后，大家都认为谢安更胜王坦之。

其实，王坦之也是很优秀的人物。他是东晋"中兴第一名臣"王承的孙子，尚书令王述的儿子。刚成年时，王坦之和郗超齐名，世人称颂说："扬州独步王文度，后来出人郗嘉宾，"(《世说新语·赏誉》)王文度就是王坦之。可见，王坦之当时拥有很高的社会声望。他曾任桓温大司马府长史，后来任司马昱护军大将军府参军，简文帝登基后任侍中。在桓温热盼司马昱禅位于自己时，幸亏王坦之果断毁诏，并改为

“如诸葛武侯、王丞相故事”，才挫败了桓温阴谋，使晋皇室逃过一劫。所以，王坦之是稳固司马天下的大功臣。

当然，全方位的名望和才干，王坦之不能和谢安相提并论。即便谢安已完全站到了桓温的对立面，桓温对谢安的才望仍然推崇备至。司马昱去世后，依例应据其生前事迹，给予褒贬恰当的称号，即“谥号”。其实，“谥(shì)号”仍然是溢美之辞，只是要做到溢而不滥，美而有节，这是难处。司马昱为帝，时间不长，功绩不显，因此“谥号”不太好拟。朝廷确定由谢安亲自撰写谥号文书。

谢安最后拟定的谥号文书说：

谨按谥法：“一德不懈曰简，道德博闻曰文。”易简而天下之理得，观乎人文，化成天下，仪之景行，犹有仿佛。宜尊号曰太宗，谥曰简文。(《世说新语·文学》刘注引《晋纪》)

桓温看过文书后，感到谢安对司马昱的评价，客观公允，措词精辟，谥号恰当。他感叹地把文书掷到幕僚们面前说：

“此是安石碎金。”(《世说新语·文学》)

这比“掷地有声”的文辞又上了一个台阶，成了“掷地碎金”之作。

这时候，桓温已六十一岁了。早在他废立皇帝时，前秦国的苻坚就对自己的臣僚说：桓温先败于灞上，后败于枋头，还不反思过错、自我贬黜以谢天下，现在反而以废立皇帝来为自己开脱。六十老人这样做事，怎么能使天下人容忍自己呢！有谚语说：对妻子发怒却让父亲看脸色，大概就是说桓温吧！

苻坚的话是说对了，不过，这以后桓温走得更远了，他还要对“父亲”发怒呢！

桓温祭拜简文帝陵墓后，在建康生病了，于是养病十四天，直到三月初七才回驻地姑孰。据说，这是祭奠时染上的鬼病。传说，桓温祭拜晋室陵墓时，左右随从突然觉得桓温行状有些怪异，只见他口中说:“臣不敢！”云云。后来登车离开时，桓温对左右随从说，刚才先帝显灵了。但没说先帝讲了那些话。过后，桓温又问随从，殷涓是什么样子？于是随从向他描述了殷涓长短肥胖的大概模样。桓温说，刚才殷涓也在帝旁。于是，外界都传说桓温这次生病，是殷涓鬼魂作祟所致，一时莫衷一是。

三、虚与委蛇罢九锡

桓温回到姑孰后，病势越来越沉重。但这时的桓温惦念的却不是病，而是禅位。他暗示朝廷，要给自己加“九锡”。朝廷也表示可以考虑，并着大才子袁宏做起草文案等工作。

九锡的意义在于象征。古时候没有“赐”字时，以“锡”代“赐”，天子赏赐的诏命一律称为“锡命”。天子为了表示对诸侯礼尊，赏赐爵位、车马、衣物、仪仗等物件。赏赐的物件愈多，诸侯愈显尊崇。最高赏赐是九项物件，简称“九锡”。东汉今文经学家何休（公元129—182年）注释《公羊传·庄公元年》说:“礼有九锡，一曰车马，二曰衣服，三曰乐则（乐器），四曰朱户（朱红色门户），五曰纳陛（有屋檐的台阶），六曰虎贲（规定数量的卫兵），七曰弓矢（宣示征伐用的弓箭），八曰鈇钺（可先斩后奏的刀斧），九曰秬鬯（祭祀用的香酒）。”但九锡轻易不会颁赐，除西晋“八王之乱”时滥颁滥赐外，历朝历代获天子赐予“九锡”的人微无其微。

九锡只能赐予建有不世之勋的功臣。但是，久而久之，九锡的意义被权臣兼野心家利用，并颠倒了过去。原来是有功才赐九锡；后来是要求赐九锡，以示有功。有改朝换代野心的权臣，为了证明自己功高盖世，反过来要求皇室赐自己以九锡。这一方面表示自己地位崇重，有资格禅代当朝皇位；另一方面也试探朝野是否真心拥护自己禅代。他们觉得唯其如此，才能稍加掩饰自己不光彩的篡位之举。其实，这根本就是掩耳盗铃、自欺欺人之举。

但是，晋朝其实就是这样自欺欺人地得来的。司马昭为了篡魏，借伐平蜀汉之机进位“晋公”，并同时接受了魏元帝曹奂颁赐的九锡，可惜他未来得及禅魏就一命呜呼了。但这也为以后晋武帝司马炎禅代曹魏，省去了许多麻烦。因此，当时人们普遍认为，颁赐九锡是禅位的必备成规。

所以，桓温想禅晋时，也急需晋室授自己以九锡。可惜，行将就木之人作如此妄想，未免太不自量力了吧。但是，桓温还是要作如此想。他知道自己病入膏肓，难以起复，所以更要乘自己一息尚存之际，逼迫晋室赐自己以九锡。这样，即便自己没有九五之尊的命，但也能为子孙攀升皇位铺好台阶。司马昭不是这样做了吗！王敦死到临头还要称帝呢！

桓温知道自己来日无多，因此反复派人催促朝廷颁赐九锡。但中枢反应迟缓，久无下文。

其实，这是谢安和王坦之、王彪之在故意拖延。负责起草加“九锡”文书的袁宏，素以才思敏捷著称，但这次却一点也不敏捷。这时候，袁宏按谢安的意思，把文稿改了一遍又一遍，已改得很不耐烦了。于是，他拿着文稿去给王彪之看。王彪之对他的文笔大加赞赏，说：“你果然是大家手笔，否则，如何写得出如此好的文辞来！”但谢安看后，还是要他再改。袁宏不明就里，只好拿着文稿再去和王彪之密商。王彪之这才微露口风，他说：“听说桓温的病日渐加重了，应该支撑不了多久了吧。你也不妨延迟一些时日回应。”

谢安和王坦之、王彪之这样做，固然可以起到久拖不决、不了了之的作用，但是，他们为此承担的风险却也是巨大的，这无疑又是以生命为赌注与桓温周旋。桓温也并非傻子，他也考虑过是否用极端手段对付王、谢，但最后还是放弃了。

桓温的弟弟是江州刺史桓冲，他在桓温去世前曾问过桓温，怎样处置谢安和王坦之？意外之意是问，要不要杀他们！桓温说：“他们不是你所能处置得了的。”其实，桓温也已掂量过杀死王、谢的利害得失了。

首先，不杀王、谢是当前政治实力较量的现实选择。

桓温不对王、谢采取极端手段，首先是受到了自己综合实力弱化的制约。桓氏势力看上去很强盛，但由于桓温急于禅位，从而把自己推到了全体高门豪族的对立面，由此大大削弱了影响力。桓温当时面对的不再是具体的谢安、或王坦之、王彪之等个人，而是面对王氏集团、谢氏集团和司马皇家集团三大集团联盟，鹿死谁手、难以先卜。桓温活着，桓氏和三大集团联盟也不过相持不下而已；一旦桓温死去，桓冲资望不足，相持不下就失去了平衡，重心就向三大集团联盟倾斜了。所以，杀死王、谢领袖，非但不能击败三大集团联盟，反而会丢失已有的威信，进而危及以后桓冲为首的桓氏集团，更不要说继续与三大集团对峙了。所以，为了长远利益，桓温只能选择放弃。

其次，这也是重构臣服司马、和揖豪门新格局，以图桓氏自保的长远策略。

桓温清醒地估计到，桓冲在自己身后不会有大的作为，至少到不了自己已有的境界，因此，只能退而求其次，重新臣服司马、和揖豪门，以保有桓氏既得利益。而在桓氏势力处于低潮时，这又需要韬光养晦、获得司马皇室原谅、获得诸高门豪族的支撑方能自全。

同时，桓温也清楚地看出，王氏势力日趋衰落；谢氏势力方兴未艾；而且，谢安、谢玄前后相继、人才辈出、前途不可限量。此前，作为谢氏新生代的谢玄早已是桓温的掾属了。从不轻易称许他人的桓温曾说过，谢玄四十岁前就能成为朝廷栋梁。后来果如其言，谢玄三十四岁就踏进了封疆大吏的行列。

另外，桓彝、桓温父子两代都与谢氏有通家之好，对谢氏子弟有着清晰的认识。依桓温长期观察，谢安成为自己身后的东晋拄石自不待言；更重要的是，谢安道骨玄风，既恢弘大度，又杀伐明快；既为政宽缓，也进退有度，是不可多得的宰相之材。谢安当政决不会把桓氏赶尽杀绝。

据此，桓温认为：谢安当政可能还是桓氏新的机遇，桓、谢之间有着很大的周旋余地。与其除去谢安，再和秘不可知的新人对垒，何如保留谢安，以原有的通家之谊为基础，与之结为盟友，岂不更有利于桓氏家族的巩固和再起吗？

初，冲问温以谢安、王坦之所任，温曰："伊等不为汝所处分。"温知己存彼不敢异，害之无益于冲，更失时望，所以息谋。（《晋书·桓温》）

桓冲想杀王、谢，桓温却觉得"害之无益于冲，更失时望"。因此，桓温企图以保全王、谢，创造有益于桓冲的新态势，并重建"时望"，再兴桓氏。这就需要和诸豪门握手言和，特别是谢安。

说到底，桓温毕竟是有远见的枭雄政治家，所以在最后时刻放弃了极端。后来的东晋政治格局，也大致和桓温生前的预期相符。

随着桓温病情的不断加重，桓氏家族也掀起了内争风波。本来，桓温已立桓熙为世子，但后来又觉得他才能欠缺，难有作为，于是重又确定桓冲为继任人。

桓温三弟桓秘，年轻时表现得很有才气，因此深为桓温嫉妒，时时抑制着不重用他。宁康元年，妖人卢悚（sǒng）率领三百余人闯入皇宫作乱，游击将军毛安之和中领军桓秘合力搏击，诛杀了好几百人。事后，桓温穷究禁军将领责任，许多人由此获罪，桓秘也被免去了中领军职务，但毛安之却升迁为左卫将军。对此，桓秘耿耿于怀，非常怨恨桓温。

桓温临去世前，世子桓熙去找桓秘密商对策。桓秘又联络桓熙弟弟桓济，想谋杀桓冲。但密谋被桓冲知道了。桓温去世后，桓冲先下手为强，派勇悍力士拘捕了桓秘和桓济，然后才为桓温治丧。后来，桓秘被废黜，桓熙、桓济被流放到了长沙。桓冲又立桓温幼子桓玄为继承人，承袭南郡公爵位，他说，这是桓温生前的遗嘱。

晋宁康元年（公元 373 年）七月十四日，一代枭雄桓温去世，时年六十二岁。

朝廷和王、谢都松了一口气。于是，太后和皇帝连续三天亲临朝堂，颁布了一系列对桓温表示尊崇的礼仪和赠物；依照太宰安平献王和西汉大将军仪式，隆重安葬桓温；另外赏赐钱五千万、绢二万匹、布十万匹；并追赠桓温为丞相，拓展其封邑三百里……总之，极尽了朝廷哀思之情。

就这样，桓温和王、谢及晋皇室的对决，沉重地落下了帷幕。

第十四章　权倾天下

一、迂回侧进

司马曜于宁康元年(公元 373 年)登基,是为孝武帝。这时,谢安东山再起已经十三年了。回首风雨兼程的官宦生涯,谢安深深感到朝局危乱、步步惊险。他亲耳听闻过祖父经历的“八王之乱”和“永嘉之乱”;自己幼年时,也恍恍惚惚经历了“王敦之乱”和“苏峻之乱”;进入官场后,又直接卷入了桓温的“废立风波”和“居摄之争”。曾经血雨腥风,动乱不堪回首!豪强大族为光大一门私利,置忠孝节义、斯文风流于不顾,谋逆篡位,相互倾轧,制造动乱,祸害天下,真是丧心病狂之极!

庆父不死,鲁难未已。权臣已去,我辈当立!动乱纷争的朝局不能再任其继续!

中国士人固有的正义感、道德观、责任心强烈地撞击着谢安的心扉。于是,“谢与马,安天下”的政治抱负开始弥漫谢安胸怀,一个充满清谈家理想的经邦治国思路也逐渐清晰起来了。

桓温死后,谢安虽然取得了更大的朝政发言权,但是,他还不是执政大臣,所以,晋廷权力不会按照他的意志运营。因此,要实现“谢与马,安天下”的政治抱负,谢安就得努力攀登权力巅峰,勇于冲刺宰相高位。

晋朝因延秦汉官制,曾设置丞相一职,以“总揆百官”,但时置时罢,以后成为褒奖重臣和功臣的荣誉职务。后来,“总揆百官”的功能由司徒、太傅、大将军，或大司马、录尚书事等大臣承担，并被称为辅政大臣。在非正式场合，大家又称辅政大臣为“宰相”。再后来，辅政大臣职能慢慢被固定在录尚书事一职上。因此，取得录尚书事名分的大臣被非正式称为宰相。东晋一朝，历任皇帝都是政治弱者，辅政大臣的权势异常显赫。

简文帝去世前遗诏：“家国事一禀大司马，如诸葛武侯、王丞相故事。”这就明确赋予了大司马桓温辅政大臣的权力。桓温死后，辅政大臣出现了缺位，于是重臣们都成了辅政大臣的候选人。但最有资格的候选人只有王、谢、桓三大豪门领袖，也可以简单理解为，辅政大臣就是在王坦之、王彪之、桓冲、谢安诸人之间四选一。当然，也不排除皇室成员直接出任的可能。其实，桓温一死，辅政大臣的角逐早已悄无声息地暗暗展开了。

面对新一轮权力角逐，谢安自然当仁不让。这是他实现自己政治抱负的大好机遇，也是置“处世”清高于不顾，冒“远志、小草”之讥而“出世”的目标之一。

这时候，控制朝政实权的家族是桓、王、谢三家。面对桓、王两家，谢安的意图是：既不能让桓冲扮演桓温第二，也不能让“王与马，共天下”的旧戏重演，而要由自己居庙堂之高，施行“谢与马，安天下”的新政。依谢安当下的朝野威望、抵制桓温为逆的功绩、还有褚太后为首的皇室支持等等优势，他也可以一步到位，强势登场，直接出掌朝政。

但是，谢安也有两大弱势：一是谢氏家族尚处于弱势地位，谢安也不是政治上的绝对权威，他和王坦之、王彪之、桓冲等，基本是并驾齐驱的四驾马车；相对二王，谢安名位稍逊；相对桓冲，谢安势力薄弱；相对王、桓豪族，谢家还是“新出门户”。所以，谢安突然执政，既会极大地伤害同盟军王氏集团，也会极大地刺激怀有敌意的桓氏集团。这些都将给以后执政带来不小的波动，而这正是谢安要竭力避免的政治后果。

二是四驾马车中，桓冲和王彪之也有强烈的问鼎之心。

桓冲挟西藩之重，问鼎宰辅风头最健。桓冲是拥兵自重的桓氏家族代表，以据有的长江上游形胜之地为后盾，对晋廷安危拥有不可估量的影响。

谢安最不愿意看到桓冲出为宰辅，但也仅是不愿意看到而已，内心深处，既不以此为忧；也不掉以轻心。

东晋宰相是文臣的专利，武将无缘，也鲜有记录。武人著称的桓温曾被任为大司马，被授予辅政大臣实权。但他其实是名士兼军阀，只是在其军政生涯中，攻城略地多于清谈文辞，武人形象掩盖了他风流名士的另一面，所以他有资格列为宰相人选。而桓冲则纯粹是武将，东晋政坛不可能接纳他备位宰辅。况且，这时的桓氏集团在政治上已成了孤家寡人，基本没有了皇室和朝臣支持的政治基础。

因此，桓冲除非重兵相挟，否则根本沾不了宰辅大臣的边。但如果真是兵戎相见，宰辅之争岂不成了画蛇添足吗？何不直取晋室而代之呢？谢安断定桓冲不会出此下策。

可是，桓冲并不明白自己的处境，仍然跃跃欲试。虽然桓冲最终会劳而无功，但由此却会对谢安宰辅之争形成不小的干扰。因此，谢安也不能掉以轻心。

王坦之则相对淡然。他是太原王氏支系，和王彪之的琅邪支系的渊源已远不可考。王坦之是谢安弟弟谢万的妻舅；和谢安既是好朋友，也是儿女亲家，但其政治势力和朝野影响，暂时不如谢安、桓冲、王彪之。所以，王坦之不见得要冲刺宰辅高位。

王彪之则不太一样。

王彪之是琅邪王氏支系，王导侄儿，父亲王彬是晋元帝司马睿姨表弟。王彪之曾任会稽太守，政绩卓著；以后长期官宦朝廷，具有丰富的政治阅历；在抵制桓温篡逆过程中，他力抗太后“令温依周公居摄故事”旨意，在千钧一发之际扳回了朝局；同时，他背后还有王氏传统政治影响力支撑；目前中枢地位也处谢、桓之前。因此，王彪之于桓冲有政治优势；于谢安有名位优势；只有年龄偏大是其弱点。所以，王彪之是极富竞争潜力的宰辅人选。

当人们普遍认为桓冲会强烈冲刺宰辅高位时，谢安更把王彪之列为同样强大的竞争对手。

所以,综合考量,谢安这时只有微弱优势。

谢安此时要以微弱优势应对王、桓二强,实在难卜胜负。于是,迂回侧进成为谢安的唯一选择。他放弃了正面出击的打算,转而利用自己政治和家族弱势的条件,清虚高远地开始迂回前进了。

在具体步骤上,谢安确定了远、近两策:

远策是,在高门豪族间实施政治大和解:一是进一步巩固和王坦之为首的太原王氏集团的政治联盟,使其坚定地支持自己的政治主张;二是对王彪之为首的琅邪王氏集团示以谦让,大政方针唯王彪之马首是瞻,放任王彪之专断朝政;三是对政治处于劣势的桓冲示以友好,最大限度地缓和其对立情绪,以便取得政治默契。

近策是,迂回侧进,出其不意地掌控制高点:一是推动侄外甥女褚太后从幕后走出来"临朝称制";二是通过中间渠道游说桓冲,暗示其之短,使之退出竞争、并支持谢安。这一着最关键,实施起来也很微妙。

谢安的"中间渠道"不辱使命。明明是谢安想让桓冲退出竞争,可桓冲得到的启发是:自己家族深处政治低谷难以自拔,从而,自己熄灭了进军宰辅的幻想;明明是谢安想联桓抗王,可桓冲得到的启发是,挟百年豪族雄风的琅邪王氏即将强势登台,并由此对桓氏势力形成难以估量的掣肘,因此当务之急必须联谢抗王。想到王彪之烈士暮年、壮心不已,桓冲惆怅万分,终于放弃了宰辅之想,转而支持势力相对弱小的谢安;从而,谢安的"临朝称制"也有了政治上的桓、谢默契。

令桓冲和王彪之意想不到的是,"临朝称制"是针对王、桓两家的双刃剑。谢安的中间渠道一石三鸟,既导致了桓冲的退出,又孤立了王彪之的竞争,还巩固了"临朝称制"的基础。这正是谢安所思所求。

二、太后临朝称制

晋宁康元年(公元373年)七、八月间。

时桓冲及安夹辅朝政。（《晋书·王彪之》）

这时候，桓温刚刚去世，东晋朝局处于无序状态；也由于新的辅政大臣没有明确，因此，有军事实力的桓冲和有政治欲望的谢安，自动形成了强强联合的朝局，从而“夹辅朝政”；也正是这种混沌无序的政局，给谢安推动“临朝称制”，带来了难得的机遇。

有了桓氏集团和太原王氏的支持，事不宜迟，谢安于晋宁康元年八月，也即桓温死后一个月，联合桓冲，正式奏请褚太后“临朝称制”。

谢安以天子幼冲，新丧元辅，欲请崇德太后临朝。（《资治通鉴·晋宁康元年》）

新皇帝年龄幼小，辅政大臣桓温刚刚去世，所以请崇德太后临时执政。

谢安的说辞冠冕堂皇，众大臣也心照不宣。倒是王彪之猝不及防，但是，他还是强烈地表示了不满。他说：

二君必行此事，岂仆所制，所惜者大体耳。（《晋书·王彪之》）

谢、桓二君一定要这样做，也不是我王彪之所能阻止得了的，只可惜从此丧失了国政大体。王彪之说得很无奈。但谢、桓联手，文、武倡议，岂王彪之能抵制？

不过，王彪之的反对理由还是很充分的。他说：“以前是因为君主年幼，还在襁褓之中，母子不可分离，所以可由太后临朝称制。即便如此，太后也不能擅自决定国事，还需征求大臣们的意见。如今人主已过十岁，快到加冠完婚的年龄了，反而让堂嫂临朝称制，公开表示人主年幼弱小，这难道是发扬光大圣人盛德的做法吗？”

王彪之的反对，提出了三个尖锐的问题：

一是皇帝年已十一岁，还需要褚太后象以前抱着婴孩皇帝一样、临朝称制吗？

这次是褚太后第二次临朝称制。

第一次是晋建元二年（公元 344 年），康帝死，穆帝立，时二岁，由褚太后“抱帝临轩”，临朝称制。晋升平五年（公元 361 年）五月，晋穆帝去世，无嗣。于是，按照褚太后的诏令，迎原来晋成帝大儿子司马丕继位，是为晋哀帝。第四年，哀帝卒，无嗣，又按照褚太后的诏令，迎原来晋成帝二儿子司马奕继位，即后来的海西公。在桓温的淫威下，海西公被废，晋元帝少子司马昱继位，是为简文帝。不料，简文帝司马昱在位时间更短，仅七个月就去世了，于是,其儿子司马曜继位，是为孝武帝，这时已十一岁。所以王彪之说“人主已过十岁”。

二是堂嫂可否以太后身份临朝称制呢？司马昱是褚太后公公晋明帝的亲兄弟，是褚太后丈夫晋康帝的亲叔叔，因此，这时的晋孝武帝司马曜和褚太后是堂叔嫂关系。

三是太后有无一决国事之权？

其实，“临朝称制”是否可行，并不在于王彪之三大问题的立论是否准确，而在于朝臣舆情倾向何方。舆情倾向王彪之，那么，说不行就不行，行也不行；舆情倾向谢安，那么，说可行就可行，不行也行。而且，王彪之的三大问题本来就模棱两可，莫衷一是。更何况，谢安当时已有了不小的政治声望，为群臣瞩目；桓冲、王坦之、司马皇室都鼎力相助；大家都希望谢安主政，而并不在乎临朝称制的理由是否充分。

当时琅邪王氏势力虽盛，但猝不及防、势单力薄；而谢安则事先联合桓氏和太原王氏达成了默契。因此，以褚太后为首的皇室势力就有了最后裁决权。于是，在褚蒜子支持下，谢安的“太后临朝称制”朝议得以通过。终于，褚蒜子又第二次以太后身份临时执政了。

褚太后临朝称制的政治意义非同小可：因为，有了褚太后的临朝称制，一是省略了辅政大臣的执政环节，封堵了他人入主中枢的道路；二是避免了因遴选辅政大臣，而可能引发的门阀间冲突；三是为谢安暂行辅政大臣大权，再逐步迈向辅政大臣高位赢得了缓冲期；四是谢安和太后的甥、舅关系，使谢安成为后宫与中枢之间的唯一联系人，从而垄断了朝政发言权；五是所有这些，又都强化了谢安作为未来辅政大臣人选的地位。

所以，褚太后临朝称制，是填补朝局名位空缺，并使谢安养精蓄锐的绝佳选择。这一举措，从根本上直接成就了谢安后来的政治发展。

三、从尚书到宰相

有了褚太后的临朝称制，谢安取得了掌控朝政的绝对发言权。

限于礼制，男性朝臣鲜有机会和太后面对面商榷国是。于是，舅父谢安完全垄断了传达太后懿旨的发布权，因此，也就有了更多影响太后决策的机会。其实，太后作出的决策，无一不是有着丰富政治阅历的谢安意图。所以，从褚太后临朝称制开始，谢安实际已扮演了宰相角色。

但是，谢安法定身份还是吏部尚书。因此，谢安要登上宰相高位，还有很长的路要走。不过，有了太后发言人的身份，谢安可以快捷许多。这一次，谢安仍然是从容不迫地、一小步一小步地向宰相高位迈进。

第一步，谢安被任为双头政局中的执政大臣之一。

晋宁康元年（公元373年）九月，

以王彪之为尚书令，谢安为仆射，领吏部尚书，共掌朝政。（《资治通鉴·晋宁康元年》）

也就是桓温去世后两个月，朝廷任命王彪之为尚书令，任命谢安为尚书仆射兼吏部尚书，并明确规定由王、谢两人“共掌朝政”。这也有一点论功行赏的意思。尚书仆射是尚书省的副长官，因此谢安的晋位，仅提升了半级。但能与王彪之“共掌朝政”，仆射与否也就显得不太重要了。因为，毕竟攀升到了政治顶峰，成为两个执政大臣之一。

同时履新的还有原吴国内史刁彝,他被改任为徐、兖二州刺史。

这一时期,王彪之的执政风格表现的很强势。毕竟,他是尚书省长官身份的执政大臣,而谢安是尚书省副长官身份的执政大臣。

谢安曾想大兴土木,建造宫室。王彪之不同意,他说:“东晋建立之初,仅是把镇东大将军府改作了皇宫,破烂得难避风雨。现在正值胡寇强大,国库空虚,岂能大兴土木、劳苦百姓?”谢安说:“宫室粗弊简陋,后人会说我们无能。”王彪之说:“担当天下重任的人,应以保国安民来彰显政绩,怎么能以修建宫室来显示才能呢!”谢安没有了办法。一直等到王彪之去世后,新的宫室才得以营造。

所以,谢安常常感叹:

“朝中大事,众不能决者,咨王公无不得判。”(《晋书·王彪之》)

朝廷大政方针,群臣难以决断,请示王彪之,则无不立决。看似果断,其实是专断。所以谢安会经常感叹,其言辞好像推崇,实则却是对王彪之独断朝政心存不满。但是,既然是迂回侧进,也就只能先宽以待人了。于是,谢安唯王彪之马首是瞻,与之同心协力,勤勉王事。

第二步,谢安成为了中书省无冕之王。

当年十一月,朝廷任命王坦之为中书令、兼丹阳尹。

第二年(公元374年)正月,刁彝去世。

刁彝是褚太后二次临朝称制后任为徐、兖二州刺史的,现在他去世了,朝廷立即确定王坦之接任。于是,王坦之带着“中书令”职务接任徐、兖二州刺史去了。但是,这就使中书省变成了“有长无官”的衙门。于是,朝廷让谢安代理中书省长官,总管中书省事务。

诏安总关中书事。(《晋书·谢安》)

在这里,谢安实际又兼任了隐名中书省长官的职务,说不上晋级,但朝廷却专门发布了“总关中书事”的诏书。所以,谢安虽没有中书省长官名义，但却是中书省法定的无冕之王。谢安的职务看起来相互交叉，不够明晰。但这是一种政治智慧：权力边界模糊，反而更有利于扩张权力！王坦之以中书令身份兼任徐、兖二州刺史，横跨中枢和州郡，可谓名实两收；谢安虽然负重而无名分，但他志在千里，务求实权，所以更无怨言。真可谓各得其所，皆大欢喜。

但是，这实际上更是王坦之主动配合谢安之举。中书省是皇帝倚为臂膀的核心决策机构，东晋中期以后，其重要程度超过了尚书省，因此是位高权重、亲贵无比的台辅。所以，王坦之离开中书省外出就藩，是鼎力相助、成全谢安进军宰辅的最有力支持。从此，谢安实际上拥有了全权决策东晋朝政的大权，尚书省则成了纯粹的执行机构。王彪之法定地位虽在谢安之上，但实际却是谢安决策后的执行人，两者关系被颠倒了过去。

第三步，谢安接替桓冲出任扬州刺史。

晋宁康三年（公元 375 年）五月，王坦之去世。朝廷调原扬州刺史桓冲任徐州刺史，并都督徐、豫、兖、青、扬五州诸军事；桓冲所遗扬州刺史职务由谢安兼任；同时，为了体现朝廷对两人的亲贵，都加任为侍中。谢安任扬州刺史，职务没有升迁，但以中枢大臣之重，兼任京畿建康所在的扬州刺史，这无疑进一步强化了谢安朝廷重臣的地位。依东晋成规，辅政大臣都兼任扬州刺史。所以，还不是辅政大臣的谢安任扬州刺史，反过来又暗示了他即将出为宰辅的趋势。

第四步，谢安荣登宰辅高位。

晋太元元年(公元 376 年)正月，晋孝武帝举行加元服礼。褚太后也下诏，不再临朝称制，归政晋孝武帝。

这是朝廷的一件大喜事，依照惯例，文武百官都可以加官进爵。不过，这于普通百官而言，只是增进荣耀和俸禄而已，但于谢安而言，却是登上权力巅峰的一次机会。

其实，这时谢安正式全权出掌朝政的时机也成熟了，所以，褚太后归政和谢安辅政两件大事同时进行了。

此前的谢安已身兼多职：吏部尚书、尚书仆射、无名分的执政大臣之一、中书省总管、扬州刺史、侍中。可以看出,这时东晋的最高人事权、行政权、决策权、京畿重地管理权都在谢安手上。所以,这时说谢安“位高权重”一点也不虚妄,完全是一副不是宰相、胜似宰相的气势。因此,谢安虽还不是法定辅政大臣,但是,人们私下里已经认同他的辅政大臣地位了。

至此,谢安位列百官首席顺理成章了。于是,朝廷利用普遍加官进爵的机会,加任谢安为中书监、录尚书事!

中书监和中书令同是中书省最高长官,所以,现在的谢安是名符其实的中书省总管了。

不仅如此,谢安还担任了录尚书事职务,这可是尚书省的太上皇啊!

录尚书事是朝廷最高行政职务。东晋时,朝廷三省中,尚书省人多势众,政务庞杂,掌握着巨大的行政权力。尚书令品秩和中书令、侍中品秩相当,但实际权势远远在后二者之上。因此,朝廷在尚书令之上另设“录尚书事”,由司徒或太傅等“三公”兼任,以总揽朝政。这既有裁抑尚书令权力的意思,也有重大政务决于皇帝近臣的意思。所以,朝野普遍认为“录尚书事”就是丞相或宰相。

现在,谢安既是中书监、又是录尚书事,朝廷三省,直接掌控了有决策、执行大权的二省。因此从这时开始,谢安已成为名符其实的宰相了。

从晋宁康元年(公元 373 年)七月,至晋太元元年(公元 376 年)正月,谢安用了二年半时间,从吏部尚书攀上了宰相高位。时间虽然短暂,但其间辛苦只有谢安自知。从品秩看,吏部尚书到宰相也就差三个等级,但谢安却精心分为七个台阶,并分四步登攀,虽然其间分外劳神费心,但却取得了拾级而上、水到渠成的效果。其中最大的功效是,避免了因操之过急而引起的不必要纷争,从而最大限度地取得了各门阀势力的谅解,进而维护了东晋皇朝的稳固,维护了各高门豪族的利益,更求得了国家的安定,顺应了江左民众的共同愿望。

谢安不愧为中古时代的大政治家。

四、决然削夺桓门领地

谢安在攀升宰相高位过程中，同时还进行了另一项艰巨工作，这就是坚决削弱桓温剩余势力，决然削夺其领地。

这时，桓温虽已去世，但其剩余势力依然咄咄逼人。

首先，桓温剩余势力这时已形成了尾大不掉之势。桓温生前，长江上、中、下游全线战略重镇，即荆、江、豫、扬、徐等五州，尽为桓氏兄弟、子侄、部属占据。这是一种非比寻常的畸形藩镇格局，对东晋朝廷构成了巨大的政治威胁。所以，谢安当政，必欲坚决予以摧毁。

其次，桓温剩余势力仍然是一个久存反意、暂时蛰伏的政治团伙。桓温在世时，早已在亲信中公开了禅晋的底牌：很早以前，桓温就公开对幕僚们说过"既不能流芳后世，不足复遗臭万载邪"；简文帝死，桓温禅位和辅政深意都未得如愿，于是写信给桓冲，发泄了对谢安等的强烈不满；桓温临死时，桓冲与其相商，是否杀却谢安？等等。因此，这时的桓氏集团不过是在韬光养晦罢了，以后的历史也有力地给予了证明。所以，谢安当政，必欲坚决削弱其势力。

再次，桓温势力是一个骄兵悍将、目无皇室权威的的武士集团。桓温在世的种种骄横跋扈自不待言；但其兄弟子侄其实也相差无几。其弟桓云招兵买马时，"多所枉滥，众皆嗟怨，时桓温执权，有司不敢弹劾"（《晋书·桓云》）；其侄桓石虔，勇悍过人，据说医治疟疾患者，只要说"桓石虔来了"，就能吓退瘟神，起死回生；桓石虔儿子桓振更是横行不法，后因反叛被杀；五十年以后，桓温儿子桓玄举兵称帝，桓氏子弟多从桓玄叛晋。因此，蓄意谋反是桓氏集团的固有本性，所以，谢安当政，必欲坚决抑制。

虽然后来桓冲不断对朝廷和谢安示好，但谢安削夺其领地的政治步伐坚定不移。

但是，桓温集团毕竟是一个苦心经营数十年的庞然大物。同时，在谢安执政前期，谢、桓还有政治默契。所以，谢安在削弱其势力的过程中,小心谨慎、殚精竭虑,精心筹划。最后,谢安凭借其超人的政治智慧,精准选择"内忧外患"的非常时期作调整,在未引起政治波动的情况下,成功地削弱了桓温剩余势力。

谢安总的执政思想是:

镇以和靖,御以长算。(《晋书·谢安》)

深谙"治大国如烹小鲜"之道的谢安很清楚,这时的晋朝非常脆弱,经受不了无谓的折腾。因此,对内对外,都要从长计议,避免波动,不能被眼前利益所迷惑。

具体施政方针是:对内"镇以和",对外"镇以靖"。

因此,谢安在削弱桓温剩余势力时,坚持把"和为贵"作为家族与皇室、家族与家族相处的原则,力避极端。在对桓氏集团的处理方式上,谢安也不走桓温赶尽杀绝的老路,更不重蹈庾亮逼反苏峻的覆辙,而是交替使用削弱和安抚的两手,最大限度地容忍桓氏集团保有既得利益,从而使之与皇室、与各大家族和平共处。毕竟,桓氏集团是东晋西部存在的柱石。

谢安削弱桓氏势力的总目标是:把长江全线重镇一分为三,上游归桓氏统治,中游交缓冲势力据守,下游留给自己和盟友治理。下游是政治和经济中心,因此谢安据有了东晋的核心区域。

谢安的政治措施主要有三:一曰"推恩",二曰"明争",三曰"暗夺"。

所谓"推恩",就是仿效汉武帝"推恩令"办法,谢安将桓温生前攫取的州、郡,分别授予桓族兄弟子侄治理,从而达到了弱化势力、分化瓦解的效果。

西汉元朔二年(公元前 127 年),汉武帝刘彻采纳中大夫主父偃的削藩策略:

令诸侯得推恩分子弟，以地侯之，彼人人喜得所愿。上以德施，实分其国，不削而稍弱。（《资治通鉴·汉元朔二年》）

于是，汉武帝下诏颁布了“推恩令”。诏书规定：各诸侯王除以嫡子继承王位外，可再分封郡国土地给其子孙；从而使郡国由大变小，由小变弱，未废一兵一卒，诸侯国就自动消亡了。谢安在削弱桓氏势力时，也借鉴了“推恩”办法，把桓温生前的重要职务，“推恩”桓氏兄弟、子侄。表面看，桓氏势力未受任何损害，但原来铁板一块的桓温集团，却因这道“新推恩令”，顷刻间分化瓦解了。

晋宁康元年（公元 373 年）七月，朝廷任命桓冲为扬、豫二州刺史，并都督扬、豫、江三州军事，镇姑孰；任桓豁为征西将军、荆州刺史，都督荆、扬、雍、交、广五州军事；任桓豁儿子桓石秀为宁远将军、江州刺史，镇寻阳（今江西九江市）。此时的桓氏家族，看起来据有晋室天下大半，仍然如日中天。但是，原来整体的长江全线已肢解为东、中、西三块，虽是兄弟，毕竟三家。所以，桓氏集团总体实力已等而下之了。

这期间，谢安对桓氏是安抚为主，几乎没有削夺，仅是弱化而已。

所谓“明争”，就是由谢安直面桓冲，倚仗“既定成规”对其正面施压，使之自动让出扬州刺史和豫州刺史职。

晋宁康三年（公元 375 年）五月，王坦之病故了。他任徐、兖二州刺史仅一年余。王坦之临终前，给谢安和桓冲分别写了一封信，充满了对国家前途命运的的忧虑，而丝毫未涉及个人私事。

就在这时，桓冲让出了扬州刺史一职。

桓冲以谢安素有重望，欲以扬州让之，自求外出。（《资治通鉴·晋宁康三年》）

桓冲是受到王坦之的感召吗？或许是，或许不是。

扬州刺史位高权重，这里既是京畿建康所在的政治中心，也是以

“三吴”为基础的财赋中心。据有扬州，大有政治上直接掌控朝廷、“挟天子号令诸侯”之势；同时，也能使长江上下游荆、江、豫和扬、徐、兖连成一片，从而在地缘上形成全面控制江东的态势。因此，桓氏同党都不同意让出扬州，桓党谋主郗超更是极力反对。

可是，扬州由辅政大臣直接兼任刺史，早已成为东晋朝局的既定成规。

司马睿刚出镇江左时，曾调亲信王导堂兄、青州刺史王敦来建康任扬州刺史；司马睿晋位晋王开始，第一号功臣王导任扬州刺史；王导去世后，辅政大臣庾冰任扬州刺史；庾冰出为江州刺史后，辅政大臣何充任扬州刺史；何充死后，辅政大臣会稽王司马昱任亲信殷浩为扬州刺史，并引其“参综朝权”，相当于副宰相；殷浩被废后，朝廷先任桓温为大司马、都督中外诸军事，后来又任为录尚书事，兼扬州牧。桓温推辞了录尚书事职，但接受了扬州牧，而皇室从此也没有任命新的辅政大臣。所以，桓温是事实上的辅政大臣。因此，扬州刺史由辅政大臣兼任的做法，虽无明文规定，却已约定俗成，而且也是朝野心照不宣的重大战略布局，从而成为东晋朝局共同遵守的既定成规。

桓冲不是辅政大臣，以“外臣”身份据有扬州刺史高位，岂不示人以自己有非分之想吗？所以，桓冲不安于扬州刺史之位了。

《晋书·桓冲》说：“冲惧逼，宁康三年，乃解扬州，自求外出。”也就是说，桓冲受不了某种“逼迫”，自动辞去扬州刺史职务，要求外出任职。

晋宁康三年前，谢安还不是辅政大臣。但是，朝廷已明确授权王彪之和谢安“共掌朝政”；而且，谢安政治威望蒸蒸日上，权威气势朝野认可。因此，谢安虽无名分，但事实上已形成了众望所归的“辅政大臣”之势。所以桓冲感到了巨大的政治压力，因此自己提出解除扬州刺史、外出京师就任其他职务。

史料中没有“冲惧逼”的具体记载，但可以想见，一向以争夺领地为要的桓氏集团，绝没有无缘无故、自动出让扬州刺史之理！桓冲一定深切感受到了来自诸多方面的压力，因此不安于位，主动退却了。

谢安一向豁达大度，但对桓冲出让扬州刺史之位，却毫不谦让。

这说明，谢安据有扬州的政治态度是坚定不移的。这确实是重大政治原则，所以，谢安不能谦让。

谢安这一次施压在先，摊牌在后，所以，桓冲有足够的时间权衡得失。这时的桓冲已深深感到，自己既然不想主政朝廷，也无意为逆篡位，扬州在手实属多余，何如顺水推舟、结缘谢安，岂不更有价值？这样，谢、桓又一次达成了政治默契。这是桓冲示好谢安的第二次让步，同时也是向朝廷示以忠诚的重大表示。因此，桓冲在同党“莫不扼腕苦谏”的情况下，依然我行我素，固执地“自求外出”。

桓氏族党皆以为非计，莫不扼腕苦谏，……冲皆不听，处之澹然。(《资治通鉴·晋宁康三年》)

桓冲让出了扬州刺史后，朝廷下诏，让他去京口担任了徐州刺史，并都督徐、豫、兖、青、扬五州诸军事；任命谢安兼任扬州刺史；同时，为了体现朝廷对两人的亲贵，都加任为侍中。

这一时期，东晋朝廷刚趋稳定，所以，谢安只能突出重点地进行“削藩”，京畿重地因此也首当其冲。但桓冲也得到了继续任徐州刺史和侍中的“安抚”。

所谓“暗夺”，就是以彰显“国姻之重”为由，谢安暗中推动国戚王蕴出面争夺徐州刺史职，从而依靠盟友间接掌控了北府；同时，还迫使桓冲一退再退，使其部属朱序也让出了兖州刺史职；最后桓、朱一起自动归于荆州老巢。

晋太元元年(公元376年)正月，晋孝武帝举行加元服礼。

在例行的加官进爵中，桓冲进位车骑将军、都督豫、江二州六郡诸军事，并把驻地由京口移至姑孰。

徐州刺史桓冲为车骑将军，都督豫、江二州之六郡军事，自京口徙镇姑孰。谢安欲以王蕴为方伯，故先解桓冲徐州。(《资治通鉴·晋太

元元年》)

在这里,桓冲的职务有了微妙的变化:他的徐州刺史职务被解除了。朝廷让桓冲直接以车骑将军身份,都督豫、江二州六郡诸军事,并把驻地由京口移至姑孰,成为长江中游任职单一的军事将领。

其实,这是谢安为夺取徐州重地预先布下的棋局。

还是在上一年八月,晋陵太守王蕴的女儿王法慧被册立为皇后。依例,皇室对王蕴加官进爵,授以"光禄大夫、五兵尚书、建昌侯"等官爵。但王蕴谦逊,坚决辞让。谢安却借题发挥,反其道而用之,大造赏赐偏轻的舆论。他援引褚裒旧例,要求以更高的徐州刺史藩位厚遇王蕴,以彰显"国姻之重"。

第二年(太元元年)正月,朝廷提前解除了桓冲的徐州刺史职务,虚位以待,准备改授王蕴。但王蕴不明白谢安的深意,当朝廷授予他徐州刺史高位时,他仍然坚决推辞。这一次,谢安亲自出马说服了王蕴。他对王蕴说:"您贵为皇后父亲,不能妄自菲薄。让您身据刺史高位,主要是彰显'国姻之重'的政治安排。如果怕劳神费心,可以只据其位,不必劳心政事。"王蕴这才勉强就任。

所以,桓冲被解除徐州刺史职务,其实是谢安以"国姻之重"为借口,强行推出王蕴暗夺桓氏领地的结果。同时,谢安也不强求王蕴长期刺史徐州,他只要王蕴"暂临此任、于事不事",即尸位素餐就可以了。换而言之,谢安只要求王蕴牢牢占据徐州刺史职位、断绝他人非分之想就可以了。当然,王蕴是谢安最可靠的盟友之一,《晋书·桓冲》称"时王蕴以后父之重昵于安",所以,这种非同一般的亲昵关系,使王蕴唯谢安马首是瞻。

当初,后父褚裒确实也坚辞中枢高位,最后以就任徐州刺史位彰显了"国姻之重"。在这一硬邦邦的朝廷先例面前,"尽忠王室"但又过度占有东晋重镇的桓冲无计可施,只好再次屈从谢安的政治安排,让出了徐州刺史位。

晋太元元年(公元 376 年)九月,前秦进攻东晋的凉州。

凉州是孤悬在西北的东晋领土，虽名义上属东晋，但中间被强大的前秦所隔，东晋鞭长莫及、没有实力保有它，实际是自行其是的割据政权。但是，前凉政权历来都对晋室执臣子礼，虽也与其他割据政权眉来眼去，但始终承认晋室的宗主地位。因此，遇有重大政治、军事行动时，双方都自觉配合，遥相呼应。太元元年(公元 376 年)九月，前秦国征调步骑十三万进攻前凉。这时的前凉州主是张天锡。

桓冲主持中、西部军事，于是，调兖州刺史朱序、江州刺史桓石秀、荆州督护桓罴等，率军在西部的汉水和沔水连接处佯动，以声援前凉军；又派遣豫州刺史桓伊、淮南太守刘波等，分别率部挺进寿阳和淮水、泗水，在东部牵制前秦。最后，张天锡兵败降秦，桓冲的这几路大军也只好退兵。

西晋时，徐州辖区在今江苏北部和山东南部，兖州辖区在鲁西南，两地相邻。到了东晋，虽然名义上还有徐州和兖州，但徐州只剩下了江北的彭城、临淮、广陵等少数郡县；兖州则完全成了侨州。二州驻地在广陵和京口之间来回变动。所以，徐、兖二州一般由一人兼任，少数情况下才由二人分任。

桓冲让出扬州刺史后，朝廷即以桓冲和其部属朱序，分任徐州刺史和兖州刺史职。太元元年(公元 376 年)正月，桓冲解徐州刺史职，移驻姑孰，而兖州刺史朱序还在京口。这等于把桓冲部属分割成了东、西两块。所以，桓冲借声援前凉之机，千里调兵朱序至汉水上游，使之与大本营荆州会合。桓冲心机不可谓不深！然而，谢安又何尝希望桓冲部属留在下游？所以，朱序移兵汉、沔，两厢情愿。

事隔三、四个月后的第二年春，桓豁出面上疏，推荐朱序改任梁州刺史、出镇襄阳。朝廷诏准。

至此，桓冲连续丢失了豫、扬、徐、兖四大州郡，也可直截了当地说，桓冲丢光了长江中下游的全部地盘。现在，他虽居长江中游姑孰，但已不再担任刺史要职，这就使其都督军事失去了地方政治、经济、兵源的支持。

这时，桓冲应该是举步维艰了，接下来，恐怕只有重回荆州一条路了。

晋太元二年(公元 377 年)七月,荆州刺史桓豁去世了。于是朝廷任命桓冲兼荆州刺史,都督江、荆、梁、益、宁、交、广七州诸军事;任命桓冲儿子桓嗣为江州刺史。桓冲重又位高权重了。

但是,桓氏势力毕竟萎缩到了长江中游以西。

这期间,谢安政治地位日趋巩固,因此,步步紧逼地不断削夺了桓氏领地。最后,以留有荆、江、梁三州作为“安抚”,回报了桓冲对“削藩”的配合。不过,留有荆、江、梁三州也是桓冲的底线,如果越过这道底线,或许“苏峻之乱”又要重演了。后来,江州刺史出缺时,谢安曾推荐谢輶担任,但桓冲坚决反对,不再退让。最后,桓冲自己强硬地兼任了江州刺史。幸亏谢安有道家“适可而止”的胸怀,才一开始就为桓氏保留了荆、江、梁三州。所以,这一次才是真正意义上的“安抚”。

在谢安坚决削弱桓温剩余势力过程中, 桓冲出人意料地给予了配合,这似乎匪夷所思。其实,这是谢安精准选择非常时期调整、从而逼迫桓冲就范的结果。当时,桓冲正面临“内忧外患”双重危机,因此也就顺水推舟、万般无奈地认同了谢安主导的朝廷安排。所谓“冲惧逼《晋书·桓冲》”, 其实就是“内忧外患”对桓冲的逼迫。

所谓“内忧”,一是政治上桓氏空前孤立。这时,随着专横跋扈的桓温去世,桓氏家族成了东晋政坛的孤家寡人。桓氏集团这时的政治态度,只好由咄咄逼人转变为韬光养晦、和揖自保。

所以,桓冲作为桓氏集团新的掌门人粉墨登场时,一反桓温专横跋扈的作风,对皇室示以忠诚:不听信下属诛杀朝廷重臣的建议;处置普通人以死刑这样的琐事,也一定要等朝廷批复下来后再执行;等等。一时间,桓冲表现得无比恭顺谦卑。《资治通鉴·晋宁康元年》说:

冲既代温居任,尽忠王室。

这时谢安的种种安排,只要没有侵害桓氏西部核心利益,桓冲都

——默认。

二是桓氏家族政治取向发生了颠覆性变更。随着桓温的去世，桓氏不再以禅位篡权为目标。因此，以前为全面控制东晋朝政而攫取的长江下游诸州，这时反而成了包袱，人、财、物支撑显得力不从心。多年以后，桓氏旧属、担任东部青、兖二州刺史的朱序，还要向西部江州催办粮秣军资。“求运江州米十万斛、布五千匹以资军费”。（《晋书·朱序》）这说明，桓氏虽据有了长江下游诸州，但人力、财力、物力仍须依赖西部大本营负担。因此，长江下游诸州形同鸡肋，反而增加了经济负担。

三是桓氏家族内部，这时正面临重新洗牌的微妙变化，桓冲心神不定。

桓氏据有的荆州重镇，是其集团的重心所在，其他诸州都处于从属地位。桓温去世后的前期，荆州由桓冲三兄桓豁任刺史镇守，桓冲则作为新的掌门人，在外面攻城略地。但在桓冲由扬州转任徐州刺史、后又免职而专督豫江二州军事期间，即宁康三年五月至太元二年七月的一年半期间，桓豁生病，并逐渐加重。所以，桓冲这时要围绕自己出任荆州刺史为中心、以桓氏内部权力再分配为重点了。

所谓“外患”，主要是指东晋此时正面临前秦入侵的军事危机。这时前秦不断壮大，虎视东晋，长江上、下游全线紧张，桓冲西部防区自顾不暇，已无能力顾及东部诸州军事了。

桓温于宁康元年（公元373年）七月去世，前秦于当年冬天攻陷了梁、益诸州大片土地，这充分暴露了西部军事实力薄弱的状况。

桓冲频繁转任扬、徐、荆诸州之际（公元375—377年），前秦国于公元376年，攻取了北方最后一个割据政权前凉，实力大增。接下来，前秦挟疆域辽阔的优势，迈开了鲸吞东晋的脚步。公元377年底，前秦准备完毕，即将于第二年春发动襄阳之战，东晋沔、汉防线黑云压城、崩溃在即。

在秦、晋即将爆发大战的前夜，在西线岌岌可危的同时，桓冲并不愿意再承担东部的军事责任，更无能力主持长江全线防务。

因此，桓冲迫于日趋危重的“内忧外患”情势，在半推半就之间，让出了长江下游的扬、徐、兖诸州地盘。

不过，从桓冲个人看并未有太大的损失。他和儿子桓嗣分别出任了荆州刺史和江州刺史；他本人也得到后世史家的谅解，被与桓温区别开来，获取了“尽忠王室”的名声，在青史也占有了一席之地。这说明，桓冲还是个有一定远见的政治人物。

五、互衡互制天下安

在削弱桓温剩余势力后，王氏、谢氏家族势力相应得到了扩张，但不是无限扩张。因为，谢安的目标是：门阀势力均势力敌、互相牵制、互相制衡，从而使朝局得以稳定。因此，桓氏的总体实力仍然很强大，王、谢势力必须联合起来，方能和桓氏抗衡。

但是，王、谢氏势力的增长仍然很可观。

晋宁康二年(公元374年)正月，徐、兖二州刺史刁彝去世时，王氏家族先由王坦之接任徐、兖二州刺史，并以中书令身份出任封疆大吏，既高贵又显赫。

王坦之去世后，王氏家族又由王蕴接任徐州刺史、都督江南诸军事。此时，王氏家族还有王彪之在尚书省任尚书令。

同时，在谢安的极力推荐下，王蕴女儿王法慧还被册封为晋孝武帝的皇后。

安……既而谓人曰：“……若帝纳后，有父者，唯荫望如王蕴乃可。”……于是帝始纳焉。(《晋书·孝武定王皇后》)

当然，桓冲也推荐了王法慧。

王氏家族真可谓人才辈出。王法慧姑母王穆之还是前朝晋哀帝司马丕的皇后；王坦之同族兄弟王遐女儿王简姬，还是简文帝的皇后；以后王献之女儿王神爱又被册封为晋安帝的皇后。不过，王神爱属琅邪王氏后裔，而王穆之和王法慧、王简姬属太原王氏后裔。所以，当时王氏家族既亲信又高贵。

王蕴被任徐州刺史，政治上还起到了意想不到的作用。

按照常规，王蕴贵为国丈，王氏就成了皇室最亲近的家族，王蕴也最有可能被晋孝武帝重用。如果真是这样，势必对谢安的扩张形成巨大的冲击。王蕴任徐州刺史，因为是谢安强烈推荐，所以王蕴和王氏家族都很感激谢安；因为王蕴外出任职，反而间疏了王蕴和皇室的亲密关系，而进一步稳固了谢安在中枢的地位。或许，谢安本来深意如此。

谢氏家族势力的增长也很可观。

首先是，谢安因桓冲"谦让"而兼任了扬州刺史职。

其次是，谢安侄儿谢玄，在王蕴任徐州刺史、都督江南诸军事的同时，也被任为兖州刺史，并兼任广陵相、监江北诸军事。因为这时兖州刺史朱序已调任梁州刺史了。

从此，谢安的子侄辈也跨入了封疆大吏行列。

不过，对谢玄的任命争议很大。但其实也无实质内容，不过是"内举避亲与否"的传统争议。郗超说谢安是"违众举亲"，看来确实是反对声音大于赞成声音，因为谢安"违众"了。

谢安举荐谢玄，主要是因为谢玄年轻有为，能在抗胡前线有所作为；但也确实有提携自己子侄的打算；甚至还有倚谢玄威镇强藩、内外呼应的政治打算。但这也正常，毕竟当时以"打虎亲兄弟，上阵父子兵"为主流政治关系。但总体上，谢安是从国家"边境数被侵寇，朝廷求文武良将可以镇御北方"(《晋书·谢玄》)的实际出发，而推举人才的。从大局看，谢安这样做是光明磊落的，倒是反对者显得过于小器了。

郗超和谢家素来不睦，但在谢玄出任兖州刺史这件事上却很公允。《晋书·谢玄》说郗超：

> 闻而叹之；"安违众举亲，明也。玄必不负举，才也。"

郗超认为，谢安虽然"违众"，但仍然是明智之举；谢玄也一定能才尽其用，不负众望。郗超说，他和谢玄同在桓温幕府共事，知道谢玄才能出众，即使是细微末叶之事，也一定处理得各得其所，所以知道谢玄能胜任。

谢玄曾任桓温幕府司马。

温气概高迈，罕有所推。……曰："谢掾年四十必拥旌杖节"。（《资治通鉴·晋兴宁二年》）

桓温眼界高迈，极少推崇人。但对谢玄品鉴很高，认为他四十岁前就能成为拥旌持节的朝廷大员。谢玄任兖州刺史时，年三十四岁。

至此，谢安处心积虑"镇之以和"的策略才真正落到实处。应该说，谢安的努力是有成效的。桓温经过多年苦心经营，其势力已渗透了整个东晋朝野。但在谢安高超的政治运作下，桓氏政治、军事势力逐步收缩，最后回归到了荆州的传统老巢。

这时候，东晋政坛形成了三足鼎立之势：一是桓氏势力；二是谢氏及其同盟者王氏势力；三是缓冲势力。

桓氏势力以桓冲为首，据有长江上游战略据点：荆州刺史桓冲，驻江陵；江州刺史桓嗣，驻寻阳；梁州刺史朱序，驻襄阳；另外，桓冲都督江、荆、梁、益、宁、交、广七州诸军事。但是，桓氏在中枢毫无根基枝蔓，这是其短板。

谢氏及其同盟者王氏势力，以谢安为首，据有长江下游战略据点：扬州刺史谢安，驻京畿建康；兖州刺史谢玄，驻广陵；徐州刺史王蕴，驻京口。另外，谢安都督扬、豫、徐、兖、青五州诸军事。而且，谢安为辅政大臣、王氏为皇亲国戚、王谢兄弟子侄官宦满朝。因此，内外呼应的王、谢联盟稍胜桓氏势力。

缓冲势力包括：豫州刺史桓伊，驻姑孰；会稽内史郗愔，驻会稽。桓伊虽姓桓，但不是桓冲家族中人，为人向来中和，所以可视为中间势力之一；会稽是晋皇朝的后方基地和财帛之埠，历来都由皇家宠臣主持，这时候由郗愔担任会稽内史，他唯司马氏马首是瞻，因此也是缓冲势力之一;还有,司马皇家势力其实也是缓冲势力,它并不期望任何一方势力单独坐大,而总是若明若暗地做着此消彼长的工作。

三角关系是所有关系中最稳定的关系, 因为它的决定因子最简单:只要其中任何两个因子不结盟,就能达到平衡的目标。东晋政坛这时候正好处于这种状态,所以朝局开始平和起来了。

朝局稳定是谢安孜孜以求的调整目标。原来桓温在世时,大权独揽、桓家独大。这不仅侵害了其他高门豪族的利益和司马皇家利益,同时也严重干扰了东晋的北伐大业。殷浩北伐、褚裒北伐、桓温北伐,无一不是无功而返,而又无一不是受害于门阀争斗。这一点,司马皇家和朝臣们其实都心知肚明,就连胡族政权都知道。

桓温枋头之败前,曾屯兵不前。前燕国申胤这时就看出桓温必败无疑。他分析说:"桓温现在声势看上去势不可挡,但我看必定不能成功。为什么?晋皇室衰弱,桓温专权,但朝臣们未必都和他一条心。所以,人们不愿意桓温得志功成,还一定会设法使他失败。另外,桓温倚仗人多势众而骄傲轻敌,不能随机应变。大军深入敌国,发现可乘之机,反而停顿不前,不急起直追而胜之,这是想持久观望恫吓,坐等胜利。若是粮秣后勤供应中断,情必势危,那一定不战自败,这是自然而然的事。"后来果如申胤所言,桓温因粮秣后勤中断而遭枋头大败。申胤的分析,其实也涉及到了整个东晋皇室和诸门阀之间的关系处理方式。

所以,谢安执政后,虽然志在削弱桓氏势力,但不为谢氏家族攫取独家利益。他知道,这样做适得其反,必然会引起其他高门豪族、甚至皇室等的反对,最终功败垂成。而只有首先保障司马皇家利益,才能保证有豪门家族利益; 又只有正确处理好皇家利益和豪门利益之间的次第关系,正确处理好豪门与豪门之间的利益均衡关系,才能使家族利益存之久远。这是眼前利益和长远利益的博弈。显然,谢安比桓温更富远见。

这时候,王、谢、桓诸门阀之间,既实力均衡、相互牵制,又相安无事、团结一心,从而达到了朝局和揖、天下安定的大目标。

第十五章　创建雄师“北府兵”

（本章可作选择性阅读）

一、东线无军备

谢安虽然贵为宰辅，但只有政治优势，却无军事后盾，这不能不说是巨大的缺憾。

纵观王、庾、桓诸门阀领袖，他们之所以能呼风唤雨、指点江山，究其原因，除了门阀领袖在中枢占有宰辅高位外，各自还有一支听命于自己的嫡系武装为后盾；而且，他们无一例外地占据了形胜之地荆州，借长江上流优势压迫下流京都。王导兄王敦任荆州刺史、庾亮自己任荆州刺史、桓温也自己任荆州刺史。

门阀武装在法律意义上是国家军队，但高层将帅都由门阀向朝廷推荐后任用；有时还“先用后荐”，甚至“白衣”领军；中下层军官则完全由门阀自主使用。因此部队内部以宗法私亲关系相统属。部队粮饷原则上由国家供给，但实际以门阀自主筹措为主。所以门阀部队特殊的人员和军需流动机制，重重地催生了武装部队的私属化倾向。当然，封建皇朝与生俱来的私属化体制是其本质原因。门阀武装负有保卫国家的责任，同时也承担着门阀所在领地的藩卫任务。但随着门阀势力的积极扩张和不断加强，门阀武装慢慢变成了威慑朝廷的工具，走向了政治的反面。因此，随着门阀攫权倾向的不断加深，门阀武装和私人武装已没有了区别，在重大政治军事行动中，他们完全听命于门阀领袖。

谢安并不想做颐指气使的枭雄权臣，因此并没有建立私人武装以威慑朝廷的异志。但是，谢安身处桓氏武装势力下风的军事政治环境，却又迫使他也要建立一支听命于自己的武装，以巩固执政地位。

晋太元二年(公元377年)七月，朝廷让谢安都督长江下游的扬、豫、徐、兖、青五州诸军事，但谢安此时无军可督。长江下游原来的主力部队是徐州刺史郗鉴的北府武装，后由其儿子郗愔统率。桓温第三次北伐时，北府武装被郗超假冒郗愔名义，作为献媚大礼拱手交给了桓温。桓温枋头大败，北府武装全军覆没。所以，谢安都督长江下游五州时，这里兵微将寡、颓不成军；战略布局上急需有一支全新的武装填补空白。

同时，谢安走上宰辅高位时，南、北朝国家间形势也发生了翻天覆地的变化，东晋亟待扩充武力以应对胡族入侵。

东晋北方形势这时已完全不同于王导、庾亮、桓温时代。原来割据林立的各胡族政权，这时已被前秦国扫荡一空，北方获得了空前统一，前秦国成为北方的唯一大国。前秦苻坚在贤相王猛的辅佐下，国力日益强大，野心也与日俱增，鲸吞东晋国的军事行动更是紧锣密鼓地不断推进。

在对外事务上，谢安总的思想是“镇以靖”，也就是奉行“靖边”策略，千方百计安定边境，万不得已，不动刀枪。这和前几位辅政大臣主动北伐形成了鲜明的对比。事实证明，谢安这时的对外策略是正确的。前秦这时方兴未艾，虎视眈眈；而东晋政权，上下离心，国穷民疲，实在没有足够的财力、物力、军力与之抗衡，更不要说收复失地。所以只能以“靖边”为要，暂时偏安江左，静观待变。

可是，前秦随着自身实力的不断增强，不肯再给东晋静观待变了。

晋宁康元年(公元373年)八月，谢安和王彪之“共掌朝政”，可是同年冬，前秦发兵五万，攻取了东晋的梁、益二州。晋太元元年(公元376年)正月，谢安被任为中书监、录尚书事，可是同年九月，前秦发兵十三万，攻取了东晋西北的凉州。凉州虽有独立倾向，但毕竟是东晋国土。同年十月，东晋主动将淮北大批民众撤离到了淮南。紧接着，前秦咄咄逼人地开始了进攻东晋江汉的战备；荆州刺史桓冲被迫从江北的江陵移驻到了江南的上明。

胡族入侵的严峻军事形势，急需东晋加强军备，特别要加强武力空虚的东部军备。

于是，创建“北府兵”被提上了重要议事日程。

晋太元二年（公元377年）十月，谢玄出任兖州刺史兼广陵相、监江北诸军事。到任后，谢玄立即遵照谢安的要求，把整饬武备列为第一军政要务，倾其全力筹建“北府兵”。

二、北府兵基础

1. 北府兵名称。

中国历史上实行过多种兵制，如府兵制、募兵制、世兵制等等。但这里的“北府兵”与这些兵制无关，它纯粹是以地域名命名的一支军队名称。因为这支部队隶属于徐州刺史府，而徐州刺史府俗称“北府”，因而被朝野冠以“北府兵”称号。

所谓“府”，原则上指“官府”。两晋时期战乱不止，州郡长官一般都兼有军职，这使原来的官府也相应有了“军府”意义。所以，东晋的“府”也就变成了行政衙门和军事衙门的共有名称。

《晋书·海西公》载：太和二年（公元367年），

秋九月，以会稽内史郗愔为都督徐、兖、青、幽四州诸军事、平北将军、徐州刺史。

《晋书》前的《世说新语·排调》载：

郗司空拜北府，王黄门诣郗门拜，云："应变将略，非其所长。"骤咏之不已。

郗司空即郗愔，他高升平北将军、徐州刺史后，其内侄、黄门侍郎王徽之去祝贺，但嘴上却反复念叨："应变将略，非其所长。"意在提醒舅父："兵者诡道"，不能小觑，诸葛亮尚且有其所短，更何况常人。郗愔次子郗仓很不满意，其兄郗超劝慰弟弟说：人家已把父亲比作诸葛武侯了，你还多说什么！原来，王徽之所念是陈寿评论诸葛亮短处的话。

刘孝标引《南徐州记》，为"郗司空拜北府"注曰："过去称徐州都督府为东府，晋室南迁后，加徐州刺史王舒为北中郎将，'北府'称号由此开始。"

《资治通鉴·晋太和四年》胡三省注曰：

> 晋都建康，以京口为北府，历阳为西府，姑孰为南州。

西晋时，京师在洛阳，徐州辖区在东南沿海，约在今山东沂水、临沂、郯城、以及江苏徐州、睢宁、盱眙、扬州等南北走向的弧线上，相对洛阳属东方。因此徐州刺史府被称为"东府"。到东晋时，晋朝长江以北大片国土遭沦陷，徐州刺史府内迁京口，后又迁到广陵，以后又经常在这两地间来回变动。因为东晋京师在建康，徐州辖区相对建康而言属北方，所以东晋称徐州刺史府为"北府"。

可见，"北府"不是一成不变的名称，而是相对京师变更、而带有方位性的刺史官府或军府的俗称。作为徐州治所的广陵，只是徐州刺史府暂时的驻地而已，而并非"北府"，只能算是"北府"驻地。以后，徐州刺史府又迁徙到了京口，同理，京口也并非"北府"，而只是"北府"驻地。

兖州在西晋时，行政辖区也在北方，它的北线约在今河南濮阳和山东东平、长青县一线；东线约在今山东长青、泰安、济宁一线；南线约在今和山东济宁和河南开封、兰考、巨野一线；西线约在今河南开封、濮阳一线。到东晋时，兖州早已全部沦陷，所以，其刺史府被侨置于广陵或京口。同时，兖州和徐州原来是地域相近的州府，现在又同城驻守，因此，刺史职务一般都由徐州刺史兼任，少数情况下才由二人分任。所以，兖州和徐州刺史府统称"北府"，并不详细区分。

徐州以西是豫州，其行政辖区在建康西北，它的西线约在今河南开封、襄城、上蔡一线；南线约在今河南上蔡和安徽霍邱一线；东线约在今安徽霍邱和江苏沛县一线；北线约在今江苏沛县和河南开封一线。因此被称为"西府"，虽然它的驻地因战争的进退，而不断在寿春、历阳、姑孰、芜湖、马头（分别为今安徽寿县、和县、当涂、芜湖、潜山）等地飘忽不定，但它的"西府"称谓不变。

谢玄创建"北府兵"时，先任兖州刺史，两年后又兼任徐州刺史，因此，他所掌握的军队就被冠以"北府"之名，号称"北府兵"。在他之前，并无"北府兵"名称。

2. 北府兵的江淮流民基础。

北府兵兵源主要来自江、淮之间，这里聚集了大量北方的南逃民众（流民）、南逃自卫武装和南逃溃散晋军（流民武装）。这些流民或流民武装，主要来自徐、兖、青三州，少部分来自北方其他州。

西晋皇朝灭亡前后，北方世族、溃退的晋军以及大批流民都蜂拥过江，其南下途径主要有四：

一是东线，主要是徐、兖、青、冀、幽等人口南迁路线。他们先由汴水、菏水、濉水、沂水、沭水、泗水等水路南下，然后聚集在彭城、淮河之间等待观望，希望很快能收复国土，重返家园。以后，他们有的越过淮河栖息，有的又向南沿邗沟抵广陵，或者渡江至建康、京口、晋陵等地。

二是中线，主要是司州、豫州等人口南迁路线。他们越过淮河在江淮之间栖息观望；以后，有的越过皖中平原抵达合肥、居巢、历阳、新蔡等地；还有的渡江至姑孰、芜湖、寻阳等地。

三是西线，主要是雍、秦、梁、并等人口南迁路线。他们顺汉水向南，栖息于沔北、襄阳、南郡、上明等地；也有部分人越过大别山，南下至郴城、安陆等地。

四是西南线，这是雍、秦、梁等人口南迁的另一条路线。雍、秦、梁等三州人口由秦岭通道进入汉中，然后经剑阁道进入巴蜀；梁州人则直接取道剑阁、进入巴蜀。

在全部南迁线路中，东线是主线。一是因为建康是晋朝新的政治中心，所有政治人物、军事统领、社会名流等，都率领部属和家族，走这条线路来建康。二是因为长江天险可以有效地拦截胡寇，相对比较安全。东晋时，京口、广陵之间江面宽达四十余里，京口以下更为开阔，呈喇叭状注入东海，所以称“京口”。三是南下人口的交通工具以舟船为多，河流大都呈西北——东南走向，所以，北来人口直行东南建康比较方便。四是建康以东有大片荒凉土地可以安置。这里原来是孙吴的毗陵屯田区，还有老虎出没，入晋后才设置郡县，谓“晋陵”，但仍然地广人稀、土地贫瘠。

建康京畿重地这时也聚集了大量人口，由此加重了京师的政治、经济、社会等多方面负担，其中政治负担尤为严重，所以引起了朝廷的恐慌。于是晋元帝派儿子司马绍、司马裒，先后率重兵驻守广陵，阻止北人任意渡江；同时，对晋室官员和武装则用种种名义，使之北返前线；只有少数亲信贵胄、王公大臣才被允许留在京师，或在京师周围屯兵。虽然如此，仍有大量流民及散兵游勇隐身在建康、京口、广陵、晋陵等地。到谢安执政时还是如此，以至有官员提出要驱逐这些人口。谢安不同意，他说：“若不容置此辈，何以为京都？”（《世说新语·政事》）古义：京者，大也，师者，众也。（《公羊传·桓公九年》）谢安的意思是说：为政要宽缓，只有容纳这些流民和兵士，才能体现京师的“大”和“众”。

凡此种种，使长江和淮河之间，以及建康及其周围地区，聚集了大量的南下北人。据专家统计，东晋时，京口、广陵、晋陵等地聚集的北方人口最多，为全部南下人口的三分之一。没想到的是，这些被暂时容置的流民和兵士，日后成为了北府兵的重要来源。

三、早期的州府武装

1. 北府武装。

早期的徐州北府武装，是郗鉴集结起来的流民、流民武装和晋军溃散部队的集合体。

郗鉴，高平金乡人，年轻时博览经书，以儒雅著称；中原大乱时，被乡里推为盟主，率领宗族乡党千余家在峄(yì)山避难。自此，郗鉴拥有了一支以乡党宗亲为主的非正规武装。司马睿刚到建康时，加郗鉴龙骧将军、兖州刺史职，镇守在邹山(今山东邹县)。经过三年的扩张，部众发展到数万人。于是，司马睿又晋升郗鉴为辅国将军、都督兖州诸军事。后来，郗鉴受不了后赵石勒的军事压迫，只好带领宗亲乡党及其武装一路南下，止于合肥。从此，郗鉴的部属沦为了流民和流民武装。

郗鉴南来时，王敦之乱的第一波已经过去，但声势更大的公开叛乱正在暗暗酝酿。因此，晋明帝想借重郗鉴的力量以抵制王敦，于是任命郗鉴为安西将军、兖州刺史、都督扬州诸军事、假节，驻军合肥，屏蔽建康。但这又引起了王敦的强烈不满，他上疏推荐郗鉴任尚书令，而真实目的是要把郗鉴调离合肥，撤去问鼎建康的侧翼威胁。摄于王敦的淫威，晋明帝委曲求全，改任郗鉴为尚书令。郗鉴从合肥回建康，途经姑孰(今安徽当涂)时，被驻军这里的王敦留住。王敦假装议论时政扣住郗鉴不放；但在郗鉴不卑不亢、从容坚定的应对中，王敦感觉到郗鉴很有实力，后来又把他放了。“鉴遂与帝谋灭敦”，(《晋书·郗鉴》)也就是从这时起，郗鉴被引为亲信，参与了晋明帝平定王敦之乱的密谋。

在王敦叛军围攻建康时，郗鉴又被加卫将军、都督从驾诸军事。大约因为郗鉴知道自己的兵力不够特别强大，因此没有接受军职。但他的“避其锋芒、持久抵抗、疲惫叛军于城下”的平叛策略被晋明帝采纳。于是，晋明帝让他以尚书令身份统领建康各城防部队抗叛。平叛结束后，因功封高平侯，迁车骑将军、兖州刺史、都督徐兖青三州军事、假节，驻守广陵。晋明帝去世后，郗鉴与王导、庾亮等人受诏，共同辅佐晋成帝，并进位车骑大将军、开府仪同三司、散骑常侍。不久，又兼任徐州刺史。

自此，郗鉴成为“北府”最高军政长官，他率领的流民武装，也摇身一变成了徐、兖二州的正规军，并在广陵得到了有效的兵源补充。

晋成帝咸和二年(公元327年)冬，苏峻叛乱又起。郗鉴要求率部过江平叛。辅政大臣庾亮认为，郗鉴的任务是防御北方石勒等强敌，因此不要他过江平叛。但后来苏峻打进建康后，庾亮才慌忙以庾太后“口诏”名义，进位郗鉴为司空，让他率部参与平叛。可为时已晚，叛军这时已控制了朝廷和晋成帝。

郗鉴在广陵抵抗石勒也很艰巨，城孤粮缺，人心惶恐。但接到诏命后，郗鉴立即征集部队，誓师平叛。因为郗鉴需要兼顾抵抗石勒和平叛两头，力量不足，于是大量征集了散布在江淮间的、以流民武装为主、溃散官军为辅的武装团体，重新组合北府部队。又因为这些武装来自四面八方，郗鉴“刑白马，大誓三军”，(《晋书·郗鉴》)即用“刑马设誓”方式委婉地结盟，以强化自己的盟主地位，统一号令。

郗鉴率部过江后，被陶侃授予都督扬州八郡军事大权，统一指挥由北府武装和三吴兵众组成的东路军。后来他和后将军郭默等一起退守曲阿，开辟东方战场，成为平定苏峻之乱的东线主力军。平叛结束，郗鉴被封为南昌县公，进位司空、侍中。由此可知，郗鉴的北府武装在平叛中发挥了极其重要的作用。

这以后，朝廷又调郗鉴驻守京口，平定了从海上攻掠而来的贼寇刘征，因功进位太尉。从此，北府武装以能征惯战开始显名。以后，郗鉴儿子郗愔任徐、兖二州刺史。桓温对北府武装垂涎三尺，常常念叨；“京口酒可饮，箕可用，兵可使。”《晋书·郗超》说，这其实是桓温针对“徐州人多劲悍，……深不欲愔居之”而发出的信号。郗愔儿子郗超窥破桓温心思，乘机献媚，代父亲郗愔写下了去职徐州刺史的辞呈，拱手将北府和北府武装送给了桓温。桓温在北伐前燕时，又让北府武装覆灭在了失败的北伐战场上。

2. 西府武装。

西府武装指豫州兵。豫州在建康西北，所以称“西府”。东晋建立后，豫州刺史府被长期侨置于建康以西的长江沿线，为建康扼守上游咽喉。永和二年(公元 346 年)前，豫州刺史人事变动频繁，但都不为朝廷信任。苏峻之乱的主角苏峻和祖约后来都在豫州发难。自永和二年后，谢尚出任豫州刺史、西中郎将、都督扬州六郡诸军事、驻守历阳后，豫州遂成为京畿重地的可靠西大门。谢氏子弟谢尚、谢奕、谢万等相继出任豫州刺史职，苦心经营十几年，也为谢氏家族在豫州的影响力奠定了深深的基础。

晋穆帝永和五年至海西公太和四年（公元349--369年），前后二十年间，东晋大规模北伐共进行了六次。前三次分别由褚裒、殷浩主持，但都大败而归；后三次都由桓温主持，二败一胜。前三次北伐的失败，主要原因在于褚裒、殷浩两位统帅志大才疏，短于军事韬略；后三次北伐，桓温本应功德圆满，但他志在立威，北伐为次，因此用兵时不能全力以赴，患得患失。所以，第一次北伐失败了；第二次北伐虽胜犹败，因为收复的失地都得而复失了；最后一次枋头大败，其实就是全军覆没，损失更为惨重。所以东晋北伐失败，责在将帅，而与军队战斗力无关。

豫州作为抗胡前线，每次北伐都由刺史率西府武装出征。一般都由西府和北府组成东路军，协同作战，几乎无一例外。因此，西府武装也是一支生力军。西府武装之所以有一定的战斗力，也是因为它有较好的兵源补充基础，这就是南来的北方流民和流民武装。当时的司、幽、冀、兖、豫诸州人口，有很多人口越过淮河，栖息于江淮之间。这些北方流民或武装，背井离乡，背负着沉重的失地之痛，有着强烈的收复失地的愿望，因此有很强的战斗力。所以，西府武装也是桓温眼热的对象，但迟迟未能得手。直至第三次北伐，桓温遭枋头之败后，他委过于当时的豫州刺史袁真，而袁真不服而叛晋，旋即死去。于是，桓温以自己儿子桓熙代为豫州刺史，这时才真正控制了西府豫州。

四、北府兵将领和战士

1. 将领。

北府兵将领主要来自徐州，其次是兖、豫、青三州。

谢氏子弟刺史豫州十几年，门生故旧尚在。特别是谢安，他和豫州刺史府诸将，更有着非比寻常的关系。当年谢万兵败溃退时，诸将说“当为隐士”（《世说新语·简傲》）着想，看着谢安的面子，才没有乘势作乱，保全了轻视“劲卒”的谢万。所以，谢安虽不是豫州大员，但在豫州将领心目中却有着很高的威望。因此，谢玄募将时，首先把目光投向豫州。《晋书·刘牢之》载：

太元初，谢玄北镇广陵。时苻坚方强。玄多募劲勇，牢之与东海何谦、琅邪诸葛侃、乐安高衡、东平刘轨、西河田洛及晋陵孙无忌等以骁勇应选。玄以牢之为参军，领精锐为前锋，百战百胜，号为北府兵，敌人畏之。

《资治通鉴·晋太元二年》又载：

玄募骁勇之士，得彭城刘牢之等数人，以牢之为参军，常领精锐为前锋，战无不捷，时号为北府兵，敌人畏之。

据专家考证，有关北府兵的史料，仅此两条。而《资治通鉴·晋太元二年》的史料，也来源于《晋书》。因此，有关北府兵的史料，其实只有《晋书》一条。但在有限的史料里，我们依然可以看到北府兵的骁勇身影。

北府兵中最有名的将领是刘牢之。

刘牢之是徐州彭城人，祖父刘义，因善于骑射受到晋武帝的重视，曾任北地太守和雁门太守；父亲刘建，有较高的军事才能，曾任征虏将军。所以，刘牢之出生于武士世家。刘建原来就是豫州刺史府的部将。《晋书·谢万》载：谢万北伐时，“先遣征虏将军刘建修治马头城池”。所以刘牢之是豫州西府部将之后，与谢家有着很深的渊源关系。日后，刘牢之在淝水大战中表现也最为突出，是他率五千士卒，攻破了前秦军五万人的坚阵，取得了首战洛涧大捷，夺得了淝水大战胜利的主动权。因此，谢玄和刘牢之的关系是谢家旧主和北府新将的关系。

东海何谦则直接与北府存在渊源关系。他原来就曾是北府旧将。《晋书·哀帝》载：“庾希部将何谦及慕容暐将刘则战于檀丘，破之。”庾希是庾冰的儿子，原为吴国内史，晋哀帝隆和元年（公元 362 年）二月，被朝廷任命为北中郎将、徐兖二州刺史,驻守下邳。同时被任命的还有豫州刺史袁真。庾希因为是庾皇后的侄儿,兄弟都显贵一时,所以受到桓温的忌惮。海西公太和二年(公元367年)正月,"庾希坐不能救鲁、高平,免官。"(《资治通鉴·海西公二年》)桓温借庾希未及时救援鲁郡、高平郡之罪,免去了他的官职。至九月,朝廷任会稽内史郗愔为徐、兖二州刺史。可能何谦进击前燕军时,被燕军战场所隔离,与大部队失去了联系,从而流落江淮间无所归属。所以,这次应谢玄之募,重新投奔北府。因此,谢玄与何谦的关系是北府新帅和旧将的关系。

其他诸将,因史料缺乏,无法一一确认其渊源。但是,北府兵众多将领中,踊跃投奔谢氏旧主的原西府旧将,或投奔北府新帅谢玄的原北府旧将,一定不止仅刘、何两人。

从既有史料提供的七人信息看,除晋陵孙无忌外,其他六人还有一个共同的特征,就是他们的大籍贯同属北方。彭城刘牢之、东海何谦和琅邪诸葛侃,属于徐州;乐安高衡属于青州;东平刘轨属于兖州;西河田洛属于并州(今山西汾阳)。这给我们一个很重要的提示:北府兵将领43%出自徐州本府;43%来自邻近的青、兖、扬三州(晋陵属扬州),其中,青、兖、扬三地各占14%;另有14%来自遥远的北方并州。所以,我们大致可以得出这样一个结论:北府兵诸将有一半出自徐州本府;还有一半来自邻近的江、河下游州府,极少数来自遥远的北方。所以我们有理由说,北府兵主要由徐、兖、豫、青诸州将领统辖。

2. 战士。

北府兵战士主要依靠江淮间流民和流民武装来补充。一方面,应募的北府兵诸将自己也带来了一批基本部队。《晋书·刘牢之》说,"牢之……孙无忌等以骁勇应选",这说明,应募者都是久经沙场、具有丰富实战经验的中级将领。他们之所以来应募,是因为原来建制部队溃散了,使他们暂时变成了无所归属的流民武装。由于兵荒马乱,这些溃散的兵士不可能单独行动。就如普通民众南逃一样,必须以有一定武装力量为后盾的宗族群落为依靠,集体行动。这时的溃散兵众也是如此，他们以原有建制为单位，集体行动。虽然和原来相比数量大减，但原有建制框架犹存。平时他们靠打家劫舍等不法行为筹集粮秣，祖逖、郗鉴等也是这样补充兵饷的。因此，北府兵兵源，有一部分是应募将领直接带来的；另一部分是兵饷许可范围内，将领们自己私募补充的。

但是，谢安为首的中枢清醒地估计到，晋、秦大规模战争很快就会爆发，兵员募集必须超乎寻常地推进。随着晋、秦边境不断加剧的对抗形势，谢安主导朝廷，连续多次大规模征发民丁，以充实北府后备武装。

晋太元元年（公元 376 年），前秦灭前凉，淮河边境形势骤然紧张。冬十月，谢安让中枢以朝廷名义下诏，“移淮北民于淮南”。（《资治通鉴·晋太元元年》）于是，淮南又大规模增加了流民数量。加上原来的流民，这时候，江、淮间聚集的流民数量应该是非常可观了。谢玄于太元二年（公元 377 年）十月就任兖州刺史，当年十一月就开始组建北府兵，正可谓恰逢其时。这些南来的北方流民和流民武装，本来就生性强悍；而且其中又有很多是溃散晋军的散兵游勇；更何况还有暂时无所归属的成建制小部队！因此，这时候江淮间的淮北移民、原有流民或流民武装，为北府兵组建提供了非常充足的后备兵源。

晋太元三年（公元 378 年）春，前秦出兵十七万围攻襄阳，吓得近在咫尺的桓冲不敢往救。于是，谢安又让中枢以朝廷名义，命令谢玄“诏玄发三州人丁，遣彭城内史何谦游军淮泗，以为形援。”（《晋书·谢玄》）朝廷要求谢玄先征发“三州人丁”，组成较大规模的北府武装，然后派遣何谦率领，“游军淮泗，以为形援”。即遣何谦率军在淮、泗间佯动，以牵制和分散前秦兵势。这时候，刚募集而来的北府兵还未加整训，没有多大战斗力。因此，只能执行“形援”之类的非战斗部队任务。

谢安为首的朝廷中枢，在谢玄任职前后连续多次发布诏书，移民或征发民丁，这是朝廷支持组建北府兵的重大举措，而不仅仅是避敌移民、或形援襄阳之战等的权宜之计。

上述的“淮北”或“三州”人口，是指徐、青、兖、豫四州、或四州之中的三州人口。因为谢玄的职务中有“监江北诸军事”的职责，而“发三州人丁”以充军备，正在监江北诸军事的职责范围内；同时，谢玄“监江北诸军事”的区域范围，仅指长江下游的江北诸军事区域，因为朝廷授权谢安“都督扬、豫、徐、兖、青五州诸军事”，作为被都督的兖州刺史谢玄，也就只能在此范围内“监江北诸军事”，而江南的扬州，属“监江南诸军事”王蕴的辖区。因此，谢玄“监江北诸军事”的范围，就是指监徐、青，兖、豫四州诸军事。因此，谢玄征发的三州人丁，就是流入江淮之间的徐、兖、豫、青四州之中的三州人丁。

所以，我们有理由说北府兵的士卒，主要来源于聚集在江、淮之间的北方流民和流民武装，而又以徐、兖、豫、青诸州人丁为主。

在北府兵的组建过程中，有谢安的朝廷中枢支持，谢玄募将和太元三年之类的征发，大约有过多次，唯有这样募将和募兵同时进行，才能在短期内，极其迅速地组建起一支能征惯战的军队。

因为是募将和募兵同时进行，且募得的将士都是强悍的北方流民、和战场经验丰富的流民武装。因此北府兵组建速度很快，稍加整编训练，就被投入了战场。晋太元三年（公元 378 年）春，前秦进攻襄阳时，朝廷即命令谢玄，“遣彭城内史何谦游军淮泗”，（《晋书·谢玄》）牵制前秦军，以减轻西线襄阳的军事压力，此去谢玄任职仅三、四个月；晋太元四年（公元 379 年）二月，前秦进攻彭城时，“兖州刺史谢玄帅众万余救彭城，军于泗口”。（《资治通鉴·晋太元四年》）此去谢玄正式组建北府兵仅一年多，但已可“帅众万余救彭城”；晋太元四年（公元 379 年）五月，江、淮之战开始后，谢玄统率的北府兵已达五、六万之众，从而有效地稳定了江北战局，夺得了江、淮之战的胜利。此去谢玄组建北府兵也仅二年半。

北府兵规模的急剧扩充，从北府兵将领短期内得到快速升迁也可以看出来。晋太元四年（公元 379 年），前秦进攻彭城、淮阴时，谢玄最初募得的诸将中，乐安高衡已是东莞太守；西河田洛官位最高，为幽州刺史；东海何谦已为后将军，而一年前还是彭城内史。此去北府募将不过一年多，这中间除了因功晋升外，北府兵规模急剧扩充应是最重要原因。

可见，北府兵仅用了一、二年时间，就被编练成了敢打硬仗的生力军。从此，北府兵成为东晋长江下游战区的主力部队。

五、北府兵的重大建树

创设北府兵是谢安对东晋历史作出的重大贡献；北府兵也在关键时刻，为挽救民族危亡发挥了重要的历史性作用：

一是赢得了淝水大战的胜利。淝水大战是东晋反对民族侵略和压迫的、涉及国家生死存亡的大战，秦、晋双方为此都倾国倾城而出。战场分东、西两线，以东线为主，西线为次。东晋参战部队以北府兵为东线主攻力量，以西线荆州部队为战略牵制力量。在后来的实际交战中，北府兵一举摧毁了苻坚的精锐前锋，使前秦后续主力望风披靡，从而独立击溃了前秦的百万大军，因此震动天下、名垂青史；西线荆州部队的战略牵制作用也由此被淡化了。其实，荆州部队的战略牵制是无法忽视的。

二是收复了黄河以南大片晋土，取得了真正意义上的北伐胜利。东晋晚期，北府兵下级军官刘裕在门阀斗争中脱颖而出，借助北府兵的力量，平定了桓玄之叛，成为东晋最后一个权臣；以后他又统领北府兵南征北战，收复了大片北方失地，把东晋边界推进到了黄河南岸，由此功盖天下。

东晋末年（公元 420 年），刘裕得晋恭帝禅让称帝，改国号为宋。以后，在宋、齐统治者操纵下，北府兵逐渐衰落。公元 484 年，京口“始省军府”，即京口被撤销了“北府”资格。至此，北府兵消亡。

北府兵创、战结合，边建边战，在战争中诞生，在战争中壮大，最后成为全天下最精锐的雄师，一举打败了前秦国的百万大军，赢取了淝水大战的胜利；以后又在北伐战场上驱逐胡寇，收复失地，成为战无不胜、保家卫国、名扬千古的神兵，在中国战争史上书写了极其光辉的篇章。

下　篇

力挽狂澜

第十六章　前秦崛起

一、励精图治

谢安当政，坚持“镇以和靖”为国策，偏安江东，无意北伐。但是，树欲静而风不止，统一了北方的苻坚开始蠢蠢欲动起来！

前秦国的前身是世居略阳临渭的一个氐族小部落，后来在酋长苻洪率领下归附了刘曜；以后又投降石勒。永和五年(公元 349 年)十一月，苻洪招引西还流民十余万归附了东晋；被质押在邺城的儿子苻健也斩关夺隘，强行逃归。

符洪死后，苻健率部西入长安，占据了关、陇；第二年，自上天王、大单于尊号，国号秦；晋永和八年(公元 352 年)称帝；公元 355 年去世，儿子苻生继位。

苻生昏庸残暴，苛政峻刑，杀戮无度，极其不得人心。有臣下讨好说：“陛下圣明治世，天下歌舞升平。”苻生说这是谄媚，于是杀之。又有臣下说；“现在刑罚过于苛刻。”苻生说这是诽谤，又杀之。他还极其残忍地活剥囚犯脸皮，然后让其在大殿上跳舞唱歌，自引群臣观赏取乐……种种暴行，举不胜举。

公元 357 年六月的一天深夜，苻生无意间对宫女说：“阿法兄弟不能信任，明天就杀掉他们。”阿法兄弟指苻法和苻坚，宫女连夜赶去密报；苻法、苻坚紧急行动。苻法率领百名壮士潜入云龙门埋伏；苻坚率领三百人队伍呐喊着进攻内宫。宫廷卫士纷纷扔掉兵器归附苻坚，苻坚兵众顺利进入内宫。醉卧床上的苻生惊起问：“外面那些人是谁？”左右侍从说：“反贼来了！”这时苻坚兵众已经冲到床前，苻生呵斥说：“为什么不跪拜？”苻坚兵众乐得直发笑。苻生又大声说：“为什么不赶快拜？再不拜就杀死你们！”苻坚兵众不再纠缠，当即把苻生从床上拖起来，押到别室看管；并宣布把他废为“越王”。不久，苻坚兄弟杀死了苻生，并由苻坚继位，去皇帝号，称大秦王。

苻坚是苻洪的孙子，苻健弟弟苻雄的儿子，和苻生是堂兄弟。他雄才大略、励精图治；特别是得到王猛辅佐后，更是如鱼得水，政通人和；不几年，前秦国呈现出欣欣向荣、国富民强的新气象。这个王猛，就是桓温第一次北伐时，屯军灞上、与之“扪虱而谈”的隐士王猛。当时桓温赠送王猛骏马新车，并以高官督护相许，希望他追随自己去南方。但王猛老师反对追随桓温，于是王猛就留了下来。后来王猛遇到了苻坚，两人一见如故，“若玄德之遇孔明也。”(《晋书·王猛》)

苻坚在王猛辅佐下，实行了一系列有效的政策措施。

政治上，抑制氐族豪强，加强中央集权。

苻坚继位后，任王猛为中书侍郎。后因始平地方豪强横行、盗匪充斥，王猛又被转任始平令。他一到任就鞭杀了一个奸猾之吏。但这人是地方豪强在官府衙门扶植起来的同伙，所以“百姓”豪强对此强烈表示不满；王猛因此受到廷尉追究，并被押送长安监禁。苻坚有心开脱王猛，亲自提审。苻坚问王猛：为什么一上任就杀人？王猛说：“治乱世必倚重刑。我现在只杀掉一个奸吏，而这种败类其实还有千千万，不把他们斩尽杀绝，有负您对我的期望！”苻坚大加赞赏，回头对群臣说，王猛是我的管仲和子产也！从此，苻坚对王猛更加信任。

不久，苻坚又升任王猛为侍中、中书令、京兆尹，让他放手惩治不法权贵。先帝苻健的妻弟强德，横行不法，强抢百姓财物子女，被王猛逮捕。强太后急火急燎赶到苻坚处求情，苻坚只好下诏特赦，让使者飞马赶去刑场营救。可使者赶到时，强德早已身首异处、陈尸街头了。王猛早就料到强太后会求情！在接下来的几十天里，不法豪强被王猛捕杀了二十多人。一时间，“百僚震肃，豪右屏气，路不拾遗，风化大

行。”(《晋书·苻坚》)

氐人贵族历来横行不法，这既与苻坚加强皇权的政治要求相冲突，也与安定社会的统治策略相矛盾。王猛实行强权治理，有效地遏制了豪强的嚣张气焰，充分加强了中央集权统治，切实巩固了苻坚宫廷政变得来的皇位。

经济上，努力恢复生产，安定百姓。

长期以来，两晋社会内乱不已、外患不断，北方农村人口流失，土地荒芜，经济凋敝。

为了迅速恢复经济，前秦大力召回流民，奖励农桑，发展生产。苻坚率先垂范，亲自耕种皇家田地；皇后苟氏也亲自养蚕，纺纱织布。苻坚还分派官吏定期巡查四方，劝课农桑。针对关中多旱少雨的气候，苻坚一是下令推行水、肥混合使用的“区种法”，以更好地节约用水、肥沃土壤；二是大力兴修水利，征发王、侯以下富家奴隶三万人，在泾水上游修筑水渠，以灌溉地势高亢的土地；同时，还疏浚了原来的郑国渠和白渠，使之继续发挥灌溉农田的作用。为了增加耕地，广种粮食，前秦以公、私共同分利的办法，大力组织开垦荒山、滩涂，等等。这些措施，都很好地促进了农业生产的恢复和发展。

针对北方长期战乱的现状，前秦还暂时偃甲息兵，与民休息，大力缓解民族矛盾。前秦立国的基地，很大部分是原前赵和后赵的领土，而这里实行胡、汉分治的民族政策由来已久。苻坚统一北方过程中，注意优遇被征服者，安抚普通百姓，努力实行民族融合。匈奴左贤王刘卫辰降秦后，请求在塞内屯田，苻坚同意了。但云中护军贾雍却派部队攻击刘卫辰部，并纵兵抢掠。苻坚知道后大怒，立刻免去了贾雍官职，并遣使道歉。当然，苻坚受时代的局限，不可能实行彻底的民族和睦政策。

意识形态上，苻坚大力倡导和学习汉文化。苻坚虽然是少数民族皇帝，但对汉文化却倾心推崇。苻坚本人少年时就醉心于儒学，八岁时就请求读书。祖父苻洪大加赞赏，说：“我们是戎狄异类，世代只知道喝酒，你居然知道求学啊！”欣然延师教授。苻坚继位后，大力提倡儒学，兴办学校。在战乱不已的北方，前秦国较早恢复了太学和地方学校。苻坚还坚持每月一次，亲临太学督导；还亲自主持考试，授成绩优异者为官；还要求百石以上官员必须精通一经，否则罢官；禁军卫士和皇室宫女也要读经。

经过十年积聚，前秦国变成了政局稳定、百姓安康，国库充裕，实力雄厚的北方强国。老百姓高兴地唱歌说："长安大街，夹树杨槐，下走朱轮，上有鸾栖。英彦云集，诲我萌黎。"(《晋书·苻坚》)

于是，苻坚和王猛积极开始了统一北方的大业。

为了扫荡群雄，铲除割据，前秦国从公元 369 年至 376 年，先后进行了两次大战，灭亡了最大的割据政权前燕和前凉，统一了北方。

二、灭燕之战

统一北方的第一次大战是灭燕之战。

前燕国是鲜卑族慕容部慕容廆父子建立的政权。

慕容部在曹魏时期开始进入辽西，慢慢又扩展到了辽东。到西晋元康年间，慕容部开始了定居的农业生活，并逐步接受了汉族文化。

晋太康四年(公元 283 年)，鲜卑单于慕容涉归死，其弟慕容耐篡位，慕容涉归儿子慕容廆逃亡。太康六年，鲜卑部众杀慕容耐，迎慕容廆继位。

慕容廆是一个很有政治远见的少数民族部落酋长，在他的统治下，前燕逐步走向了强大。

为了有效地拓展领土，慕容廆实施了"远交近攻"策略：对远在建康的东晋政权，慕容廆极尽拥戴姿态，向其称臣；对近在咫尺的胡族政权，慕容廆竭力予以打击，攻取领土。他写信给东晋陶侃，一再要求共同夹击后赵石勒。

慕容廆的"拥晋"旗号，还收到了另外两方面的显著成效。

一是最大限度地争取到了汉族百姓的民心。中原大乱时，北方民众四散奔走，许多人纷纷北逃，慕容廆在辽水流域设立侨郡予以收容。这些侨郡有:收容冀州人的冀阳郡、收容豫州人的成周郡、收容青州人的营丘郡,等等。大批中原民众的归附,使慕容廆部人口激增十倍以上。这就有效地充实了辽河流域的劳动力,极大地促进了当地的经济开发、以及慕容部的汉化。

二是最大限度地争取到了汉族高门豪族的支持。这一时期,中原世家大族也率领宗亲、乡党流亡辽东,慕容廆一一予以安置:以北方大族河东裴嶷、代郡鲁昌、北平阳耽为谋主;倚北平西方虔、渤海封抽、河东裴开为股肱;以精通儒学的平原刘瓒为东庠(太学)祭酒,由世子慕容皝率领贵族子弟从其修业,等等。这些中原世族在慕容部的扩张过程中,起到了极其重要的作用。

慕容廆还提出了慎刑、选贤、重农、戒酒色等治国方针。这些措施使慕容政权得到了进一步巩固,为以后进军中原创造了条件。

晋咸和八年(公元 333 年)五月,慕容廆去世,慕容皝继位。晋咸康三年(公元 337 年),慕容皝称"燕王",前燕正式立国。慕容皝在位期间不遗余力地掠夺人口、攻取土地,使统治区域不断扩张、人口大量增加;同时还实行多种恢复农业、促进生产的措施,有效地增强了前燕国的实力。

晋永和四年(公元 348 年),慕容皝去世,子慕容儁继位。慕容儁野心勃勃,积极扩张,逐渐成为了和前秦国均势力敌的另一股北方割据势力。晋升平四年(公元 360 年),慕容儁突然死去,十一岁的儿子慕容暐继位,慕容儁弟弟慕容恪辅政;慕容恪死后,慕容评执政。慕容暐生活腐化,慕容评贪得无厌,君臣两人最后把前燕引上了败亡之路。

而这时,前秦在苻坚和王猛的统治下,日益强盛。

晋太和四年(公元 369 年),桓温第三次北伐,兵指前燕。开始时,桓温军攻势凌厉,连战皆捷;吓得燕王慕容暐急派李凤到前秦国去求援。桓温军推进到枋头时,慕容暐又派乐嵩再去前秦国求援。这一次还许愿:击退晋军后,献出虎牢关以西的土地作为酬谢。但前秦大臣都反对,因为从前桓温伐秦时,前燕袖手旁观。

王猛综合分析天下大势后看到了灭燕机会。他密言苻坚说；“我们应该与燕国联合抗晋！打败晋军后，燕国必定受到重创，这就给我们提供了灭亡它的机会，这不是很好吗！”后来，在秦、燕联合打击下，桓温果然遭到了枋头之败。

晋国退兵后，慕容暐开始后悔原先的许诺，不想把虎牢关以西的土地交给前秦。于是派使者对前秦说：“以前的使者说错了话。国与国之间分担灾害、救援祸患，这是通行的做法。”于是，前秦以前燕失信为口实，举兵攻打前燕

公元370年春，王猛率步骑三万，首战洛阳。前燕守将慕容筑屈服于前秦的盛大兵势，不战而降，献出了前燕国洛阳和虎牢关以西的全部土地。

同年六月，王猛率领六万步骑，再次出征。苻坚亲自送至灞上，对王猛说：“现今让你统帅精兵，委予重任。你可先破壶关，再下上党，直出潞川，此所谓迅雷不及掩耳之势也！我亲率大军为你后继，攻取邺城（前燕京城）后相见。粮秣后勤前后相继，你专注考虑破敌之策，不必分心有后顾之忧。”王猛说：“陛下神机妙算，荡平燕寇不足为虑，但愿无烦圣上御驾亲征。臣虽不才，但攻克邺城不会拖延太久。只期望朝廷早日准备房舍，以安置鲜卑俘虏。”

前燕这时也紧急动员，派遣太傅慕容评率精兵三十万迎战。秦、燕两军推进到潞川（今山西潞城北浊漳河）一带后，旷日持久地对峙起来。

慕容评想用持久战拖垮前秦军。可惜，他虽是前燕执政大臣和三军统帅，却极其贪鄙，不放过任何捞钱的机会。就在两军相持阶段，慕容评居然霸占了营地周边的山山水水，让三十万大军从自己手里购买山上的柴薪和饮水。慕容评日进斗金，卖柴、卖水得来的钱和绢，堆得像山丘一样高，心里别提多高兴了！可是他那里知道，前燕将士心里的怒火，这时比山还要高！王猛听说后，鄙夷地大笑说：“慕容评真是个守财奴！他这样做枉有亿万之众也不可怕，何况数十万人马！他一定要被我打败了。”于是王猛派将军郭庆率领五千人马，黑夜从小道潜行到燕

军大营后面，纵火焚烧了他们的粮秣辎重。一时间火光冲天，百里以外的邺城也看得见熊熊大火。慕容暐得知慕容评卖水卖柴勾当后，非常生气，派人责备他，并下令把卖水卖柴得来的钱帛全部分给士兵，还催促他速与王猛交战。慕容评非常害怕，急派使者邀约王猛决战。

公元370年十月二十三日，王猛在渭源列阵誓师，慷慨激昂地对全军将士说；“我王景略蒙受国家重托，肩负内外重任，今天和诸位兄弟一起深入到了敌后，一定和大家一起竭尽全力，拼死疆场！全军誓师进攻，只进不退，共立大功，报效国家！以后，在朝廷由君王论功行赏；在家里和父母举杯同庆，那将是多么荣耀啊！”全军将士深受鼓舞，欢呼雀跃，大声呼喊，要以破釜沉舟、弃绝粮秣的决死气概，与燕军拼死一决。

但是，燕、秦兵力三十万对六万，敌众我寡，力量悬殊。为此，王猛决定首先挫败敌人锐气。他任勇将邓羌为司隶校尉（京师所在州的州牧），让他率师为前驱冲锋陷阵。邓羌万分感激，临战豪饮烈酒，然后带着“万人敌”张蚝和徐成等率部冲锋。他们披坚执锐、挥戈跃马、驰骋燕阵，一时间如入无人之境。及至中午，燕军大败，死、伤、俘五万余人。于是王猛麾军乘胜追击，燕军又被斩杀和迫降十余万人，其余溃散而去。慕容评只身逃回邺城。

王猛率部长驱直入，第三天将邺城团团包围。这时候苻坚也带着十万大军赶来邺城助战。前燕群臣看到前秦大军兵临城下，大势已去，暗暗作鸟兽散。公元370年十一月初七深夜，前燕散骑郎余蔚带领外国人质和戍边人质子弟等五百余人，打开了邺城北门。顷刻间，城防体系土崩瓦解，邺城陷落。慕容暐逃到高阳（今河北高阳），被前秦将军郭庆俘获；慕容评逃到高句丽（今朝鲜），后被遣返前秦。后来苻坚接受慕容暐投降，封他为“新兴侯”，并任为尚书。

前燕国就此灭亡了。前秦国获人口九百九十八万之多。

吞并前燕后，苻坚欣喜若狂，得意忘形，到邺城郊外游猎数十天，乐而忘返。有一天，宫中优伶王洛拉住马头进谏说：“陛下长时间打猎不回去，一旦发生重大意外，天下和太后怎么办？”苻坚听从王洛谏言，收猎回宫。王猛怕他不能坚持，又进谏说："打猎之事不重要，王洛之言不能忘！"苻坚赏赐王洛布帛一百匹，还任他为宫中谏官，侍从左右；从此不再打猎。皇帝能这样做，也很难得！

这时，前秦西邻的附庸政权仇池国突然发生了内乱。

仇池国是杨氏建立的小割据政权。杨氏本来是略阳（今陕西汉中）清水氐族人，秦、汉时期一直定居在陇右。东汉建安年间，杨氏迁到仇池（今甘肃西和县南）定居。三国时，杨氏被曹操打败，率少数部众投奔蜀汉，其余部众被曹操迁至扶风、天水等地。

西晋武帝时，杨飞龙受晋封号，以假征西将军名义，率部"还居略阳"。杨飞龙收外甥令狐茂搜为养子，更名杨茂搜。晋元康六年（公元296年），杨茂搜率部四千家氐人迁到仇池，自号辅国将军、右贤王。后来，氐族部众拥戴杨茂搜建仇池国，称仇池公，其辖地有武都、阴平二郡。晋愍帝时任杨茂搜为骠骑将军、左贤王。建武元年（公元317年）十二月杨茂搜死，仇池国分裂。杨茂搜长子杨难敌继位，号左贤王，屯下辨；其弟杨坚头号右贤王，屯河池，陇南地区大部被他控制。其后，兄弟内斗，国力日衰。太和五年（公元370年）十二月，仇池公杨世去世，儿子杨纂继位，并和前秦脱离依附关系。杨纂叔父杨统起兵与之争夺权位，两人相互攻打。

仇池内乱给前秦提供了进攻机会。咸安元年（公元371年）三月，苻坚发兵进攻仇池，杨纂出降；杨统被任为南秦州刺史。仇池国灭亡。

三、灭凉之战

统一北方的第二次大战是灭凉之战。

灭凉之战比灭燕之战简单得多。

前凉政权是西晋政权的遗产。晋惠帝时，散骑常侍张轨看到朝政混乱，于是"阴图河西"，自请外放。张轨年轻时，聪明好学，很有才华，西晋名臣、中书监张华很器重他，经常与他讨论经书义理和政治得失。永宁元年（公元301年），朝廷任张轨为护羌校尉、凉州刺史，自此,张轨开始独立经营河西走廊。他上任后,连续两次成功镇压叛乱,建立起了较高的政治威望。第一次是刚上任不久,恰逢境内鲜卑族人反叛,他立即讨伐,斩首一万余级,旗开得胜;第二次是永兴年间中,鲜卑的若罗和拔能同时进犯。张轨派司马宋配迎战,斩拔能,俘虏十余万人口。经此两战,张轨在凉州建立起了无上权威,“遂霸河西”。(《晋书·张轨》)

西晋时的凉州本是荒蛮之地,经张轨惨淡经营,社会环境日趋安定,地区经济逐步发展,文化事业尤为突出。张轨“家世孝廉,以儒学显”。(《晋书·张轨》)他在凉州,“征九郡胄子五百人,立学校,始置崇文祭酒,位视别驾,春秋行乡射之礼”。(《晋书·张轨》)于是,永嘉之乱后,中原逃难的士人纷至沓来,一时间,凉州俨然成了世外桃源。因此,张轨的凉州开拓,功不可没。

政治上,张轨始终视晋室为正统。朝廷艰难困屯时,张轨不断贡献粮食钱帛予以接济。晋愍帝在长安即位后,张轨也派出三千人的部队入为禁军,这也是一支不小的部队。从此,政治上始终视晋廷为宗主,成为前凉政权的一大特色

晋愍帝建兴二年(公元 314 年)张轨病逝,子张寔继位。公元 320 年张寔被部属阎沙等所杀。张寔弟张茂又诛杀阎沙,自立为凉州牧。公元 324 年,张茂病逝,传位其兄张寔儿子张骏。张茂临死前拉着张骏的手流泪说:“我们家世代以孝友忠顺著称,现在虽然天下大乱,但你要遵奉和继承张家传统,不可有失!”同时下令:“我的官爵并非朝廷任命,岂敢以此为荣?我死去后,应当衣着普通人服装入棺,不能以朝廷官服装殓。”

张骏继位时,前赵已被后赵所灭。张骏乘机对内整顿,对外用兵。一时西域各国都来归附,奇珍异宝朝贡不绝,如大封牛、汗血马、孔雀、大象等等,令世人惊叹。张骏四十岁去世,儿子张重华十六岁继位。这时,后赵石虎乘机发兵攻打凉州,张重华派文武双全的主簿谢艾迎敌。在前凉军有力的打击下,后赵军屡战屡败。石虎最后哀叹说:“过去我只派偏师就可以攻占中原九州,现在把攻占九州的力量都用

上了，却攻不下一个凉州，罢了！”后赵军悻悻败归。在张骏、张重华父子治理下，前凉此时达到了全盛，其疆域，南至昆仑山脉；北抵屠延；东暨秦陇；西迄葱岭（今昆仑山脉以北、乌鲁木齐以南、银川以西、帕米尔高原以东）。

张重华在位十一年，二十七岁去世，时在公元353年。儿子张曜灵继位，年十岁，张重华庶兄张祚辅政。不料仅月余，张祚就废去侄儿，自立为凉王。张祚荒淫暴虐，第二年被河州刺史张瓘起兵废去，重立张曜灵。不久张曜灵又被张祚派人杀死，张瓘重又起兵平乱。最后张祚被厨师徐黑用菜刀砍死。张瓘立张曜灵年仅五岁的弟弟张玄靓为凉王。

升平三年，张瓘在与辅国将军宋混的冲突中自杀。宋混辅政，他临死前推荐弟弟宋澄辅政，几个月后，宋澄被张邕杀死。没办法，张玄靓任张邕和自己叔叔张天锡共同辅政。不久张邕在和张天锡的冲突中也自杀身亡。

公元363年八月，张天锡又杀死张玄靓，自称使持节、大都督、大将军、凉州牧、西平公，并派人赴建康，请求晋朝正式任命。第二年六月，前秦苻坚也派人任命张天锡为大将军、凉州牧、西平公。这时的张太锡企图在晋、秦之间投机，以图自存。但是，这十几年中，前凉政权在张氏内部冲突中，已一路下滑、日薄西山，到张天锡为凉州牧时，前凉已凋敝不堪了。

前秦灭燕后，苻坚写信给张天锡说：“秦军威力可使江河倒流，现在燕国已灭，我们将移兵河西，凉州有多少兵马可以抵抗？”张天锡吓坏了，急忙遣使向秦谢罪称藩。但张天锡并没有因此卧薪尝胆、发愤图强，反而苟且偷安，纵欲酗酒，不理政事。他的堂弟张宪决心死谏，让人抬着棺材跟着他去见张天锡。但张天锡消沉日久，再也无意振奋了。

晋太元元年(公元376年)五月，前秦苻坚说：“张天锡虽称藩受职，但为臣之道非常不周，可派大军兵临河西，同时让尚书郎阎负、梁殊奉命征召他入朝。如果他违背王命，就立刻进军征讨。”为此，前秦征调步骑十三万人马准备进攻前凉。同时，先礼后兵，派尚书郎阎负、梁殊先去凉州，征召张天锡入朝为官。

张天锡急忙和部属商量。有人说,可以送爱子去作人质,使之退兵,然后再从长计议。但大多数部属不同意,认为凉州世代奉晋,突然变节,辱没祖宗,丑莫大焉!何况还有黄河天险、精锐将士,西域匈奴亦可为外援,完全可以抵御前秦国的进攻。一番争议,说得张天锡气骄志满,振臂高呼:"孤意已决,敢说降秦者斩!"于是,他命人绑缚阎负、梁殊至军门,用乱箭射杀了他们;当即命令龙骧将军马建率兵二万抵抗秦军。

消息传到前秦,苻坚即刻发兵。

前凉其实武备极其松弛,张天锡也空有豪言壮语,两军稍一接触,凉军就败下阵去。首战河会城,秦军轻取凉将梁济;八月中旬,秦军又攻取了缠缩城。凉军统帅马建大为恐惧,从杨非退守清塞。张天锡又派征东将军掌据率领三万人马屯兵洪池备战;自己率领其余五万人马进军金昌城,想倾国倾城决一死战。广武太守辛章对张天锡说:"马建出身行伍,少有气节,一定难为国家重用。"不出所料,八月二十三日,马建率领一万人马投降了前秦,其余部众全部逃散。八月二十四日,前凉掌据率部与秦军交战,大败,掌据自刎,清塞被前秦攻取。张天锡又派司兵赵充哲率部再战,又大败,被俘杀三万八千人,赵充哲也战死。张天锡气急败坏、孤注一掷,亲率兵众出城迎战;不料后院起火,城内发生了叛乱。张天锡进退失据,只好率数千骑兵逃回姑臧老巢。八月二十七日,前秦大军抵达姑臧。张天锡此时已精疲力竭,无心再战,于是素车白马、自缚双手、载着棺材,到前秦苟苌军营投降去了。

前凉就这样灭亡了。

至此,北方彻底统一。东晋北方领土,包括西部的长江以北、中部的汉水上游(或襄阳以北)、东部的彭城以北,全部为前秦据有。其时,前秦疆域相当于东晋的四倍。

四、辽阔疆域下的危机

疆域辽阔代表不了真正的实力，前秦空前强大的表象下潜伏着巨大的社会危机。

一是连年征战，军忿民怨。战败后降秦的前燕国贵族慕容绍对其兄慕容楷说；秦自恃强大，连年对外用兵，既要北戍云中，又要南守蜀汉，万里转输，饿死了多少人！现在士兵在外苦不堪言，百姓在内穷困潦倒，“危亡近矣！”（《资治通鉴·晋太元元年》）

二是穷奢极欲，奢靡一时。“坚自平诸国之后，国内殷实，遂示人以侈，悬珠帘于正殿，以朝群臣；宫宇车乘，器物服御，悉以珠玑、琅玕、奇宝、珍怪饰之”。（《晋书·苻坚》）后来在朝臣的劫谏下，苻坚命去掉了珠帘。但奢侈之情决非珠帘一事吧！苻坚建造大船，制作兵器，都要配饰金银，穷极奢华。

三是叛乱迭起，内争不断。由于前秦国是为数众多的割据势力组合而成，因此苻坚称王后，不同势力的反叛此起彼伏。淝水大战前夕的叛乱有：公元374年，蜀人张育、杨光之叛；公元378年，巴人赵宝之叛；公元379年，蜀人李乌之叛，等等。一些被迫降秦的晋将，此时也蠢蠢欲动。公元373年，秦攻取晋益州梓潼，俘获了梓潼太守周虓的老母。周虓尽孝降秦，但誓不为官，见苻坚“呼为氐贼”。（《资治通鉴·晋宁康元年》）公元378年，苻坚计划一方面围攻襄阳，另一方面用兵江淮。周虓知道后，秘密写信告知桓冲，自己也潜逃汉中，后又被抓了回来。公元382年，周虓参与王族苻阳的谋反，被流放凉州高昌郡。

前秦王族内部此时也很不稳定。公元378年，北海公苻重谋反，先被收监，后被释放；第二年又被任为镇北将军，驻守蓟城。公元380年，幽州刺史苻洛反叛。苻洛是苻坚的堂兄弟，是苻重的同胞兄弟。他膂力过人，勇猛异常，但不为苻坚信任，长期充任边境刺史，心存不满；在灭代战争中，苻洛立有大功，因此希望加官开府仪同三司，苻坚未予满足；公元380年，苻坚又调苻洛任益州刺史，并指定了行军路线，不许路过京师。苻洛大怒，于是在和龙(今辽宁朝阳市)举兵叛乱，其兄苻重也在蓟城响应，两人合兵达十万之众，兵势可谓盛矣！这次叛乱后来被平定了，但苻坚没有诛杀首恶苻洛，只是将他流放了事。

七百年后，司马光对此耿耿于怀，在《资治通鉴》中说；“有罪不诛……乱何自息哉!”

四是招降纳叛，养虎为患。苻坚在统一北方的战争中，对割据政权的上层贵族，一般都给予高官厚禄的优厚待遇。可是这些上层贵族并不感恩戴德，反而时时想着重新割据。这就使苻坚陷入养虎为患的境地而不自知。鲜卑贵族慕容楷、慕容绍听说苻坚正式攻晋后，欣喜万分，他们对当时降秦后被任为前秦京兆尹的慕容垂说；“苻坚骄傲非常，叔父建中兴大业就在此行！”慕容垂说；“对！但没有你们参与，我和谁共同完成大业呢！”慕容垂是王猛生前极其憎恶的后患，曾千方百计要除去他，最后都因苻坚庇护而未获成功。

五是氐族外迁，自毁根基。这时的前秦境内，原西晋民众是主体，但异族人口遍布各地：关陇一带，为羌人所居；并州西北，为匈奴所驻；并州东北，为鲜卑拓跋氏所牧；辽、冀、豫三州北部，为鲜卑慕容氏所占；赵魏地区还有很多丁零族人，等等。而前秦的氐族人口在这广袤的北方，简直是沧海一粟，因此岌岌可危！

更有甚者，就在氐族人民深陷四面异族之中时，苻坚又作出了一个再次削弱氐族势力的错误决策：外迁十五万户氐族人口，用军事殖民的方式，去加强被征服地区的的氐族统治。他不明白的是，本来不占人口优势的氐族人，如集中在以长安为中心的关陇地区时，尚可获得相对的比较优势，从而使中央集权政治有厚实的基础；一旦把氐族人口大规模迁徙他处时，随着氐人口的极度分散，相对集中的比较优势也就被稀释掉了，从此，什么优势也不存在，中央政权也就失去了本民族的根基。

但危机并非到此为止。苻坚外迁氐族人时，以割据方式让贵族占山为王。他分封的苻氏子弟和氐人贵族，既是这一地区的最高军政长官，也是该地区的世袭诸侯；他们既有固定的领地，也有固定的氐族人众。这无疑于在北方重又培植了一批新的割据势力，这为日后再分裂预埋了祸根。而且，这些新的诸侯必然以攫取最大利益为能事，在其统治区域内恣意妄为、横征暴敛，从而激化了民族矛盾和阶级矛盾，这就从根本上削弱了前秦的统治力。

六是军队庞杂，外强中干。前秦军是一支以被侵害、被压迫的晋人为主体，以其他少数民族人口为补充的军队。可以想见，这样的军队在未来的对晋军事行动中，无论如何也不会有战斗力，有的只能是战争负能量。

七是国家体制，貌合神离。前秦国本质上是一个军事联合体。它创建时间短暂，正式立国不过二十年。因此来不及形成一个大国所必备的统一文化基础和统一经济基础；政权上层也为落后生产力的代表氐、羌、羯、匈奴、鲜卑等贵族把持，统治集团相当于游牧部落酋长联合体，没有统一的政治目标，而只有攻城略地、占山为王的割据欲望；又由于没有明确的政治指向和文化向心力，因此国家大政方针和稳定与否，完全依把持中央政权的第一征服者为转移。说穿了，这样的国家其实还是临时拼凑起来的部落联盟，谈不上和衷共济或长治久安，更无法如晋皇朝那样，在皇室软弱无能的状态下，靠本民族的文化凝聚力延续一百五十年。

所以辽阔的前秦国经不起惊涛骇浪，反而时时存在分崩离析的危机。

当局者迷，旁观者清。

王猛生前最担心的就是诸如此类的危机，所以临死前留下了“和晋灭胡”的遗言。王猛把前秦危机归纳为两大矛盾，告诫苻坚说：“晋国虽处吴越偏僻之地，但它却是天下归心的正统王朝；和睦邻邦是国家至宝，臣死后，请陛下不要图谋晋国。鲜卑、西羌是我们的仇敌，终究会作乱，应该慢慢铲除他们，以利国家安全。”

王猛生前对苻坚优遇鲜卑、西羌贵族很不以为然，对慕容垂等人更是反感。他觉得苻坚这是在养虎为患，因此不惜采用栽赃陷害等办法，必欲铲除而后快。在前秦大军伐燕前，王猛骗取了慕容垂的宝刀，然后贿赂慕容垂的亲信金熙，让他以宝刀为凭信，假装受慕容垂派遣，说服慕容垂儿子慕容令叛秦逃燕。然后，王猛又把慕容令叛逃的消息通报了朝廷。慕容垂害怕受牵连也逃跑了，但被抓了回来。但苻坚大慈大悲,不仅没杀他,还继续对他宠信不疑。

可是,苻坚对王猛的临死遗言,只是听听而已,不加重视。或许苻坚还以为王猛是为了保护自己故国,才留下了“和晋灭胡”的遗策。

但是,辽阔也罢,危机也罢,此时的前秦无论如何还是一座泰山,东晋随时都有被它压垮的可能。因此,东晋上空,山雨欲来风满楼,江左边关,黑云压城城欲摧。

五、“混六合于一家”的宏图

财富是别人的多,智谋是自己的高。

随着国土的日益开拓,苻坚被胜利冲昏了头脑,吞并东晋的野心日益膨胀。他认为,前秦国有动员百万大军的能力,偏安东南的东晋小朝廷没什么值得畏惧。

从此,苻坚不再关注国内事务,而专注于实现“混六合于一家”的美梦了。为此,苻坚狂妄地在长安为谢安、晋皇室、以及其他大臣建造了房舍,声言要任谢安为吏部尚书,任晋孝武帝司马曜为尚书左仆射,任桓冲为侍中,等等。

前秦吞并东晋的基本战略是“先西后东,逐次跃进,迫降东晋”。第一步,进攻东晋梁、益二州。因为前秦的统治重心在西部长安,长安去梁州驻所汉中仅四百里。所以进攻之前,必须首先确保京师侧翼安全,其实,这样也就确保了进军建康的侧翼安全。同时,吞并东晋是一场惊天动地的大战,很有必要事先进行一场较大规模的战略侦察。所以前秦选定梁、益二州为突破口。

第二步,会攻襄阳。襄阳是东晋西线重镇,历来为兵家必争。如果前秦攻取了襄阳,也就掌握了进军东南的钥匙,同时也紧紧拖住了桓冲的西线重兵,从而彻底免除了来自西南方向的晋军威胁。

第三步,决战江、淮。前秦以寿阳、彭城、盱眙、淮阴等秦、晋边界战略要地为进攻重点,希图发挥兵众盛大的优势,在尽可能开阔的战场上和晋军决战,从而,使兵众寡少的晋军疲于奔命,一鼓而歼。

所以，前秦总的进攻部署是，先梁益，后襄阳，再倚仗优势兵众，在江、淮间消灭晋军主力，迫降东晋。

晋咸安元年（公元 371 年）十一月，桓温废晋帝司马奕；晋咸安二年（公元 372 年）七月，简文帝司马昱去世；晋宁康元年（公元 373 年）七月，桓温去世。二年半时间里，晋室连续发生了权臣废立皇帝、简文帝去世、辅臣桓温去世等一系列重大变故，政治前途一片黯淡。

与此同时，前秦在晋太和五年（公元 370 年）十一月攻灭前燕国，获取人口九百九十八万七千九百三十五，扩大领土一倍以上，成为北方唯一大国。苻坚欣喜若狂，在燕都邺城郊外打猎数十天不归；后来又到邺城南面的枋头寻梦，改其称为“永昌县”，这里曾是苻坚祖父苻洪谋求独立发展时的发祥地。从此，苻坚对东晋也想入非非起来了。

晋宁康元年（公元 373 年）冬，前秦开始进攻东晋的梁州和益州。

坚谴王统、朱彬率卒二万为前锋寇蜀，前禁将军毛当、鹰扬将军徐成率步骑三万人自剑阁。（《晋书·苻坚》）

这是苻坚吞晋战略的试探性进攻，所以只用了五万兵众。一时间，汉水上游，狂澜陡起；锦官城外，杀声震天！

第十七章　任凭风浪起

一、政通人和

梁、益之战开始后，东晋朝野一片哗然。东晋梁州刺史杨亮率巴獠族一万兵卒抵抗，但很快败下阵去，逃奔西城县固守；广汉太守赵长战死；益州刺史周仲孙逃奔南中；增援而来的江夏相竺瑶不战而退；梓潼太守周虓因母亲被俘，被迫降秦……

东晋倚仗地势险要的巴山蜀水也挡不住前秦的进攻，由此可见，这时东晋的军备确实到了捉襟见肘的地步；由此也可窥知东晋国力已经举步维艰了。

但是，此时东晋虽然国力簿弱，偏安江左，但尚不至于灭国。它和前秦正好相反，外表凋敝，筋骨强健。

首先，政治上和衷共济、齐心协力。

谢安当政后，政治上借重褚太后临朝称制，纵横捭阖，很快稳固了自己的政治地位，获取了录尚书事的“宰相”大权；同时，尊重和保护各高门豪族的既得利益，进一步巩固已有的王、谢联盟，由此取得了王坦之、王彪之为代表的北方士族和南方士族的支持；再次，为获得朝野更为广泛的支持，“安奏兴灭继绝，求晋初佐命功臣后而封之。”(《晋书·谢安》)从而，通过恢复旧有功臣后裔的封邑爵位，消解了政治宿怨，在原有基础上新增了老牌权贵的支持；特别重要的是，谢安正确处理了与桓氏家族的关系，始终善待拥兵自重的桓冲及其子弟，使他们在大敌当前的严峻形势下，与朝廷中枢保持一致，同仇敌忾，共赴国难。

所以，这时谢安当政的朝廷政治清明、内外和揖；朝廷上下呈现出难得的和谐氛围。

德政既行，文武用命。（《晋书·谢安》）

同时，积极劝课农桑，大力扶持江南农业生产的发展。

这一时期，晋室虽偏安江左，但客观上却为江南赢得了一个相对安定的社会环境，这有利于南方经济、特别是农业生产的有序发展。同时，相对安定的社会环境又吸引了大批北方士民南来，使南方劳动力大增。据专家估计，永嘉之乱后，北来人口占南方人口总数的六分之一，也即是南方人口由此徒增了百分之二十。南方劳动力的增加，为大规模开发原来荒僻之地提供了可能。建康以东的晋陵、闽、浙等地，就是在这一时期被开发利用起来的，以后还都成为了支撑东晋皇朝的财富之源。北来移民还带来了先进的农业生产工具和技术，为提高南方劳动生产率起到了巨大的推动作用。《齐民要术》记载，此时的江南已普遍推行了以稻谷为主的二熟制农作物栽培技术，水利条件好的地方甚至推行了三熟制。《晋书·诸葛恢》载：诸葛恢任会稽太守时，晋元帝勉励他说："今之会稽，昔之关中，足食足兵，在于良守。"诸葛恢也不辱使命，"莅官三年，政清人和，为诸郡首"。看来，诸葛恢是实现了晋元帝"今之会稽，昔之关中"的愿望，三年就使会稽郡兴旺发达起来了。东晋在鼓励民众大力发展农业的同时，还积极推行屯田制，也收到了很好的成效。

其次，在发展农业生产的同时，东晋还进行了税制改革，开辟了新的财源，充实了国库。

东晋时，由于北人南来，这给既有的户籍管理制度带来了冲击，进而影响了国家的财政收入，成为严重的社会经济问题。为此，东晋进行了多次"土断"。所谓土断，就是强迫北来民众，依据现在居住地重新界定籍贯，然后与原南方民众一样承担赋役。原来北来人口享受的免征赋役的优惠,至此也随之取消了。这是朝廷增加赋役的一种手段。因此,土断受到了北来权贵和平民的强烈抵制。

东晋前后一共进行了三次土断。第一次是晋成帝咸和二年(公元327年)的土断;第二次是晋成帝咸康七年(公元341年)的土断。这两次土断可能收效甚微,因此史料中没有留下多少痕迹。

第三次是晋哀帝兴宁二年(公元364年)进行的土断。因为土断命令是三月初一庚戌日颁发的,所以史称"庚戌土断"。这次土断由桓温主持。由于北来民众企图隐匿人口,有的还寻求豪强庇护,因此桓温在施行土断法时,严厉打击隐匿户口的世家大族。宗室彭城王司马玄隐匿了五户人口,桓温照样派人逮捕他,交给廷尉审判。王彪之时任会稽内史,"亡户归者三万余口",(《晋书·王彪之》)即一地查出隐匿户口三万人。由于桓温"庚戌土断"雷厉风行,成效很大。东晋晚期时,辅政大臣刘裕还称赞:"财阜国丰,实由于此。"(《宋书·武帝纪中》)

经过不断采取开垦屯田、整理财赋、减轻田租,降低官俸等多项措施,东晋国库也有了一定的实力;同时也增强了朝野抵御外侮的信心和决心。

再次,重点扩充东部军事实力,快速创建北府兵,积极备战,众志成城。

如前所述,东晋兵备严重失衡,呈现出西重东轻的畸形格局。为此,谢安严责谢玄全力以赴筹建北府兵,终于在一、二年内编练出了一支敢打硬仗的劲旅,由此完备了长江下游的军事存在。限于国力,东晋一向兵备较少。除荆州拥兵十数万外,其他州府官军总数也不过如此。北府兵的创立,使东晋兵力徒增三分之一,使全国总兵力达二十五万左右。虽和前秦所能动员的兵力相比相去甚远,但实战能力和部队士气则远远超过前秦兵众。这为同时期的晋、秦前哨战所证实。因此东晋的战前军备也是成功的。

最后,社会稳定,民众安居乐业。

东晋立国后,除早期发生过王敦之乱和苏峻之乱外,自公元327

年至 399 年孙恩起义的七十年间,南方没有发生过战乱,总体上尚属安定。谢安奉行"镇以和靖,御以长算。……不存小察,弘以大纲"(《晋书·谢安》)的执政方针,宽惠政敌,善待民众,进一步求得了社会的团结;同时,北方强寇压境,士民南逃,反而进一步增强了南方民众的向心力;社会舆情也普遍支持东晋皇朝。所有这些,都为谢安执政奠定了坚实的社会基础。

二、众志成城

公元 373 年冬天,前秦咄咄逼人地攻取了东晋梁、益二州,这使东晋在西部的江、汉上游失去了屏障。东晋朝廷高度紧张。这一年,谢安刚开始执政,当然,这是和尚书令王彪之共同执政。但这些新的执政大臣,都能和衷共济、悉心筹划,夙兴夜寐、共图良策。到公元 378 年(晋太元三年),谢安担任录尚书事职务已二年。这年春天,前秦发动了襄阳之战,正式迈开了鲸吞东晋的步伐。至此,东晋完全明了了前秦进攻的战略意图,于是在全国范围内进行了军事总动员。

摄于前秦的盛大国势,东晋只能取守势,其基本战略是"守淮以守江",在东、西两个方向上积极防御:主力部署在东线江、淮间,以此为抗秦主战场。因为这里既是前秦由关中顺流而下的用兵重点,也是京师建康的门户;同时在西线江、汉间,也置以重兵作战略机动。为此,朝廷要求西线桓冲,主动出击,挫败前秦兵锋。

在具体军事部署上,也相应把东晋防线分为东、西两大战区:

一是以长江上游荆州、江州、梁州等为西线战区。

二是以长江下游扬州、豫州、徐州等为东线战区。

长江上游的西线战区,由桓冲都督诸州军事。这时,桓冲的主要职务是荆州刺史、都督江、荆、梁、益、宁、交、广七州诸军事。这里的部署是:

桓冲任荆州刺史,驻守上明(今湖北松滋)。

桓冲儿子桓嗣任江州刺史,驻守寻阳(今江西九江)。

朱序任梁州刺史，驻守襄阳（今湖北襄樊）。

长江下游的东线战区，由谢安都督扬、豫、徐、兖、青五州诸军事。这里的部署是：

以长江为界：江北诸州军事，由兖州刺史谢玄全权负责，驻守广陵。由于谢玄资历尚浅，所以给他的名分是"监江北诸军事"，虽为"监"而不是"督"，但不影响他对江北军事行动的全权指挥。

江南诸州军事，由徐州刺史王蕴全权负责，驻守京口。由于王蕴资历较深，所以给他的名分是"都督江南诸军事"。

至此，东晋对秦防御部署完毕，举国上下、众志成城，东西两线、严阵以待！

第十八章　惊涛骇浪

一、第一波，西没梁、益

苻坚对东晋国的真实国情并无深刻认识。其实，他对自己的国情、特别是民情、民心也并不了解。就是在这种既不知己，也不知彼的状态下，苻坚狂妄地发动了吞晋战争。但是，战争前期，前秦还是频频得手了。

前秦吞并东晋的战争，始于晋宁康元年（公元 373 年）冬，止于晋太元八年（公元 383 年）冬，前后持续了整整十年，最后以淝水大战宣告失败。

淝水大战是秦、晋争战的高潮之战。在此之前，秦晋两国纵横捭阖，极尽铺排，往来争锋，反复厮杀；最后，秦晋两国都倾巢而出，在寿阳城外淝水岸边列阵对决。因此，前秦吞并东晋的战争可细分为三个阶段：

第一阶段：前秦的战略侦察；

第二阶段；前秦的战略进攻和东晋的战略防御；

第三阶段：秦、晋战略决战，前秦在淝水大战中败北。

前秦的战略侦察，以进攻东晋梁、益二州为标志。从此，前秦掀起了吞并东晋的惊涛骇浪。

不过，前秦进攻东晋梁、益二州的目的，开始只是掠夺土地和人口而已，并没有清晰的战略侦察意图。只是在进攻梁、益二州轻易得手后，前秦以为摸清了东晋的实力，由此激发了吞并东晋的野心。客观上，这为以后正式进攻东晋起到了战略侦察的作用。

晋宁康元年(公元373年)冬,前秦发兵五万,兵分两路,进攻梁、益二州。进军方向主要是梁州汉川方向和益州剑门方向，即梁州西部。秦益州刺史王统等统兵二万,进击汉川;秦前禁将军毛当等统兵三万,进击剑门。

东晋梁州刺史杨亮率巴獠族一万兵卒抵抗,但很快败下阵去,逃奔西城县固守;接下来,广汉太守赵长战死;益州刺史周仲孙逃奔南中;增援而来的江夏相竺瑶不战而退;梓潼太守周虓因母亲被俘,被迫降秦……

就这样,秦将朱彤攻克了汉中(今陕西汉中);徐成攻克了剑阁(今四川剑阁);杨安攻克了梓潼(今四川梓潼)。周边的邛、夜郎等少数民族部落,更是闻风丧胆,纷纷归附前秦。一时间,梁、益二州大部收入前秦囊中。东晋西部边境,被压迫到了巴东、巴郡、江阳一线的长江南岸,和江阳以南的泸水东岸,即今四川奉节县、重庆市、泸州一线的长江南岸,和今金沙江东岸。西部边境向东萎缩了七百余里,损失实在太惨重了。

其中。汉中的丢失,特别可惜！从此东晋敞开了西北大门。

汉中地域辽阔,沃野千里,拥有得天独厚的自然条件。境内河川纵横,气候温润,土地肥饶,为农耕发展提供了极大的便利。盆地周围森林茂盛,“材木竹箭之饶,拟于巴蜀”；并有铁矿、铜矿可供开采和冶炼。这又为兵器制作提供了源源不断的战略物资。汉刘邦被封汉王后,都南郑,听从萧何建议,在汉中广开堰塘,练兵积谷,为后来争锋天下奠定了坚实的物质基础。因此,汉中是东晋西部重要的粮、铁、木等战略物资供给基地。

汉中地处要冲,四通八达,东出襄阳,西抵秦陇,南及巴蜀,是通往各重要方向的战略枢纽,被兵家称为“衢地”。东晋据有汉中,可选择多个战略方向进军北方,因此,它兼具军事上的通达性、转换性、主动性,由此可收到出敌不意、攻其不备的功效。诸葛亮以汉中为基地多次攻魏,虽然以弱攻强,互有胜负,但主动权始终掌握在自己手上,其原因就是汉中地理优势有利于蜀方自择攻守。因此,汉中是东晋日后进军中原的战略前哨。

汉中地形险要，易守难攻。其北边的秦岭雄峙渭水之南，绵恒八百余里。秦岭诸道的河谷两侧，多为悬崖峭壁，人马难以立足，南北往来必须靠凿山架木、修建栈道通行；南面的大巴山，绵延千有余里，耸立于川、陕、鄂三省之间，往来通行，或穿行深峡窄谷，或攀登座座高阪，其路途之险、攀登之难，难于言表。魏文帝曹丕曾说："汉中地形实为固，……一夫挥戟，千人不得过。"因此，汉中是屏蔽东晋西陲的战略重镇，战略地位十分重要。

可是，汉中随着梁、益二州的丢失，也收入了前秦囊中。这是东晋军事乃至政治的一次重大失败：一是失去了藩篱荆州的西部屏障。梁、益二州共有十六郡，具有非常开阔的战略纵深。二是丧失了梁、益二州的巨大财赋。益州号称天府之国，梁州也是米粮之川。三是摧毁了汉中这一威慑长安的前哨阵地。梁州驻所汉中，此去长安四百余里，可谓虎踞前秦大门。四是暴露了东晋武备松弛的簿弱现状，进一步激发了前秦吞并东晋的野心。

秦攻梁、益，东晋居然只能派出江夏一郡之兵往救，足见东晋武备松弛到了无以复加的地步，从而使前秦达到了战略侦察的目的。

这也难怪，前秦进攻梁、益二州时，正是东晋步履维艰之际：一是主力兵众已在三年前，被桓温在枋头之败中消耗殆尽了；二是朝局动荡，废立之争、辅政之争、加九锡之争、临朝称制之争、高门豪族权力再分配之争，等等，都发生在这一时期，这些因素，无不致命地扰乱了正确的政治军事方略的实施。因此这时虽"强敌寇境，边书续至，梁益不守，樊邓陷没"，(《晋书·谢安》)但东晋对前秦无可奈何。

至此，前秦以吞没东晋梁、益二州，完成了第一阶段的战略侦察任务。

二、第二波，中沉江、汉

前秦正式开始实施吞并东晋的战略进攻，是以发起襄阳之战开始的。因此,襄阳之战,可称为前秦战略进攻第一战。

襄阳是东晋中部战略重镇。

冷兵器时代，中国东部的彭城和寿春、西部的汉中和中部的襄阳,并称天下四大关隘。谁据有四大关隘,谁就据有了天下。其中又以襄阳为要,所以自古就说:欲得天下、必先得中原;欲得中原、必先得襄阳。

襄阳战略优势天下无比。

一是雄居崇山峻岭正中。襄阳以东是莽莽苍苍的桐柏山和大别山;以西是分界天下南北的秦岭,再往西就是巴蜀群山。襄阳地处两大天险中间的平原上,正好是桐柏山和秦岭之间的大缺口,成为南北通途之限。

二是大江大河汇流环绕。长江第一大支流汉水从西北方向流来襄阳,环绕一周后转折南流长江。汉水发源于秦岭主峰太白山,全长三千里。《汉书》说:汉中以上称“沔水”,汉中至安康间称“汉水”,安康到长江人口处(今湖北汉口)称“汉江”。此外,东去二百里即为二千里大河淮水;偏北方向还有丹水、淯水等中型河流汇入汉江。汉江出襄阳后直达夏口(今汉口)进入长江。

三是坐拥江汉粮仓。襄阳东南是江汉平原,是中国三大平原的重要组成部分,气候温润,物产丰富,美丽富饶,从来都是鱼米之乡,由此孕育了光辉灿烂的荆楚文化。襄阳面南而据,一派独步中原的厚重气势。

四是城池坚固、固若金汤。汉水流到襄阳时,向东北拐了个大大的“几”字型弯道,使襄阳外城的西北、东北、东南三面,以异常开阔的汉水为天然护城河。襄阳城凭借三面临水、西南一面倚羊牯山为屏障之势雄踞中原。外城向内还有中城,这里有着非常完备的人工城防体系:城墙高大坚固,比寻常城墙高出一倍,周长十四里;还有宽阔的护城河环绕,最狭窄处也有半里之遥。所以有“铁打襄阳”的重名。

襄阳前后左右江河环绕、群山屏蔽、城高墙厚、易守难攻,成为冷兵器时代难以逾越的汤池铁城。南、北政权谁据有襄阳,谁就夺得了攻守主动，谁就能充分抑制对手南下或北上的企图。襄阳号称“天下之中”、雄踞中原之势无可比拟。

当年蜀国关羽率大军攻克曹魏据有的襄阳，目的就是想控扼北上关隘；后来东吴背盟弃约攻杀关羽，目的也是想抢占襄阳咽喉；刘备伐吴为关羽报仇，目的仍然是想夺回进军中原的襄南通道。

因此，襄阳无论是宏观还是微观，都是优势完备的战略重镇；同时也是历来公认的中国地缘中心。

前秦实施吞并东晋战略，首选襄阳为突破口。这时的苻坚看来非常稳健，他想稳扎稳打，占住襄阳再取建康！

与之相比，晋西部统帅桓冲未免过于麻痹和侥幸了，或许是短视和恐惧，他没有在襄阳部署重兵。

晋西部总兵力约十万；部署在襄阳的守军一万余；襄阳以南的江汉诸城驻军约二万；其余七万都屯兵在长江以南的上明周边，明显是南重北轻，这是统帅桓冲的败笔。

襄阳守将是梁州刺史朱序，将门虎子，极富征战经验，但一万兵众只能让他扼腕长叹。

公元378年（晋孝武帝太元三年）春。前秦正式发动了襄阳之战。

秦王遣征南大将军、都督征讨诸军事、守尚书令、长乐公丕、武卫将军苟苌、尚书慕容暐帅步骑七万寇襄阳，以荆州刺史杨安帅樊、邓之众为前锋，征虏将军始平石越帅精骑一万出鲁阳关，京兆尹慕容垂、扬武将军姚苌帅众五万出南乡，领军将军苟池、右将军毛当、强弩将军王显帅众四万出武当，会攻襄阳。（《资治通鉴·晋太元三年》）

苻坚任征南大将军长乐公苻丕为统帅，统一指挥苟苌、慕容暐等七万步骑主攻襄阳；同时让扬安和石越、慕容垂和姚苌、毛当、王显和苟池等，分别率十万之众，出鲁阳关、南乡和武当三个不同方向，一起杀奔襄阳而来！四路大军共计十七万人马，于当年四月在汉水北岸屯驻，相机进攻襄阳。一时间，襄阳城外黑云压城城欲摧。

就这样，襄阳晋军和前秦兵众形成了 1:17 的悬殊对决。

朱序收尽汉水、沔水两岸船只，想就此隔断秦军，利用宽阔的汉水阻止他们攻城。可是，朱序万万没想到，出鲁阳关而来的杨安已探明了汉水水浅处，他分出骑兵五千交石越统领，让他泅渡汉水、直抵南岸。石越骑兵攻败了襄阳外围的晋军，建立了牢固的滩头阵地。这是朱序的失策。无奈，晋军只好退守襄阳中城。可是，石越在进攻外城时还缴获了一百多条舟船，苻丕利用这些舟船日夜运兵，很快，十七万大军都被运到了汉水南岸，襄阳中城被围得水泄不通。不得已，朱序只好动员全城兵民准备持久抵抗。

朱序母亲韩氏，这时已六十多岁，但她跟随朱序父亲、原益州刺史、西蛮校尉朱涛征战多年，富有军事素养，这时她也出户巡军。当韩夫人来到襄阳城西北角时，发现这里的城墙残损不坚，认为“西北角当先受弊”。（《晋书·朱序》）于是，韩夫人率领家中数百余婢女，以及城中广大妇女，担泥夯土，日夜劳作。很快，一道坚固的新城墙在西北角斜着筑成了。这时秦军开始日夜攻城，果然选定残损的西北角为突破口，全力猛攻。不料，破城之时，更见巍然坚壁，“（苻）丕遂引退”。（《晋书·朱序》）苻丕和秦兵望城兴叹，颓然而退；晋军士气高涨，信心倍增！全城兵民齐声称赞韩夫人的远见卓识，对全城妇女辛劳筑城的功德也大加赞扬，称新城墙为“夫人城”。夫人城至今完好如初，成为襄阳城的历史见证。

这时，荆州刺史桓冲拥兵七万，屯军上明，看到前秦进攻襄阳的盛大兵势，不敢往救。襄阳是桓冲军事辖区内最重要前哨，离开上明也不过四百余里，骑兵一天即可到达；步兵最多也就四天吧。看来，桓冲缺乏足够的军事魄力。当然，也不排除来自前秦梁、益方向的威胁。但无论如何不至于如此无所作为吧？《资治通鉴·晋太元三年》说得很明白，桓冲害怕，“惮秦兵之强，不敢进。”

谢安和朝廷对桓冲也无可奈何，只好下诏冠军将军、南郡相刘波，让他率八千人马救援襄阳。刘波这时驻守江陵，此去襄阳比上明稍近些，但刘波也“畏秦，不敢进”。（《资治通鉴·晋太元四年》）

于是,朝廷又下诏东部谢玄,“遣彭城内史何谦游军淮泗,以为形援。”(《晋书·谢玄》)这里去襄阳就更远了,也就是虚张声势而已。

从这里可以奇怪地发现,东晋对战略重镇襄阳的支援次第减弱;但细想又并不特别奇怪,这时东晋国力、兵力、魄力确实无能为力!

不过,襄阳还在坚持,朱序信心百倍!

秦军围困襄阳前期达一年之久,一无斩获;主帅苻丕计竭技穷,焦虑万分。这时武卫将军苟苌献计说:我们的兵力是朱序的十倍,储备的粮秣堆积如山,现在只要坚壁清野,把襄阳周边的民众迁移到许昌和洛阳去,再堵塞晋军的运输通道,断绝他们的救援之军,襄阳就如网中之禽,不怕攻克不了,没有必要让将士在战场上过分拼杀,而“急求成功哉!”(《资治通鉴·晋太元三年》)苻丕采纳了苟苌的建议,对襄阳长围久困起来。

但远在长安的苻坚却急不可耐,大臣们也议论纷纷。御史中丞李柔甚至弹劾苻丕,他说:“长乐公苻丕拥兵十万,围攻小城,每日耗资万金,久不见效,请下诏征他回来交廷尉论罪。”苻坚也发恨说:“苻丕等人耗费巨大,一无所成,实在应该贬黜或杀戮;但出师已久,不能空手而归,可特别加以宽宥,责令他们加快攻城,将功赎罪。”于是派遣黄门侍郎韦华,持天子符节去严责苻丕,并赐给苻丕一柄宝剑,说:“来春不胜,你可自裁,不要再厚着脸面来见我!”

苻丕是苻坚庶出长子,但军令无情!他接到诏书后非常恐慌,于是命令各围城部队拼死攻打。苻坚还打算亲自率兵进攻,在弟弟苻融、大臣梁熙等人的劝谏下才作罢。

面对前秦军的猛烈进攻,朱序也不再期望桓冲入援,于是因势而变,主动出击。晋太元四年(公元 379 年)正月,朱序率兵出城作战,屡战屡胜,迫使前秦军败退到了很远的地方。看到兵多将广的前秦军如此不堪一击,朱序不由得麻痹起来,“序不设备”。(《资治通鉴·晋太元四年》)朱序紧盯外寇,却疏忽了内贼。二月,晋襄阳督护李伯护秘密派遣儿子去前秦军营输诚,请求做秦军内应,共破襄阳。于是苻丕命令各围城部队全力进攻;李伯护在城内开门揖盗,襄阳终于陷落,朱序被俘。

朱序被秦军押送到长安，苻坚因为朱序英勇善战，忠贞守节，十分钦佩他，任命他做了前秦度支尚书，相当于财政大臣。李伯护虽献城有功，但苻坚认为他没有臣僚气节，命人把他杀掉了。但是朱序时时准备逃归东晋；不久，终于潜逃到了宜阳（今河南宜阳西），藏身在夏揆家。苻坚派人追踪，搜捕军士怀疑夏揆收容了朱序，于是逮捕了他。朱序不愿意连累夏揆，就主动到苻晖处自首了。苻坚非常赞赏朱、夏二人的气节，因此都不论罪。“以为尚书”，（《晋书·朱序》）仍旧任朱序为秦官。

襄阳的陷落，使东晋的江、汉防线失去了前沿屏障，从而洞开了中部大门；昔日的江、汉粮仓也顷刻化为乌有。此前，随着梁州、益州的沦陷，东晋已丢失了汉中粮仓和成都粮仓。这次又丢失了江汉粮仓，至此，东晋西部的财富之源都丧失殆尽了。同时，随着襄阳这一战略制高点的丢失，前秦兵锋肆无忌惮地直驱长江北岸。晋太元六年（公元381年）十一月，前秦军梁成、阎震率二万兵众，甚至进攻到了桓冲脚下的竟陵。这说明，东晋中部的实际国界，此时已萎缩到了长江北岸，至少后退了二百里。东晋的江、汉国土就此沉落了。

至此，前秦完成了战略进攻第一战，攻克襄阳。从此，前秦和东晋在江、汉平原开始了拉锯战。

三、第三波，东沦彭、淮

晋太元三年（公元378年）八月，就在襄阳战事进入胶着状态时，前秦在彭城至淮河之间发起了彭、淮之战。这是前秦提前进行的战略进攻第二战，同时也是策应襄阳之战的军事行动。

当时，襄阳之战已进行了半年，前秦除夺得了襄阳外城外，一无所获。眼看襄阳一时半刻难以攻克，秦兖州刺史彭超建议，提前进行彭、淮之战。他对苻坚献计说：

晋沛郡太守戴逯以卒数千戍彭城，臣请率精锐五万攻之，愿更遣重将讨淮南诸城。（《晋书·苻坚》）

彭超策略的关键是两点：一是提前开辟东线战场，和襄阳战场一起，形成东西并进的战略姿态；二是在东线战场上，同时于彭城、淮阴、盱眙等各边境战略要地打击晋军。这样，既可以充分发挥前秦兵多将广的优势，又可以使兵少将寡的东晋于疲于奔命、穷于应付。这应该是一个符合实际的高明战略，只是在以后的实战中，前秦兵众没有足够强大的战斗力，因而未能完全实现。

苻坚对彭超的建议深以为然。于是就任命彭超为都督东讨诸军事，进攻彭城；后将军俱难，统率右将军毛当、后禁将军毛盛、洛洲刺史邵保等七万兵众，进攻淮阴、盱眙等淮南诸城。这样，前秦在彭城、淮阴、盱眙的三角地域内，全面展开了新的军事行动。彭城、淮河之间的东线战场也就此开辟起来了。八月，彭超正式进攻彭城。

谢安和朝廷这时也很明了前秦进军彭、淮的战略意图，因此，除了在淮阴、盱眙、彭城等地逐次抵抗外，另派右将军毛虎生率五万兵众，屯军姑孰作战略机动。

战事发展到第二年（公元 379 年）二月，东晋的彭、淮战场开始动摇了。

彭城首先告急！

救援彭城吗？这可是一个艰难的抉择，谢安和谢玄进退维谷。

彭城是晋军东线北部的战略支点，历来为兵家必争之地。但是，此时的彭城又过分凸出在前秦下腹部，其西、北、东三面受敌。这种态势利、弊相等：如果有足够的能力保有它，这就是一柄插入前秦下腹的利剑，随时可成为东晋北伐的前哨；如果没有足够的能力保有它，则势如鸡肋，反而受其掣肘。不幸的是，东晋当下的局势属于后者。

谢安和谢玄反复权衡，没有办法保有彭城。

东晋这时的总兵力约二十五万左右：荆州桓冲约十万；兖州谢玄约二万；姑孰毛虎生五万；其余为散布各郡的兵卒，约八万。而这二十五万兵员当时都无法动用：桓冲方面因襄阳之战弓张剑拔，无法西来；谢玄方面兵力薄弱,无法北固；各郡兵众零星分散,无法集中,也缺乏野战和攻坚能力；看似可以动用的姑孰毛虎生部,其实也不能使用。这支部队的主要任务是卫戍建康,只有在前秦大军兵临建康城下时才会动用。因此,彭、淮之战发起后,这支部队未被北遣彭、淮前线,反而被远远地部署在建康稍南的姑孰。所以它不是东部战区的战略预备队,而是卫戍建康的近卫军,因此也无法使用。

这就是当时东晋的兵力现状。如此而言，彭城确实是无法保有了。于是,谢安和谢玄痛下决心,作出了放弃彭城的决策。

当即,谢玄率一万兵众北去彭城,以策应军民撤离危城。谢玄军推进到泗口(今江苏淮安市北)时停止了进军,此去彭城大约还有四百里。

泗口是古代泗水汇入淮河的入口处,两水在此汇流入海。同时,这里地处洪泽湖的前身"破釜塘(古称富陵湖)"的东岸,淮河穿塘而过。洪泽湖是中国第四大淡水湖,当时尚未形成,其原始地势为大片湿地、浅湖、河塘。因此水流纵横,地形复杂。

在这里,谢玄既不前进,也不接敌。他不想用殊死搏斗的方式解彭城之围,想以智取的方式,使彭城军民全身而退。但是,这需要先派人潜入彭城,知会太守戴逯。可是,前方已是秦军阵地,穿越困难。这时候,部曲将田泓挺身而出,他自告奋勇去彭城送信。于是,田泓水陆并行,潜水穿越秦军防线。可惜,田泓还是被秦军俘获了。秦军拿出丰厚的财物贿赂田泓,让他欺骗彭城守军,假说南来救兵已经失败。田泓假意答应,但被押到城下时却大喊:"救兵马上就到,我来报信被他们抓住,你们要尽力坚持啊！"秦军当即就把田泓杀掉了。

这时候,晋军侦察到秦军的粮秣辎重都存放在留城(今江苏沛县东南)。于是,谢玄施展声东击西的战术,故意大肆宣扬,要派后将军何谦进攻留城,夺取粮秣;而实际却让何谦率部靠前,接应戴逯等军民撤退。晋军进攻留城,确实是断绝秦军粮秣辎重的大事,彭超吓得连忙撤去彭城之围,急赴留城备战。戴逯看到秦军撤围而去,立即率众出城,会合何谦撤退到了谢玄大营。

彭超去留城扑空后,旋即回兵彭城,但只占领了一座空城;于是派秦兖州治中徐褒守卫,自己则南去进攻盱眙。这时候,前秦后将军俱难已攻克了淮阴,留洛洲刺史邵保守卫。

与此同时,襄阳之战也结束了。于是前秦立即腾出二万兵力,由原襄阳前线的毛当和王显率领,东来支援彭淮战场。当年五月,前秦又攻克了盱眙。

至此,东晋东部的淮北战略重镇彭城、淮南战略要地淮阴和盱眙等一起丢失,彭淮之间的大片国土,尽皆沦陷。前秦战略进攻第二战,彭、淮之战取得了完全胜利。

四、第四波,江、淮反击,君川大捷

江汉战场和彭淮战场的接连惨败,令谢安备受责难。

在前秦咄咄逼人的战略进攻面前,东晋虽然进行了顽强抵抗,但仍然损失惨重。随着襄阳、彭城、淮阴、盱眙等一大批战略要地的陷落,东晋中部边界,被压迫退缩到了荆州的竟陵一线,至少后退二百余里;东晋东部边界,被压迫退缩到了淮河以南,至少后退三百余里。真是可惜!特别是东线彭城、淮阴、盱眙等的陷落,使长江失去了淮河的屏蔽,从而间接地暴露了建康,严重冲击了“守淮以守江”的防御战略。

面对朝野汹汹舆论和前秦大兵压境的双重危机,谢安也寝食不安了。痛定思痛,谢安终于厘清了东晋抗秦的败笔:在前秦战略进攻面前,东晋实施的是消极防御战略,所以注定要败北。

东晋消极防御战略有四大失策:

一是战略力量配置严重失衡。首先是东、西失衡:徐州方面的军备极其薄弱,荆州方面相对充足。其次是前、后失衡:彭城前线仅兵卒数千,谢玄救援时也只有一万兵力可供机动,而后方姑孰却屯兵五万;襄阳前线兵卒仅万余,而后方上明却屯兵七万。再次是全局和局部失衡：就东晋全局而言，前秦占上风，东晋处劣势，这就需要东晋敢于作为，营造局部优势以弥补，这样也一样可以克敌制胜。但是，东晋东、西两大战场，始终没有形成这样的优势互补大格局。而前秦害怕的就是这一着，所以要提前开辟东线战场，实施东西并进战略，以分散东晋局部优势。

二是战略重镇防御非常薄弱。在嵌入前秦上、下腹的襄阳和彭城，分别仅有“万余”或“数千”晋军驻守，势若危卵。如果在两大重镇都分别部署重兵防御，并作拼死抵抗，则反可使其变为两柄利剑，牢牢地插在前秦的上腹和下腹；而且，城坚兵勇，可以极大地分散前秦兵势，取得以一当十的作用，从而有效地增强总体防御能力。襄阳和彭城守军的顽强抵抗就是明证。襄阳守军仅万余，却羁绊了十七万秦军；而且坚守了一年有余，如果不是因内奸所卖，十七万秦军能否力克，不得而知。彭城也是如此，数千兵众，却与数万秦军周旋了半年。

三是东、西两线，不能作战略互动；战场之间也无策应关系。襄阳激战时，东线只有轻微的“何谦游军淮泗，以为形援。”彭、淮告急时，西线更无任何动作。两线都无战略配合，更无奇兵高招调动敌众。彭城、淮阴、盱眙三重镇受攻击时，近在咫尺的战场之间不能相互策应，而只是被动救援。

四是西线战略重兵集团消极避战，示敌以弱，犯兵家大忌。兵者，诡道也，有需示之以无、弱需示之于强。可是东晋唯一拥有重兵的西线集团，在桓冲的统率下，却步步退却，消极避战，让前秦感到软弱可欺。前秦灭凉后，桓冲摄于秦兵威势，主动退却。晋太元二年（公元377年）十月，桓冲刚接任其兄桓豁为荆州刺史，即“移阻江南，奏自江陵徙上明”。（《资治通鉴·晋太元二年》）江南防御有大江可阻，何需桓冲七万重兵再阻？襄阳危在旦夕，桓冲又“拥众七万，惮秦兵之强，不敢进”。（《资治通鉴·晋太元三年》）襄阳陷落后，桓冲自请处罚，朝廷仅以刘波作替罪羊，免职了事。正是由于西线重兵畏战，所以前秦方敢放开手脚，开辟东线战场，长驱直入彭、淮，并攻取了东晋的淮河防线。

走出迷局，谢安痛下决心，果断作出了转变战略和绝地反击的决策。谢安要求东线以积极的战略防御扭转危局，誓死夺回淮河防线。

首先，改京师近卫军性质的姑孰屯军为野战部队。谢安责成右将军毛虎生，于当年三月率其中三万部众进击巴中（今四川巴中），但真实意图是解梁州魏兴(今陕西安康)之围。早在公元 378 年八月，彭城受到前秦彭超攻击时，秦梁州刺史钟韦也同时出兵，在西城包围了魏兴太守吉挹。魏兴在襄阳的西北、巴中的东北，离长安更近，解围也难，所以只能“攻巴救魏”。但是毛虎生部前锋赵福在巴西首战失败，毛虎生只好退屯巴东。当年四月，魏兴陷落，吉挹被俘，自杀未成，绝食而死。秦苻坚叹息说；“何晋氏之多忠臣也!”(《资治通鉴·晋太元四年》)毛虎生“攻巴救魏”虽未成功，但却增强了西线的兵备，强化了军事威慑，起到了必要的牵制作用。

其次，大规模增兵东线。谢安针对彭、淮战场岌岌可危的现状，责成谢玄结束北府兵整训事宜，提前投入江、淮战场。谢玄在晋太元二年（公元 377 年）十月任兖州刺史，十一月即着手组建北府兵。但较大规模的募兵，当在第二年（公元 378 年）二月，“诏玄发三州人丁”，这使北府兵得到了大规模增员。晋太元四年（公元 379 年）二月彭城告急，此去“诏玄发三州人丁”已过一年，但整训北府兵最多不会超过半年，所以部队缺乏战斗力。因此，谢玄能率领担负救援彭城任务的兵员只有“万余”。北府兵此时的作用还不够明显。晋太元四年（公元 379 年）五月，盱眙陷落，至此，东晋彭、淮战场全线失守。险象环生，谢安被迫让谢玄把北府兵全部投入江、淮战场。到晋太元五年（公元 380 年）五月，北府兵增至六万之众，成为了一支强大的战略机动武装。谢安和谢玄积极大胆使用北府兵，对以后扭转江、淮战局、乃至整个东线战略防御，起到了决定性的作用。

再次，切实加强长江防务。一是改原来大军后置为重兵靠前。谢安命右将军毛安之，重组京师近卫军，率众四万，在长江北岸的堂邑（今江苏六合和安徽天长之间）屯军，监视北线，扼守长江；二是调自己兄弟、破虏将军谢石率水师主力进驻涂中，从水上备战秦军。这是东晋相对前秦独有的战略利器。

最后,也最重要:谢安严责谢玄,密切监视江、淮战局,在总体防御战略指导下,寻机进行战略反击,誓死夺回淮阴、盱眙等战略重镇,完整收复淮河防线!

这样,东晋战略防御正式转入了主动积极的轨道,东、西全线战略姿态,也由此发生了根本性改观。

但是,完整收复淮河防线谈何容易!这对谢玄压力太重了,可是,淮河对东晋实在太重要了。

东晋防御格局,是以长江和淮河互相依托的两大层次的防御体系:其防御底线是长江,因此战略重镇都沿长江布局;而淮河则是长江的前沿屏障,所以,在淮河一线也置有一系列军事要塞:在淮西,主要是寿阳(今安徽寿县)和钟离(今安徽凤阳),在淮东,主要是淮阴和盱眙。

这样,淮河与长江,互为表里,唇齿相依,对京师建康构成了双重纵深拱卫防线。

东晋坚持“守淮以守江”的防御战略,因为淮河兼有防守和进攻两层战略意义。寿阳和钟离,可分别挡住从颍河或淮河上游方向、以及从涡河方向的来犯之敌;淮阴和盱眙可控扼泗水方向的来犯之敌,同时,还可作前哨重镇彭城的战略支撑。以后东晋北伐时,淮河以及颍、涡、泗水等,则又可成为进取中原的黄金水道。

现在东晋力衰,因此,必须固守长江;而唯有扼守淮河,才能屏蔽长江。谢玄义无反顾地承当了“完整收复淮河防线”的战略重任。

晋太元四年(公元 379 年)五月,前秦彭超和俱难等攻克盱眙后,取得了彭淮之战的完全胜利。于是,秦军越过淮河,长驱直入,深入到了江淮腹地,企图开辟江淮新战场。

当月,秦兵六万围困幽州刺史田洛于三阿(今江苏金湖东南平阿西村),一时间,东晋朝野震动,人心惶惶。因为三阿离开广陵或建康的长江北岸,都不超过百十余里,这其实就是兵临城下了。

于是,东晋朝廷紧急动员,一是沿江设防,加强江南方向警戒;二是调遣征虏将军谢石率水师屯军涂中，在长江以西方向警戒（长江建康以上至芜湖段为南北走向；以下为东西走向）；三是调集四万兵众，交右将军毛安之统率，屯军堂邑，在江北方向警戒。

这时候，彭超又想重演东西并进的故伎了。他分出二万骑兵交给毛当和毛盛，让他们进攻堂邑，自己则继续围困三阿。

但是，这一军事行动被谢敏锐地发现了破绽：分兵二毛进攻堂邑，岂不自己弱化了三阿攻势吗！谢玄迅疾作出反应，统兵奔袭三阿，从而，东部战场形势向着绝地反击方向转化了！

由于彭超的东、西对进和谢玄的果断出击，东晋在东部战场赢得了难得的战略优势。

一是兵力优势。前秦彭超等率部进入彭淮战场时，兵众有七万。前期进攻彭城和淮阴时，虽连战皆捷，但消耗也很大，因此由襄阳战场的毛当毛盛部众前来补充。以后彭超虽攻取了盱眙，但又有了新的消耗。因此，彭超率部围困三阿时，只剩下兵众六万了。为了奔袭堂邑晋军，彭超又分兵二万给二毛，所以围困三阿的秦军只剩下了四万。

而此时谢玄的北府兵，包括三阿被围的田洛部众，已拥众六万上下，足以攻歼彭超军。

二是地理优势。三阿地处盱眙和广陵的正中和古舄胡西岸。这里是高邮湖的前身，虽当时尚未形成当代规模，但浅湖遍地，湖湖相通，号称三十六湖；周围湿地和盐碱地毗连成片，河流纵横密布，水土都带咸味。这样的地理环境，最有利于发挥南方水师攻防兼蓄之长，和会水步兵机动作战之能；而极大地妨碍了北方骑兵和步兵的展开。秦军既没有水师，也不识水战。此后的盱眙、淮阴等也和三阿地理相似。

三是士气优势。前秦军虽深入东晋腹地，横冲直撞，如入无人之地。但这反而使东晋兵民，更痛切地感受到了国破家亡的紧迫，由此更激发了作殊死搏斗的豪情，曾经痛失家园的北府兵士气更为高涨。

谢玄当机立断，在彭超和二毛稍分即合的短暂间隙，立即率部驰援田洛。三阿城下，谢玄出其不意地以重兵进攻和守军出战相结合，构成了对彭超军的战略大反攻。三阿城外秦军大败。晋太元四年(公元 379 年)五月二十五日,彭超、俱难等败退盱眙。

但是,就在同时,堂邑晋军在前秦毛当等的袭击下崩溃了。东晋堂邑屯兵统帅毛安之真是昏聩无能之辈,四万重兵在他统率下,居然未经激战就溃散了。但是,毛安之部虽徒有重兵虚名,此时在谢玄的东线棋局上,却也起到了虚晃一枪、分敌兵势的作用,因此溃有所值。

此刻,谢玄不因毛安之部溃散而心存旁骛,继续穷追猛打,以维持自己的战略优势。谢玄会合田洛后,率兵五万猛追彭超。两军在盱眙又展开了激战。盱眙在破釜塘(今洪泽湖)和淮河之南,其地理环境和三阿一样,同样不利于秦军,而有利于发挥晋军之长。于是,六月初七,彭超、俱难等复又大败,退守淮阴。谢玄等继续猛追穷寇至淮阴。

淮阴东频大海,西缘破釜塘,是古泗水和淮水交汇入海的地方,河网纵横,水流密布。由于水势盛大,这里的潮汐非常明显,更是发挥晋军水师之便的绝佳战场。于是,谢玄出奇兵,派何谦率水师去进攻秦军。何谦水师乘着夜色和潮水上涨机会,出敌不意开始进攻淮阴。他们先烧毁了淮桥,扫除了舟船进发的障碍,然后直取内城。秦军大败,洛洲刺史邵保战死,彭超、俱难等率残部越过淮河,逃奔淮北。

谢玄率大军与何谦、田洛等部会合后,也渡过淮河,穷追至君川截住了秦军。北府兵主将刘牢之一马当先,率部攻占了秦军用空船搭建的北逃浮桥,切断了他们的退路;督护将军诸葛侃、单父县令李都等,同时攻占了秦军的运兵船队。秦军陷入混乱,彻底崩溃,彭超、俱难部全军覆没。“难等相率北走,仅以身免”,(《晋书·谢玄》)彭超、俱难等少数人逃脱。这时候已是晋太元四年(公元 379 年)六月下旬。

彭超军在江淮战场上是注定要失败的。一方面,彭超已孤军深入到了东晋腹地,这就必然失去前秦后方的战略支援,使之进攻变成强弩之末;另一方面,彭超军在三阿、广陵、堂邑三角军事区域内左右回旋,就必然要分头对抗来自三个方面的压迫,分兵之举势在必行。即便堂邑晋军没有战斗力,秦军也要分兵抵抗。这种四面出击的态势必然会进一步分散秦军有限的兵力。因此,彭超军在这里已深深陷进了战略被动之中，这就给谢玄留下了战略上的无限空间。

谢玄的君川大捷彻底扭转了东线败局，同时把东晋边界稳定在了淮河南岸；淮阴、盱眙等战略要地也重归东晋，从而重又牢牢控制了淮河这道天然防线，为长江和建康找回了战略屏障。

东晋朝野弹冠相庆；孝武帝下诏，晋升谢玄为冠军将军、东兴县侯，并兼任徐州刺史；王蕴转任会稽内史、都督浙江东五郡军事。

无疑，谢玄个人作用是战役胜利的关键。他能在战场瞬息万变、毛当和彭超稍分即合的短暂时空之间，把握稍纵即逝的战机，最大限度地发挥自己的战略优势，疾风暴雨般穷追猛打秦寇，打得彭超既无招架之功，也无还手之力，更无暂时获胜的毛当军施以援手之机，只能走狼奔豕突、败退淮北之路。谢玄称得上是当时第一流的儒将。

谢安也因当初独具慧眼，力排众议，举谢玄而不避亲的恢弘器局，和“强寇压境、镇以和靖”的宰相风度，受到朝野好评。时人把谢安和王导相提并论，还认为其文雅风采胜过王导。

一年后，朝廷晋升谢安为卫将军、开府仪同三司，并晋封为建昌县公。谢安在江淮之战中正确决策绝地反击，从而获得君川大捷，确实功不可没。

谢石也因此战被封兴平县伯。

一时间，谢家门庭若市，瑞气缭绕。但是，几家欢乐几家愁，几家妒忌几家忧？不得而知。

前秦苻坚得到君川大败消息后大怒，于当年七月逮捕主帅彭超问罪。昔日千军万马的统帅，不日将受制于舞弄刀笔的小吏，彭超羞愧难当，于是自杀了。俱难逃回后，虽被宽宥，但被削职为民。

但东晋损失也极为惨重。随着淮北重镇彭城的丢失，晋东部的北线边界向南萎缩了三百余里。而前秦，则任毛当为徐州刺史，镇彭城；任毛盛为兖州刺史，镇胡陆；任王显为扬州刺史，戍下邳。从此，前秦正式迈开了问鼎东晋的脚步。

第十九章　问晋鼎轻重

一、投鞭断流

晋鼎可问否?

自公元 373 年十一月,前秦攻取了东晋梁、益二州开始,至晋太元四年(公元 379 年)六月下旬,东晋取得君川大捷为止,在这五年半的时间里,秦、晋双方几经较量,互有胜负。但东晋损兵失地而居守势,前秦攻取梁、益、襄、彭、淮北而居攻势。这就进一步助长了苻坚吞并东晋的野心。

坚锐意欲取江东,寐不能旦。《资治通鉴·晋太元七年》

苻坚吞并东晋之意,达到了朝思暮想、夜不能寐的地步,可谓意坚志深矣!

但是,经过五年多的军事较量,前秦绝大多数朝臣和王室成员,却认识了东晋"弱而难屈"的真实国情,因此都不赞成伐晋。这大大出乎苻坚意料。

晋太元七年(公元 382 年)十月,苻坚大会群臣,讨论是否伐晋。会上意见,主要是主战、附和、反对、纵恿等四种:

一是主战,以苻坚为代表。他认为,前秦国用近三十年时间基本平定了四方,但还有东南一隅没有被统一。现在全国可以动员九十七万军队,足以吞并东晋。他狂妄地说:

以吾之众旅，投鞭于江，足断其流。（《晋书·苻坚》）

他自信，前秦实力雄厚，马鞭投入长江，足以断其洪流。

二是附和，以朱肜为代表。他说："陛下替天行道，必然所向无敌、兵不血刃。晋国皇帝不是匍匐军门、乞求投降，就是远走江海、客死他乡。现在伐晋，真是千载难逢的好时机。"这是泛泛而谈的奉承话，除了误导苻坚外，毫无实际意义。

三是反对，而且都是重臣和王室主要成员，其中不乏真知灼见。

尚书右仆射权翼首先反对。他说："商纣无道，但朝中有微子、箕子、比干三大贤人，因此周武王撤回军队停止征讨。现在东晋谢安、桓冲等也是江左伟人，君臣和睦，上下同心，不可以伐晋。"

太子左卫率石越也反对。他说："晋朝君臣虽无德政，但也无大罪；又据有长江天险，且受到军民拥护，不可轻伐。我们还是按兵不动、广积粮草、相机而动为好。"

太子苻宏劝谏说："现在天时倾向江南，晋室君臣无罪；我们国内财力匮乏，伐晋不成也失威信，这是我们下面人的普遍担心。"

苻坚的佛门亲信道安也被群臣请出来劝谏。他对苻坚说："陛下顺天应命而统治天下，稳居中原而驾驭四方，完全可与尧、舜媲美，何必再奔波劳碌、经略远方呢？而且东南地势低洼潮湿，容易沾染灾气，哪里值得您大驾光临！"

苻坚最宠爱的张夫人也劝谏说："臣妾听说，天生万物、王治天下，都应任其自然。现在朝野之人都说不可伐晋，独陛下决意南伐，臣妾不知陛下有何依据？臣妾又听说，王者出师，必须上观天意，下顺民心。现在人心不赞同伐晋，上天也垂不吉之象，这些都是出师不利的征兆啊。"

苻坚最得宠的幼子中山公苻诜（shēn）也进谏说："臣听说，国之兴亡，在于是否信用贤人。现在的阳平公（苻融）是国家的主要谋臣，而陛下却不听信他的意见；晋有谢安、桓冲等一批贤臣，陛下却非要南伐,臣私下里感到大惑不解。”

苻坚同胞兄弟、阳平公苻融进谏最多。苻坚单独征求意见时,苻融说:“现在伐晋有三难:天道不顺,此其一;晋室没有给我们可乘之机,此其二;我军连年征战,兵疲民怨,此其三。群臣中说不可伐晋者都是忠臣。”

酝酿伐晋中途,苻融又进谏说:“《老子》曰:知道心满意足就不会受到侮辱,知道适可而止就不会出现危险。自古以来,凡穷兵黩武者无不败亡。况且,我们国家本来属于戎狄之邦,正统不归我们。晋室虽然懦弱生存,却是中华正统,天意必定不会灭绝它。”

临战前,苻融再次进谏说;“鲜卑、羌等外族人是我们的仇敌,他们经常盼望风云变幻,以实现复辟之想。他们所呈之策怎么可以听信呢!官宦富豪之家的从军青年都是膏粱子弟,不懂军事,只会阿谀奉承地说些迎合陛下的话。陛下若依据这些人的意见施行军国大事,恐怕后患无穷,懊悔不及。”

四是纵恿,以慕容垂为代表。

苻坚对朝中重臣和王室成员的反对意见,一概不予理会。他最顺耳的意见,反而是胞弟苻融要他提防的、“常思风尘之变”的、妄图复辟旧有国家的归降者的意见。慕容垂是这些人的总代表。苻坚在统一北方过程中,对归降的各少数民族上层贵族一律给以优遇。但这些归降者却常常思想复辟旧有之国,巴不得前秦南征北战,疲惫国力。

慕容垂居心叵测、极力纵恿苻坚说:“弱被强所并,小为大所吞,这是自然趋势,不难理解。陛下神明英武,威加四海,强兵百万,良将满朝。弹丸之地的江南晋朝,居然敢违抗王命,哪能留下他们传至后代?陛下圣心独断就可以了,何必广泛征求朝臣意见!晋武帝平定吴国时,所倚仗的就只有张华、杜预等两、三个大臣,如果听从群臣意见,岂能获取一统天下的大功!”苻坚听后十分高兴,说:“能与我一起平定天下的人只有你!”于是,赏赐慕容垂五百匹布帛。

终于,前秦伐晋争议在苻坚的一意孤行下,倒向了主战派和居心叵测者一方。

二、波澜不惊

可是，晋鼎难问！

自晋太元四年（公元379年）六月下旬君川大捷始，止于淝水大战爆发的晋太元八年（公元383年）八月初，东晋获得了四年多时间的休养生息。

在此期间，东晋政治上平和稳定。虽然微有涟漪，但无关宏旨。晋太元五年（公元380年）五月，距离君川大捷已经一年，朝廷以往年击退秦兵之功，晋升谢安为卫将军；并和桓冲一起加开府仪同三司。同年十月，九真太守李逊占据交州叛乱，但第二年七月即被交趾太守杜瑗平定。晋太元六年（公元381年）正月，朝廷任谢石为尚书仆射，这是大权在握的尚书省次官。晋太元五年（公元380年）六月，会稽王司马道子被任为司徒，但司马道子坚决推辞了。司马道子是晋孝武帝的同母胞弟，年仅十七岁。到晋太元八年（公元383年）八月，司马道子又被任为录尚书六条事。这时，谢安正在录尚书事任上。司马道子的录尚书六条事，职权与录尚书事基本相当。因此，朝廷中枢有了两个“录尚书事”。这种安排很微妙，晋孝武帝是否要分掉谢安一部分权力呢？幸好，大战在即，君臣间的诸多猜想被北方隐隐战鼓声淹没了。所以，这时的东晋政坛仅是微有涟漪而已。

军事上，东晋与前秦处于战略相持阶段，双方互有骚扰和冲突，但东晋略占上风。晋太元六年（公元381年）十一月，秦荆州刺史梁成、襄阳太守阎震率二万兵众进攻东晋竟陵。竟陵是原荆州刺史驻地江陵的北大门，在这里，汉水转折向东，和长江并行至夏口进入长江。因此，竟陵也可说是汉水进入长江的最后咽喉，这岂容前秦轻犯？因此桓冲派遣南平太守桓石虔、卫军参军桓石民兄弟俩，率水、陆兵众二万抵抗。十二月初八，乘秦军屯兵管城地区时，桓石虔军夜渡澨水，发起了偷袭。梁成、阎震军大败，退守管城。桓石虔率部紧紧包围，又攻克了管城，并俘虏了主将阎震及大小将尉二十九人、“斩首七千级、俘获万人、马数百匹、牛羊千头、具装铠三百领。”《晋书·桓石虔》梁成则败走襄阳。桓石虔乘胜进据了樊城。朝廷对此役非常满意，立即予以褒奖，让桓石虔兼任了河东（今湖北松滋境内）太守职，桓冲另一个儿子桓谦也因此进爵为宜阳侯。由于进据了樊城，东晋前沿阵地推进到了襄阳城下，和前秦隔汉水相望。因此，晋太元七年（公元 382 年）九月，桓冲又派遣杨威将军朱绰，反过来进攻襄阳。虽然襄阳未克，但晋军焚烧和践踏了前秦在汉水以北的军屯农作物，并掠取了六百民户而归。

经济上，除晋太元六年（公元 381 年）江东稍有灾荒外，其他几年还算风调雨顺，五谷丰登。

所以，东晋这四年总体上尚属平和，有利于谢安“镇以和靖”的内政外交方略的贯彻实施，也有利于国内经济、军事实力的不断积聚。

时光进入晋太元八年（公元 383 年）时，前秦即将发动战争的烽烟越来越浓。谢安为首的东晋朝廷首先作出了反应：命令西线集团按桓冲既有谋划，全线出击；同时督促东线谢玄集团全面戒备；全国范围施行大赦，以求安定；朝廷中枢迅速制定了完备的攻防方略。

但东晋这时仍然以防御为主，只是战略姿态上转变为以攻为守。

晋太元八年（公元 383 年）五月，西线桓冲依据其“全重江南，轻戍江北”的防御构想，率部全线出击。

此时，荆州北部已失去了梁州和襄阳的藩卫；西部也丢失了益州屏障，以荆州为中心的原东晋腹地，现在已全部暴露在前秦面前。面对前秦咄咄逼人的进攻态势，桓冲感到江北晋土岌岌可危，最好的结果也只是未来的战场而已，而不再是完整的领土。晋太元六年（公元 381 年）十一月，前秦阎振等之所以敢率二万兵众，进攻晋重镇江陵的邻居竟陵，就是因为这时长江和襄阳之间，除了秦晋双方各自派兵据守的城池是界限分明的领土外，其他土地其实早已是犬牙交错的战斗阵地了。而江南，北有长江所阻，西有重兵防卫，保全的希望很大。《晋书·桓冲》说：

初，冲之西镇，以贼寇方强，故移镇上明，谓江东方弱，正可保固封疆，自守而已。

从这里可以看出，桓冲刺史荆州以来，执行的一直是消极防御的战略方针。因为他认为“贼寇方强”，所以他一到任，就将荆州驻所由长江北岸的江陵移到了长江以南的上明；第二年二月，前秦急攻襄阳时，他拥兵七万，不敢往救；现在，前秦攻晋咄咄逼人之时，他又制定了一个“全重江南，轻戍江北”的战略防御方案。说到底，桓冲认为“江东方弱”，难以保国，只能守家护院，得过且过了。其实，“全重江南，轻戍江北”，是桓冲以保护家族西部利益为主而制定的防御方案。这就大错特错了，覆巢之下，焉有完卵？

桓冲不知道的是，前秦苻坚此时正准备招降他，任他为“侍中”呢，并提前在为他建造“侍中”府 了，哪里还会让他继续盘踞在荆州“保固封疆”？因此，“全重江南，轻戍江北”方案，过于悲观保守，其实际收效也就可想而知了。桓冲太低估己方的实力了。

“全重江南，轻戍江北”方案的战略目标是两个：一是“全重江南”目标，指重兵扼守长江南岸，阻止秦军顺江而下；二是“轻戍江北”目标，指在江北实行机动作战，阻止秦军由襄阳南下。

依据“全重江南，轻戍江北”的不同战略目标，桓冲实施了一系列军事行动。

在江南，以上明（今湖北松滋境内）至夏口(今湖北武汉市)一线为沿江防守重点，任桓石虔为河东太守，防守上明为中心的西部区域；任桓石民为襄城太守，防守夏口为中心的东部区域；桓冲自兼江州刺史，防守上明至夏口之间的中部区域。

在江北，以两个方向上的秦军为攻击目标：一是汉水流域。桓冲自己率主力，实施进攻襄阳的战役；同时派前将军刘波等，率部进攻汉水北部诸城；派鹰扬将军郭銓等，进攻武当；其他将领，分别进攻万岁（今湖北谷城附近）、筑阳（今湖北谷城东）等地。二是巴蜀方向。派辅国将军杨亮等，率部进攻巴蜀，重点进攻涪城（约为今重庆彭水）。

一时间，西线晋军，杀气腾腾，逼的前秦东奔西走、忙于救援。于是，苻坚派遣兖州刺史张崇救援武当；派遣后将军张蚝和步兵校尉姚苌，救援涪城；派遣征南将军苻睿和冠军将军慕容垂，率兵五万，救援襄阳。

苻睿进兵新野(今河南新野)后，屯军襄阳远北；慕容垂进兵邓城(今湖北襄阳北)后，屯军襄阳近北。秦军两大兵团梯次配置的阵势，给兵势分散的桓冲造成了巨大的威胁，桓冲又退回到汉水南部；但秦慕容垂又追到汉水北岸。晚上，慕容垂又作疑兵之计，命每一个士兵做十把火炬，捆在树上，方圆数十里都被照得灯火通明。吓得桓冲又退过长江，回到了上明。

倒是郭銓和桓石虔，他们在武当打败了秦兖州刺史张崇，并掠取二千民户全胜而归。杨亮进攻巴蜀，一开始就攻取了五座城池，进攻涪城时，秦张蚝兵出斜谷来救。杨亮见好就收，率部撤退了。

“全重江南，轻戍江北”防御方案的实施，有限地展示了东晋军威，起到了一定的战略牵制作用。

这时，东线集团也紧锣密鼓，增兵添将，厉兵秣马，以防前秦早晚要来的东线进攻。

三、已别有旨

晋鼎可移！苻坚固执地如是想。

晋太元八年(公元383年)五月，几乎与桓冲实施“全重江南，轻戍江北”的同时，前秦苻坚正式下达诏书，征兵伐晋。前秦规定，十丁抽一，即十个成年人抽一个壮丁充军；另外规定，二十岁以下官宦富豪之家从军子弟，有才能和武艺者，都授以羽林郎官位，由此征得三万余骑，任命秦州主簿赵盛为少年都统，率领指挥；还征调各州公私马匹，一律充作军马。通过强征硬抽，前秦组成了百万大军。

当年八月，前秦正式出兵。苻坚任苻融为前锋都督，指挥张蚝、苻方、梁成、慕容垂、慕容暐等，率步骑二十五万为前锋；任姚苌为龙骧将军，督益梁二州诸军事；自己率主力六十万、骑兵二十七万，从长安出发,水陆并进。一时间,旗鼓相望,前后千里,兵势之盛,旷古未有。

前秦攻晋部署是兵分三路:

西路侧翼的益、梁、蜀、汉之兵,沿长江水陆并行,顺流而下,运动至夏口(今湖北武汉市),再相机北上,会战江、淮,或可直取历阳、建康。

东路侧翼的幽、冀之兵,则直接从幽州、冀州出发,会战江、淮。

中路主力从长安出发,以后在许昌进入汝水和颍水,水陆并行,直驱江、淮。

中路大军从长安经渭水进入黄河,再出石门,然后又兵分两路:一路由慕容垂、慕容暐率领向南,拟会合益、梁、蜀、汉全部兵众,在西线向夏口方向攻击前进;另一路主力,则分别进入汝水和颍水,向寿阳主战场进发。

前秦出兵其实早已是公开的秘密。谢安和中枢确认秦军进军方向和时间后,又进一步明确了东线防务的具体部署:

一、解除谢石的尚书仆射职务,任命他为征虏将军、假节、征讨大都督,全权指挥抗秦各路大军。

二、任命徐、兖二州刺史谢玄为前锋,都督徐兖青三州、扬州之晋陵、幽州之燕国诸军事,统一指挥辅国将军谢琰、西中郎将和豫州刺史桓伊、龙骧将军檀玄、扬武将军陶隐等,率兵七万,奔赴寿阳前线抵抗。

三、命令驻守下蔡的龙骧将军胡彬,率水军五千,就近增援寿阳。

这时,前秦百万大军,三路急进,对东晋形成了泰山压顶之势。

是时,秦兵既盛,都下震恐。《资治通鉴·晋太元八年》

面对汹汹而来的百万秦军,建康乃至全国震动和恐惧了。这时候,东晋朝野一片惘然。大约只有谢安一人镇静自如,其他人都莫知所归了。

首先是实力人物震恐了,其代表桓冲第一个忍不住。他以国是为重,派出三千精锐入援建康,但被谢安坚决推辞了。谢安捎话给桓冲说:朝廷已有安排,这里不缺兵力,西藩重地应多留兵马加强防卫。其实，三千人马比之前秦百万大军，简直是鸿毛一羽，无济于事。更重要的是，谢安还希望通过拒绝西藩入援，增强桓冲抗秦信心。

以后，少壮派也震恐了，其代表谢玄一样忍不住。大战在即，但谢安为首的中枢却毫无反应，谢玄迟迟得不到中枢指令。到了晋军整装待发之际，谢玄再也忍不住了，他乘朝廷即将召开最高军事会议之机，提前来到谢安处。他问叔叔，能否面授机宜？谢安镇静如常，聊无惧色，坦然回答说：

“已别有旨。”既而寂然。（《晋书·谢安》）

谢安只回答“朝廷已另有安排”一句话，接下来就沉默不语了，谢玄也不敢再多问。毕竟，这是最高军事机密。

但是，谢玄作为“最高军事机密”的直接实施者，不能没有底。于是谢玄又请好友张玄再去打探。张玄时任“左卫将军”，此时，刚奉朝廷之命，在桓冲处“咨谋军事”（《晋书·桓冲》）回京，因此有理由和谢安探讨抗秦方略。但谢玄失望了，因为张玄也不得要领。这一天，谢安反而雅兴大发，吩咐牵马备车，要去“东山”的别墅赏景游玩了。谢安当时在建康东南的土山（今江苏南京江宁区东山镇）地方，仿造了一片貌似始宁东山的园林别墅。亲朋好友听说后，都赶来助兴。谢安与谢玄以一处别墅为赌注，下围棋决一输赢。谢安棋艺平常都差于谢玄，但这天谢玄因抗秦方略无数，心存旁骛，遂使对弈成为平局。这也有一点小麻烦，因为胜负未分，别墅无所归属了。于是，谢安回过头去对外甥羊昙说：“就把别墅送你了”，接下来就信步漫游去了，至夜方回。

但是，谢安没有回家，而是直接回到中枢，连夜召开了决战淝水的最高军事会议。

至夜乃还，指授将帅，各当其任。（《晋书·谢安》）

这时候的谢安，一改清谈家的优雅风度，倏忽成了沉毅果断的最高军事统帅。他胸有成算、运筹帷幄、指挥若定地部署了抗秦方略：积极防御，守淮以守江。

即，扼守淮河，屏蔽长江，藩卫建康。

谢安的战略意图是，针对前秦兵多将广，但远道而来、战线过长、意必速战的姿态，我方反其道而行之，充分发挥精兵强将的优势，背靠大江，扼守淮河，以逸待劳，持久疲惫秦寇，最后决胜江、淮间。

谢玄、谢石、桓伊、谢琰、檀玄、陶隐等各路将帅，一一领命，整装待发。

桓冲听说于此非常时期，宰相谢安还携子侄、好友赏景游玩，大不以为然。他失望地对左右官佐说："谢安有宰相之量，但不懂军事；如今大敌当前，他还游山玩水、清谈不息；任命的抗秦诸将又都是些没有世事历练的年轻人；兵马又少；天下大势也就可想而知了，我们等着做胡人的俘虏去吧！"

可是这一次，桓冲又低估了己方的实力。

不过，保守悲观的人绝不止桓冲一人，还有人对谢玄出任前锋统帅同样持保守悲观态度。《世说新语·识鉴》载：

韩伯康与谢玄亦无深好，玄北征后，巷议疑其不振。伯康曰："此人好名，必能战。"玄闻之，甚忿，常于众中厉色曰："丈夫提千军，入死地，以事君亲，故发，不得复云为名！"

谢玄出任前锋统帅，居然在街头巷尾都引起了怀疑议论，可见疑虑不小。韩伯康是殷浩的外甥，与谢玄没有深交。但他知道谢玄有能力抗秦取胜。但是，他给出的"好名"论据实在太卑下了。还是谢玄说得好：大丈夫统率千军万马，出生入死，为的是效命国家，报答君亲，侈谈什么名声云云！

巷议街论也罢，豪言壮语也罢，这些都不重要，最重要是立即挥舞北府之剑，横扫百万秦寇于疆场！

谢玄领兵出征了。

第二十章　淝水大战

一、寿、郧两失

谢石、谢玄率领的七万之众，是以徐、兖二州北府兵为主力、以豫州西府兵为辅助的抗秦部队。北府兵从广陵出发，向北进入盱眙，顺着淮河向西水陆并发、挺进寿阳前线；西府兵则直接由历阳出发，向西北直驱寿阳。

可是，寿阳前线的争战比北府兵进军要快的多。

晋太元八年（公元 383 年）九月中，前秦二十五万前锋推进到了颍口。颍口位于寿阳城西南，两地相距四十里，是颍水西来入淮处，故名。所以，这时的寿阳已兵临城下、岌岌可危了。

寿阳是政治名都。公元前 278 年，秦国大将白起攻克楚国京都郢城（今湖北江陵）；楚人未作坚决抵抗就弃城东迁，“保于陈城”，陈城即今河南淮阳。三十七年后，公元前 241 年，楚人又迁都到了寿春地方，仍名“郢”。秦王政二十三年（公元前 222 年），楚国和秦国在此进行了最后决战，楚军大败。公元前 223 年楚王被俘，楚国宣告灭亡。秦废郢置寿春县，同时作秦淮南郡驻所。西汉时，刘邦子刘长被封为淮南王，都于寿春，是为淮南王都城。后来，刘长儿子刘安继嗣为淮南王，因谋反自杀，王国被废，寿春也被改为九江郡驻所。以后，从三国曹魏至西晋，这里都为淮南郡驻所。东晋时，这里又多次成为豫州刺史驻所。以后，简文帝司马昱称帝，避母亲郑阿春讳，寿春改称寿阳。

寿阳也是军事重镇，为中国冷兵器时代四大战略要地之一，号称

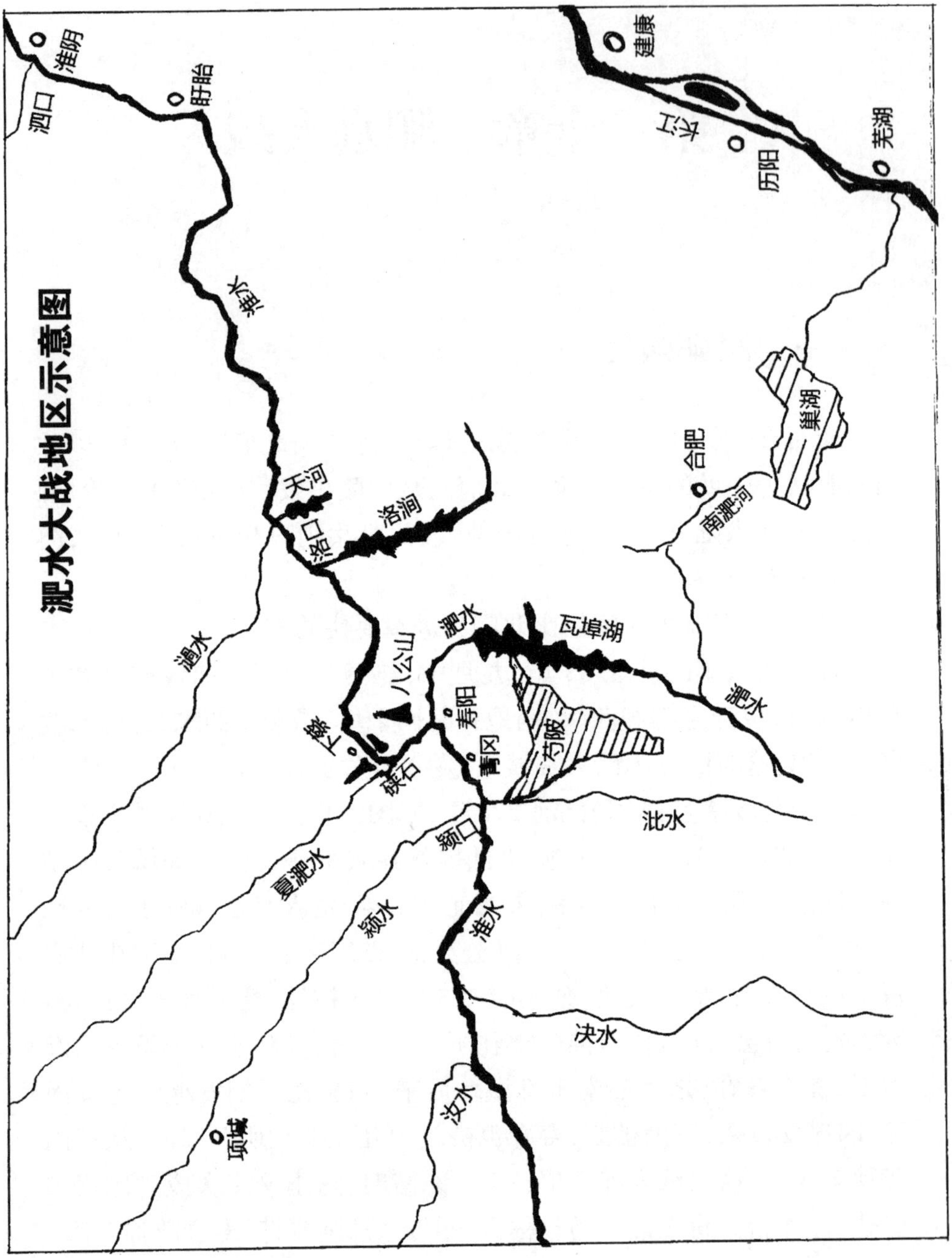
淝水大战地区示意图
淮阴
盱眙
泗口
淮水
天河
洛口
洛涧
建康
芜湖
历阳
巢湖
合肥
南淝河
淝水
瓦埠湖
八公山
寿阳
下蔡
硖石
芍陂
涡水
夏淝水
颍口
颍水
淠水
淮水
决水
汝水
项城
淝水

“中州咽喉，江南屏障”。它位于长江和黄河之间的第一大河——淮河的中部南岸；北来的夏淝水、颍水、汝水，都在这里汇流入淮；决水、泄水、淝水又在这里出淮而南去。在这里，向南经淝水、巢湖可直达长江，进逼历阳、建康；向东经淮河、邗沟等，又可直下广陵，包抄建康。因此，北方政权占有它，可从西、北两个方向获得源源不断的兵源和粮秣补充，而无后顾之忧；反过来，南方政权据有它，则可依托东、南两个方向的支持，有力地抵抗北来势力的入侵。所以，寿阳的战略地位非常重要。于北方政权而言，它是南下的前进基地；于南方政权而言，它是抵抗北方势力的西北关隘。

寿阳历来是兵家必争之地。秦王政二十四年（公元前223年），楚、秦两国在此进行了生死决战，最后秦国克郢破楚，宣告了楚国的灭亡。秦国的克郢之战，是战国后期的最大规模之战，也是中国军事史上的旷古大战，更是世界冷兵器战争的巅峰之战。

公元前232年至公元前221年，秦国花费了十二年时间，完成了中国的统一大业。公元前226年，秦国攻取了楚国十座城池。于是，秦王嬴政向大将李信问计：夺取全部楚地需要多少兵力？李信回答二十万足够了。嬴政又问王翦，王翦回答非六十万不可。嬴政说，王翦老了，胆怯了。于是让李信和蒙恬统兵二十万进攻楚国。楚国名将项燕奉命抵抗，他收缩防线，退兵淮北，尽弃寿阳西北陈城、平舆、寝城（今河南淮阳、平舆北、沈丘东南）诸城。李信兵不血刃占领了上述诸城，但分兵把守却分散了大部分兵力，这正是项燕之谋。当秦军到达淮北时，只剩下了十一万人马。项燕于是集中优势兵力，乘李信引兵西去会合蒙恬之际，三天三夜不停顿、不休息，连续追杀秦军，李信大败而归。

嬴政闻讯大怒，亲自到王翦那里道歉。在嬴政的力请下，王翦率六十万大军再次攻楚。楚国也由项燕统兵六十万与之对抗。于是，一百二十万雄兵坚阵寿阳的淮河之北，上演了一场世界冷兵器军事史上空前绝后的巅峰对决。这一次，王翦屯兵平舆，坚壁不战；天天让士兵休息、洗澡、好吃、好喝；自己也和士兵一起用餐。王翦想用持久战拖垮项燕。就这样，秦、楚两军对峙了约一年。终于，项燕坚持不了了。

大兵团对决，其实就是综合国力的较量。秦国经过商鞅变法，国富民强；战国后期又吞并了韩、魏、赵三国，并攻取了楚、燕、齐大片土地和人口，国力大增。因此秦国有足够的人、物、财力，支撑王翦六十万大军长期在淮北屯兵。而此时的楚国正好相反，自公元前298年楚怀王被拘死秦国始，楚国连年损兵失地，国势日渐衰落。项燕与王翦对峙时的楚国，实际已没有了足够的人力、物力、财力支撑持久战。

终于，项燕率军向东转移了。

王翦抓住这一有利战机，全线出击，以精锐部队大败楚军。秦军追到蕲（qí）城（今安徽宿县东南）之南，与楚军大战，并杀死了项燕。楚军从此望风披靡，楚地尽为秦国郡县。公元前223年，楚王负刍被俘，楚国灭亡。

时过境迁六百年，历史重又循环。如今，古都寿阳城下又一次云集了百万大军，又要进行一次国家存亡的生死对决了。

鹿死谁手？这让东晋朝野无不心慌意乱。

这时候，东晋寿阳的防御力量非常薄弱，守将徐元喜仅掌握数千兵众。晋东线的抗秦主力尚未集结完毕，一时难有大军驰援。于是，徐元喜向驻守在下察的龙骧将军、宣城内史胡彬紧急呼救。

胡彬水军属于扬州刺史府管辖，但淝水大战期间归谢玄指挥。桓冲在西线实施“全重江南，轻戍江北”战略时，谢玄命胡彬率部进攻下察（今安徽凤台县），并令刘牢之率二千兵众为后援，这是东线声援西线的战略牵制行动之一。胡彬攻取下察后，就驻军于此。这时寿阳危急，朝廷急令胡彬增援寿阳；胡彬水军立即驰援。此去寿阳城可由淮水进发，路程不过五十里，两个时辰就可赶到。

但是，秦军前锋进展神速。攻城部队的主将是前秦悍将张蚝，灭燕之战中，他跟随前秦大将邓羌率前锋部队，打垮了前燕数十万兵众，夺得了灭燕首功；桓冲实施“全重江南，轻戍江北”战略时，晋将杨亮进攻巴蜀涪城，张蚝引兵出斜谷攻袭晋军，逼得杨亮率部撤退。因此，寿阳区区数千晋军即刻就被打败了，守将徐元喜、安丰太守王先等统统被俘。徐元喜官名平虏将军，现在反成了前秦的俘虏，真是莫大的讽刺。晋太元八年（公元383年）十月十八日，苻融率军进驻寿阳，并立即任命他的参军郭褒为淮南太守，管辖寿阳。

与此同时，前秦西线向夏口方向攻击前进的慕容垂部，也攻取了郧（yún）城（今湖北安陆），守将王太丘被杀。郧城通过涢水至夏口约一百八十里，因此慕容垂部实际已踏进了东晋江北国土。前秦西线的进攻，对东晋构成了很大的威胁，一是可以切断东晋荆州集团向东线增援的线路，二是可以协同前秦梁、益兵众，围堵东晋荆州集团在西部一隅，聚而歼之。三是掌握了向北或向东多项出击的主动权：向东可攻取历阳、进逼建康，向北可从夏口直赴淮河、会战寿阳，等等。

随着寿阳、郧城的攻取，前秦东、西两路前锋频频得手。东晋建康的西北、西南两个方向已经门户洞开了。

寿、郧两失，东晋危急！

二、硖石困厄

晋太元八年（公元383年）十月，前秦苻融进据寿阳后，二十五万大军就停止前进了。因为，这时候寿阳前线的军事态势，让苻融感到不安。

这时候，前秦百万主力还没有跟进。

九月，坚至项城，凉州之兵始达咸阳，蜀、汉之兵方顺流而下，幽、冀之兵，至于彭城，东西万里，水陆齐进，运漕万艘。（《资治通鉴·晋太元八年》）

前秦东、西万里的庞大部队，加上近万条运送粮秣辎重的船队，怎么能在短期内到达寿阳前线呢？

中路主力从长安出发，在苻坚统率下，这时已到达项城（今河南沈丘),此去寿阳四百里。

西路凉州之兵刚到咸阳;蜀、汉之军开始顺流而下。

东路幽、冀之众已到彭城。

三路大军进展不一,首尾相去近万里,这使苻融前锋部队过分突出。这种易于受到攻击的军事态势,使苻融不安起来了。

同时,东晋胡彬军的出现,也让苻融感到不安。他以为胡彬军是东晋派出的前锋部队,既然前锋已经抵达寿阳,后续部队将不日而至。

因此苻融让二十五万大军停止前进、屯驻寿阳。他的意图有二,一是步步为营,巩固寿阳前进基地;二是次第推进,等待苻坚后续大军推进到寿阳后,他的前锋部队再向前进发。

围绕等待后续大军和巩固既有阵地两大目标,苻融分兵五万,交由卫将军梁成统率,远去寿阳以东八十里外的洛涧(今安徽淮南市高塘湖)屯军。这样,一可以阻止广陵方向的晋军主力东来;二可以为下一步分兵东南,由淮河入邗沟,进而出广陵包抄建康预作准备。这里是重地,东晋主力北府兵从广陵出发,必将通过淮河在这一方向出现。所以苻融除部署重兵外,还命令梁成部队在洛口的淮河中央拦起了一道坚固的栅栏,用以阻拦东来的北府兵船队。洛口是洛河的入淮之口。

同时,苻融又分兵数万,交由骠骑将军张蚝统率,远去寿阳以南一百里外的淝水南段(今安徽肥西县西北)屯军。淝水由北向南进入瓦埠湖,出湖后逐渐偏向西南。张蚝就在这里的淝水和瓦埠湖连接处屯军,这样,一可以阻击从历阳方向来的豫州西府兵,以及长江、巢湖方向来的晋军水师;二可以为下一步由巢湖进入长江,进攻历阳和建康预作准备。这里也是重地,因为东晋水师和西府兵必将在这一方向出现。

如此部署,苻融自以为万全。但是,这岂不是自相矛盾了吗?前秦大军南来,目的就是寻找东晋主力决战。但现在已到了决战战场,反而向东、向南屯兵,用以阻止晋军,岂不白来寿阳了吗?看得出来,百万大军未齐集之前,苻融很恐惧,不敢单独交战。这就犯下了一个致命的错误：给东晋假以时日，集结部队，东来决战；同时，滞留大军于远离目标的寿阳，丧失了攻其无备、进军建康的大好时机。

东晋这时确实没有准备完毕。

寿阳告急！但派不出部队增援。于是，朝廷指派驻守下察的胡彬军就近增援。但胡彬仅五千水军，无疑是杯水车薪，难以奏效。而且，胡彬水军行进到寿阳附近淮河时，寿阳已被苻融的张蚝军攻取了。胡彬水军非但未达到增援目的，反而把自已置于进退两难的绝地：胡彬水军东面，这时已被苻融派去的五万梁成军抢占了洛涧，并在淮河中拦起了坚固的栅栏；胡彬水军的淮河以北，前秦冀、幽部队正从彭城向寿阳急速扑来；胡彬水军的西面和南面，苻融前锋主力部队已经到达。这样胡彬军就成了瓮中之鳖。幸亏胡彬军是水军，形势危急时可以在水中游弋，秦军奈何不得。万般无奈，胡彬只好原路退回，占据硖石。这里是西北方向流来的夏淝水进入淮河的入口处。

硖石位于寿阳城北十里许。淮河由西而东、逶迤而来，行至寿阳时，遇八公山等山脉，地势突显高亢，于是折向北流，绕了一个大大的“几”字型弯道，然后再向东流去。寿阳城位于“几”字的左下脚里面；硖石位于“几”字的左上角；“几”字的头顶正中是下蔡；“几”字的内部中间是八公山，位于寿阳城北偏东五里许的位置。因此，这里形成了一个非常险要的军事三角区。

淮河流经硖石时，两岸山峰对峙；南、北山上各有一座城堡，居高临下控扼淮河水道，地势十分险要，胡彬军正可引以自固。

胡彬率五千兵众抢占了硖石。秦军对硖石也很看重，因为它是秦军从淮河东进的关隘，因此苻融也派重兵紧紧围困硖石，日夜攻打胡彬军。幸亏硖石山势峻险，三面临水，一面居高，秦军一时半刻难以攻取。

但是，在连日对峙中，胡彬军粮秣渐渐告罄。为了示敌以强，胡彬命人每天在山上扬沙。秦军远远望去，以为晋军天天在扬谷，粮秣很充足。但是，扬沙可以欺骗秦军，却不能欺骗五千将士的肚皮。无奈，胡彬写下一封求援密信，说，现在秦寇兵势强盛，我军粮秣已尽，恐怕再也见不到大军了。然后秘密派人赶送谢石大营。不料，这封密信在途中被秦军截获。

苻融见信大喜，疾忙派人去告诉项城的苻坚："晋军兵少，容易擒获。但恐怕他们知难而逃，企盼各部队急速进兵，会战寿阳。"苻坚接信后非常高兴。他也担心晋军遇到百万秦军后恐惧逃走，使他不能毕功于一役。同时苻坚还感到，晋军兵力薄弱，杀鸡焉用牛刀？百万大军太抬举他们了，前锋秦兵足矣！于是，苻坚舍弃项城八十七万大军，自率八千轻骑兵兼程赶往寿阳。此刻的苻坚非常轻松，一门心思要依靠苻融的二十五万前锋部队灭晋了。苻坚到达寿阳后立即传令各部："敢说我到寿阳的人拔舌！"谢石晋军对此一无所知。

三、洛涧大捷

由于苻融在寿阳前线愚蠢稍息，东晋江淮战场的抵抗力量逐步集结完毕，胜利女神开始偏袒晋军了。

晋遣都督谢石、徐州刺史谢玄、豫州刺史桓伊、辅国将军谢琰等水陆七万，相继距融，去洛涧二十五里，惮成不进。(《晋书·苻坚》)

东晋兵众是分批"相继"开赴寿阳前线的 。

谢玄率主力北府兵，会合谢琰"精卒八千"，(《晋书·谢琰》)由广陵北进淮河，水陆并行，开赴寿阳前线。

但是，谢玄的北府兵推进到洛涧以东二十五里的地方时，就停止进军了。原来，洛涧当面的梁成重兵挡住了谢玄军的兵锋。

洛涧是寿阳城东约八十里外的一处浅湖，南北长约六十里，东西宽约十里，位于由南去北的洛水中部偏北。洛水北流入淮时，先进入洛涧，然后再出涧北流七、八里，由洛口进入淮河。洛涧以东数百里范围内，布满了湖塘和湿地，芦苇篙草遮天蔽日，飞鸟走兽出没其中；洛涧以西，地势略显高亢；洛涧至淮河段，地势平坦，便于屯兵。此时，前秦梁成五万人马就在这里的洛水西岸把守。梁成除了严阵以待外，还在洛口的淮河中央拦起了坚固的栅栏，用以阻挡北府兵船队的进发。

梁成与其扬州刺史王显、弋阳太守王詠等率军五万，屯于洛涧，栅淮以遏东军。（《晋书·苻坚》）

所以谢玄晋军只能先在洛涧东二十五里的远处待机。这里地形和洛涧相似，同样有一处浅湖，南北长二十余里，东西宽五、六里，向北流五里许进入淮河，湖曰“天河”。谢玄军此时就以天河为遮蔽，在河东屯兵。

前秦既有百万大军，却又在洛涧部署五万重兵，但又坚阵不战。谢玄一时弄不明白秦军意图，于是决定进行一次战术侦察。

晋太元八年（公元 383 年）十一月，谢玄派北府兵第一号悍将刘牢之，率五千精锐部队进攻梁成军。刘牢之率部直驱洛涧。在离洛涧约十里的地方，探马飞报：梁成等已率部依涧陈兵，严阵以待了。刘牢之不为所动，继续率军长驱直入。很快，部队赶到了洛涧东岸，对面秦军耀武扬威，气焰嚣张。刘牢之果断下令：强渡洛涧！于是，晋军在刘袭、诸葛求等将领率领下，勇往直前地扑进了冰冷刺骨的洛涧水中，呐喊着冲向西岸。说时迟，那时快，五千勇士犹如猛虎出涧，跃上西岸，奋不顾身，以一当十，凶猛冲杀。秦军主将梁成和弋阳太守王詠当即被斩。秦军大败，纷纷北逃，企图越过淮河奔归秦国。刘牢之立即分兵急驱淮河渡口，切断了秦军归路。前秦步、骑溃败之兵蜂拥而至，争着抢渡淮河。但晋军一部早已抢先赶到渡口，于是前后夹击，刀斧相加，一万五千多秦兵立即身首异处。最后，扬州刺史王显等被俘，辎重器械缴获无数。

洛涧秦军既败，淮河栅栏也被撤除，北府兵水陆并进，迅速占领了寿阳城北的八公山。

洛涧之战是具有决定意义的重大战略行动。此战严重打击了前秦军和苻坚攻晋的信心；极大地鼓舞了晋军的士气；积极地改变了秦、晋对决的战略姿态。

洛涧之战对前秦战斗部队的信心打击是巨大的。前秦五万大军在五千晋军打击下,溃不成军,狼狈逃窜,这无疑是极大的不祥之兆。首先是统帅苻坚、苻融恐惧了。洛涧之战后的一天,苻坚和苻融在寿阳城楼向北瞭望,只见八公山上,军旗猎猎,阵容严整;满山遍野,人草相间,马树莫辩,好像里面都布满了精兵强将。苻坚怅然若失,不由得露出了恐惧的神色。他回过头去对苻融说:"这可是劲敌啊,如何说他们簿弱呢!"苻融看着八公山上的晋军,默然无语。其实,苻坚恍恍惚惚,把八公山上影影绰绰的草草木木,也看作是晋兵了。从此,"八公山上,草木皆兵",成为庸人自惊的典型成语。

统帅恐惧,兵卒能不恐惧吗!寿阳秦兵和全军覆没在江淮战场的秦兵没什么不同,和刚刚覆灭在洛涧之战的秦兵也一样,他们能不恐惧吗!东晋北府兵战无不胜的神话,在前秦军中迅速传播,它像巨大的阴影,深深地笼罩在前秦将士心头。

洛涧之战于晋军而言,主观意图是战术侦察。但在北府兵横扫千军如席卷的凌厉攻势下,前秦五万兵众溃不成军、一败涂地;北府兵以一当十、大显神威。这就让谢玄彻底看穿了苻坚百万大军外强中干的虚弱本质,也为以后敢于以弱势兵力冲杀前秦优势兵众,奠定了全体将士战无不胜的心理基础。

同时,洛涧之战一次消灭前秦军五万人,也即消灭了苻坚前锋的五分之一,客观上又使此战变成了重大的歼灭战。所以,此战以战术行动开始,以演变成为重大战略行动结束。因此,洛涧大捷更坚定了谢玄和晋军战必胜、攻必克的必胜信念。

更重要的是,由于晋军取得了洛涧之战的胜利,从而积极地改变了秦、晋双方的战略姿态,即由原来前秦独占优势演变为秦、晋平分秋色。

本来,前秦军占领寿阳后,把晋军阻拦在八十里外的洛涧,和百里以外的淝南,这就使秦军掌握了"二水一陆"、三个方向的进攻优势:一是向东出淮河,从广陵而京口,向西攻击建康:二是向南由巢湖进长江，从芜湖而历阳，向北攻击建康；三是直接由陆路向东南攻击建康。

现在因洛涧大捷，晋军推进到了淝水东岸和北岸，占有了八公山等居高临下的有利地形，从而完全控扼了秦军向东、向东南两个方向的战略通道；并部分控制了秦军向南的进攻方向；初步抑制住了前秦长驱直入的势头。同时，前秦总兵力也由二十六万下降为二十一万，晋、秦兵力之比，由 1:3.3 改变为 1:2.6，从而极大地增加了晋军的胜算。前秦这时虽然仍占有寿阳为前进基地，并陈兵淝水西岸，但整个军事行动却由进攻变成了僵持，从而在总体上钝化了吞晋战略的实施。

所以，洛涧大捷对淝水大战具有决定性意义。

四、淝南决胜

秦、晋对峙的淝水为东淝河，这是以淮河为方位的命名。

淮河在寿阳以西为东、西走向，流至寿阳西南时，地势突显高亢，原来这里遇到了八公山山脉的阻挡。于是淮河主流转折向北绕行，但仍有一支流直接向东奔流，这条支流就是淝水，或称东淝河。淮河主流向北奔流时，行至十里外的八公山西脉硖石山脚下时，又有一河流自西北方向汇流入淮，这条河流称夏淝河（今称西淝河），因平常水量较少，只有夏天丰水期，河道才比较宽阔，故称为夏淝河。夏淝河入淮处和东淝河出淮处之间，称“两河口”。

淝水向东奔流时，在寿阳城北直行东去；离开寿阳城约五、六里时，又折向东南流淌；约行十五里后进入瓦埠湖。这样，寿阳城东就形成了一片北宽五、六里，南宽几十里的喇叭状原野。这片土地低洼积水，地下水位很高，春、夏偶而有人去种一熟水稻，如遇旱年，则或有收获；如遇水年，则颗粒无收。秋、冬则完全是荒无人烟的旷野。淝水水面几乎和岸滩持平；河流最窄处也有半里之遥，最宽处在一里以上，有些地方还分叉成两股河道，中间夹杂沙漠绿洲并行南流。雨季时，河道更显恣肆汪洋。

晋太元八年（公元383年）十一月，这里意外地成为了淝水大战的战场。秦、晋对峙的两军，这时就分布在这片荒芜旷野旁的北边和东边的淝水两岸。

晋军大本营驻在这片荒芜旷野北面的八公山上。八公山是一组连绵三十余里、略呈东南走向的群山：由西而东，依次是硖石山、车路山、洞山、舜耕山、花山等。据有八公山制高点，就能有效地阻断寿阳北出和东出的通道，也部分地威胁着寿阳南去的线路；还可凭借淮河之险，阻击北来援军。

北魏郦道元《水经注·肥水》根据传说载：西汉淮南王刘安与“八公”炼丹修道。有一天，八公“与（刘）安登山，薶（mái）金于地，白日升天。余药在器，鸡犬舐之者，俱得上升。其所升处，践石皆陷，人马迹存焉。故山即以八公为目”。原来，“八公”和刘安埋在地下之金，久炼成丹，他们吃后都得道升天了；盛物器具中残留的余药剩丹，偶而被鸡、犬舔吃，它们也跟着升天了。这就是“八公山”名目的来历，同时也是“一人得道，鸡犬升天”典故的由来。

不过，真实生活中的刘安并未得道升天，反而是因谋反败露后自杀的。但是，刘安为淮南王时，很注重抚慰百姓，因此，民间美化他得道升天了。刘安生前崇文重才，广招天下文士进行学术探讨、天象研究、历法编制、冶金炼丹。中国最重要的文化典籍之一《淮南子》，就是在他主持下，和众门客共同编著完成的。另外，“八公”也实有其人，他们是：苏非、李尚、左吴、陈由、雷被、毛周、伍被、晋昌等八人。（《汉书·刘安》）

秦军大本营驻在寿阳城。寿阳城四面环水：西城下，由北而南依次是尉升湖、菱角嘴、黄天涧等一大片水域，更有淮河与之相通；北城下，滩涂湿地毗连着由西流东的淝水，再向北，则继之以连片沼泽芦苇，直至八公山脚下；东城下，是一大片开阔的荒芜旷野，再向东五、六里远，淝水在此已转折南流了；南城四十里外，是碧波荡漾的万顷“芍陂”，这是北宽七十里、东西各长一百里的等腰三角形人工湖，它的北线西端连接淮河，东端连接瓦埠湖和淝水。因此，寿阳是四面封闭的水域孤城，真可谓固若金汤。

由于受到洛涧之战的打击，苻坚“投鞭断流”的雄心已冷了一半。所以，他又想用军事恫吓的办法吓退晋军。于是，苻坚派被俘的朱序去晋军大营劝降。他希望朱序对谢石、谢玄等晓以秦兵之盛，诱以高官厚禄，从而不战而降，朱序假装同意了。但朱序见到谢石后却说：

若秦百万之众皆至，则莫可敌也。及其众军未集，宜在速战。若挫其前锋，可以得志。(《晋书·苻坚》)

朱序透露了一个极其重要的情报：“众军未集”！

朱序建议谢石赶快决战，如果前秦百万之众都到了寿阳前线，那就没有办法抗衡了。因此，不能迁延拖沓，而应速战速决。只要挫败秦军前锋，决战也就胜利了。

不料，谢石听说苻坚已到了寿阳前线，又看到前秦兵势盛大，非常恐惧，“谋不战以疲之”。(《晋书·苻坚》)谢石实在难以想象，七万晋兵能与正面二十万秦军决战。因为，正面之敌背后还有八十七万秦军，他们正屯兵在项城作为战略支援。所以谢石万难接受朱序速战决胜的策略。他想继续坚持谢安持久疲敌的既定方针，与秦军对峙，假以时日，静观待变。

这时谢玄着急了。他认为：持久疲敌的既定方针，是在苻坚全军速战的假想下作出的战略构想；而现在秦军并未全军速战，反而前后脱节、畏敌不前。因此，这是晋军发挥精兵强将优势、各个击破强敌的绝佳机会，机不可失，时不再来！所以谢玄极力劝说谢石采纳朱序的策略，立即下战书，邀约苻融决战。

但是，谢石不为所动。

谢玄焦急万分！

这时，定期赴建康禀报军情的谢琰急驰回营，他带来了谢安中枢的最新决策：

从速决战！

谢安和中枢并不知道朱序来劝降。但是他们从寿阳前线的军事态势得出结论:苻融前锋过于突出,与项城主力相距甚远,利于攻击;苻融前锋兵势分散,利于攻击;洛涧之战证实,秦军势盛力弱,利于攻击。因此抗秦大军要在持久战略指导下,料敌决胜,各个击破,从速决战,先破苻融。

谢安和中枢的判断是正确的。前秦国兵势盛大,东晋要打败百万秦军,只能在持久对峙中寻机歼敌、各个击破;而现在苻融军单兵独进,正是各个击破、歼敌前锋的大好时机。

这时候,项城的八十七万前秦主力仍然没有向寿阳推进,两地相距四百余里,如果晋军突然发起攻击,项城秦军完全是鞭长莫及;寿阳前线苻融前锋军原来有二十五万,后来苻坚率八千轻骑兵加入其中,使之接近二十六万。以后,一是被晋军歼灭了洛涧梁成军五万;二是被牵制在硖石胡彬水军周围数万;三是张蚝在淝南屯兵数万;所以,晋军当面秦军不超过十五万。更有甚者,经过洛涧之战,秦军从上到下普遍存在着恐惧北府兵的心理;北来秦军又是以原西晋汉民为主体的武装,他们对秦晋争战被动消极。所以此时寿阳前线的秦军,无论数量还是质量都已大大削弱了;所以此时正是晋军攻击秦军的大好时机。

谢琰劝从序言,遣使请战,许之。(《晋书·苻坚》)

谢琰详细禀报了谢安和中枢决策的过程,力劝谢石采纳朱序策略,邀约苻融决战!在大家的坚请下,谢石终于放弃了原来的打算,改对峙为出击。

这时候,谢石所部水军也赶到了寿阳,这是最后一批到达前线的抗秦部队。

此前,谢石水军主要在建康以西的长江沿线布防。这一次,谢石分出一半兵力奔赴寿阳前线。这支部队从水路向西疾行,准备进入瓦埠湖挺进寿阳前线。后来发现秦军张蚝屯兵淝南(今安徽肥西县西北),

于是又弃船上岸，从陆路向寿阳进发。但是，晋军走过一半路程后，被监视东南的张蚝军发现了。于是张蚝亲率大军从淝南追了上来。两敌相遇，分外眼红，立即混战厮杀起来。但是，晋军兵众大大少于秦军，终究寡不敌众；同时，晋军目标是北去寿阳会合主力。所以他们果断脱离战场，向北撤退。可是，张蚝军死缠硬打，拼命追杀。晋军且战且退，但还是难以脱敌，于是紧急遣使，飞报谢石派兵接应。两军混战到寿阳城东南的淝水东岸时，谢石派出的谢玄、谢琰数万兵众已经严阵以待了。

时张蚝败谢石于肥南，谢玄、谢琰勒卒数万，阵以待之。蚝乃退，列阵逼肥水。（《晋书·苻坚》）

张蚝看到晋军阵坚利甲，兵众势盛，只好悻悻罢战，从寿阳城东南的“东津渡”退到淝水西岸去了。谢石水军也紧急部署就位，顺势和张蚝军在东津渡对峙起来。

东津渡是跨越淝水、东出寿阳城的唯一渡口。这儿离寿阳城不足十里，是淝水进入瓦埠湖前的特别狭窄处，宽约三十丈，历来是东出寿阳的古渡口。

至此，东晋抗秦部队全部集结到了寿阳前线，北府兵、西府兵以及谢石水师共计八万余人。于是，谢石会同谢玄诸将，根据敌我双方姿态，认真进行了战场部署。

晋军八万兵众被分为左、中、右三军：

桓伊率西府兵，并会合胡彬水军为右军，从淝水北岸过河，冲击秦军北翼；

谢琰率八千精壮勇士为中军前锋，从淝水东岸过河，直接冲击相对应的秦军中阵；谢玄居中指挥，并自率全部北府兵为中军主力，随前锋行动，继而全线展开总攻。

谢石率水军为左军，从淝水的东津渡过河，以包抄攻击秦军南翼。

对秦军西翼，晋军则网开一面，一是晋军没有足够的兵力合围聚歼秦军，二是东晋以防御为主，无意全歼秦军，所以，击溃前秦百万大军是其主要目标。

一切准备就绪，谢玄率北府兵和抗秦诸兵众，挺进淝水北岸和东岸列阵。

苻融看到晋军已在淝水对岸列阵，也麾兵紧逼淝水南岸和西岸列阵。

这时已值寒冬，江淮大地朔风哀哀，一片萧瑟；淝水两岸战旗猎猎，万军沉寂！晋秦两敌隔水相望，严阵以待；各自统帅踌躇帷幄，运筹思量。

连续多日，两军互相观望，未作交战。谢玄慢慢看出，这时的苻坚正处于踌躇难决的矛盾状态：他既想速战速决，但又有许多顾虑和不安。

对手进退维谷、胸无成竹，正是实施攻击的最佳时机。

谢玄断然决定邀约苻融决战！

于是，谢玄慎重选定了一个有利晋军决战的日子，以两军紧逼淝水列阵、没有空地厮杀为由，给苻融下了一封战书：

君悬军深入，置阵逼水，此持久之计，岂欲战者乎？若小退师，令将士周旋，仆与君公缓辔而观之，不亦美乎。(《晋书·苻坚》)

谢玄在战书中对苻融说：您统率大军深入晋土，但又紧逼淝水列阵，这种持久作战之计，岂是远道而来求战的做法？贵军若能稍微后退一点，这样可使两军将士厮杀时有回旋余地。在下和您信马由缰、从容旁观，岂不很快意吗！

这封从容潇洒、满纸贬意的战书，极大地激荡了苻坚的自尊情绪。兵少将寡的东晋统帅，居然如此潇洒求战，统百万之师的大秦皇帝岂能示弱！连“小退”也不敢吗？赶快同意，引兵稍退！

秦军诸将都不同意引兵稍退。他们说：“敌寡我众，不如就现在这样子遏守，使他们不得上岸来，可保万无一失。”《孙子兵法》云：“不动如山”。所以，诸将意见是正确的。

苻坚这时被皇帝高傲的情感刺激的不能自已了，他说:“可以引兵稍微后退一点，待他们渡过一半时，我们以铁骑兵猛烈冲杀，肯定能取胜。”苻坚的意见也有依据。《孙子兵法》云:“客绝水而来，勿迎之于水内，令半济而击之，利。”敌人渡水而来，不要在河内攻击，而要待敌人渡过一半时再发起攻击，可获全胜。可是，此时此地的苻坚是在刻舟求剑了，他没想到的是，前秦军队虽是百万之众，却更是乌合之众，根本经不起列阵、后撤、再列阵等等来回折腾。“不动如山”尚可，“小退师”则自乱阵脚，不可收拾。

但是，在这关键时刻，苻融却支持苻坚。

融亦以为然，遂麾使却阵。(《晋书·谢玄》)

苻融对苻坚的决策深以为然，君臣兄弟不谋而合，当即指挥大军向后退让。

看到秦军开始后撤，谢琰一马当先，率部冲入了寒彻骨髓的淝水，泅渡过河。

果然，秦军后撤时，前呼后拥，人喊马嘶，兵阵大乱。看到统军将校一时无法阻止混乱，苻融紧急驰马掠阵，想以前锋都督的威势，震慑和阻止混乱。

这时，谢琰率领的中军前锋已经冲上了对岸。他们是北府兵中的敢死先锋，冲上西岸并不列阵，而是直接狂呼怒喊，吼声震天地杀进了秦军主阵。他们如咆哮出水的八千凶鳄，张牙舞爪，横冲直撞，残忍撕破对手生命是当下的唯一;他们如已经忘记自己存在的亡命之徒，在两军短兵相接的一刹那，人性顷刻泯灭，兽性沸腾热血，森森刀锋下的血肉横飞才是渴望;他们如战无不胜的水域神兵，此刻正肆无忌惮地放纵催命魔鬼，在疾风飞舞的刀尖上喋血勾魂……不，不，他们什么也不是！他们只是北府兵中八千“精卒”，舍身赴死的血战气概，驱使他们用血肉之躯，拼死捍卫身后的家园。

混乱不堪的秦军遭此突然打击，潮水般向后狂退，苻融猝不及防，连人带马，一起被这股狂潮冲倒。晋军疯狂地扑上前去，乱刀砍死了摔倒在地的苻融。

失去总指挥的秦军，这时更加混乱不可收拾。前阵秦兵面对晋军狂风暴雨一般的冲杀，没有招架之功，更无还手之力。这时，阵后的朱序趁机高声呼喊："秦兵失败啦！秦兵失败啦！"原来被俘裹挟的晋军官兵也跟着起哄，后阵秦兵吓得惊恐万状，竟相奔逃。秦军兵阵开始全线崩塌。

看见秦军兵阵大乱，谢玄一声令下，北府兵和西府兵奋不顾身，全部扑进淝水，疯狂地冲向西岸和南岸。这是声势更大、气势更凶、兵势更盛的第二波攻击。他们犹如淝水掀起了又一波滔天巨澜，排山倒海、汹涌澎拜地淹向秦阵。三路晋军全线展开，声析江河，势崩雷电，横扫千军、凶猛拼杀。秦军大败，退潮般向南狂逃，自相践踏而死的人，不计其数。

秦军兵阵彻底崩溃了！

一时间，淝水辽阔的旷野上，血腥弥漫、哀号动地，死伤交迭，满目狼藉。朱序、张天锡、徐元喜等以前被俘的东晋官兵，这时趁机逃归晋营。

但是，左翼谢石军却在东津渡被秦军张蚝顶住了。按照晋军既定部署，谢石军应从东南方向杀入淝西战场，参与打击秦军主力。这就要求谢石军，必须首先打败淝水西岸的张蚝军，然后向北冲击苻融的南翼。因此击溃张蚝军成为谢石军的关键。

但张蚝是前秦悍将，勇冠三军，号称"万人敌"，谢石无法轻取，因此也无法及时进入主战场；直至淝西秦军崩溃时，谢石军和张蚝军还在混战。张蚝军在厮杀中逐渐占据了上风，谢石军抵挡不住，开始后退，慢慢又退过了淝河，于是两军胶着在淝水东岸厮杀。

因西有寿阳护城河和城墙阻拦，秦军溃退之众只能拼命向南奔逃。苻坚这时也丢下威风凛凛的皇帝云母车，骑马随众向南逃窜。

张蚝军突然看见秦军潮水般向南败退，而紧随其后的晋军狂风暴雨般向南掩杀，登时军心大乱；谢石军看见乘胜南杀的晋军时，欢声雷动，士气大振，转守为攻。张蚝军无法招架，瞬时败下阵去，纷纷跳入淝河，向西岸逃跑。但西逃上岸的秦军与南逃而来的溃兵拦腰相撞，两股秦军自相践踏，死伤不计其数。淝东、淝西、淝南三路晋军大显神威，沿河截杀；秦军兵卒纷纷翻落水中，死伤者堆积如堵，把淝水也阻断了。

淝水为之不流。（《晋书·谢玄》）

实际上，这时的主战场，已从寿阳城东北的淝水西岸和南岸，移到了寿阳城东南的淝水东岸和西岸。

因为寿阳城南有宽阔的芍陂和瓦埠湖北线阻拦，秦军无法南逃，于是溃退之众纷纷转身向西逃去。晋军则紧随其后，恣意追杀，直至寿阳城西南三十里外的淮河东岸青冈地方才停下。

侥幸逃离战场的秦军，越过淮河，拼命向西狂奔逃跑，听到风声鹤唳，仍以为是晋军追杀之声，无不胆战心惊。后来，这些溃退兵众，风餐露宿一路西去，昼夜奔逃不敢停歇，冻饿交加死亡的人，占十之七、八。

此次大战缴获巨大，计有牛、马、驴、骡、骆驼十万余匹；军资器械和奇珍异宝堆积如山。此外，还缴获了苻坚专用的皇帝云母车。

五、小儿辈大破贼

淝水大捷的战报被疾速送到了建康，送到了谢安手上！

这时候，谢安正和朋友在围棋。

谢公与人围棋，俄而谢玄淮上信至，看书竟，默然无语，徐向局。客问淮上利害，答曰："小儿辈大破贼。"意色举止，不异于常。（《世说新语·雅量》）

谢安看完淝水大捷的战报，默默无言，徐徐重又注视眼前的棋局。客人忍不住追问淮南战事，谢安这才说："小儿辈大破贼。"举止神态，无异平常。

看来，淝水大捷早已在意料之中，只是时日未定而已。

此刻，"镇以和靖，御以长算"的宰相风范，在谢安举手投棋之间，被挥洒的淋漓尽致！

这时候，桓冲正在野外打猎。

桓车骑在上明畋猎，东信至，传淮上大捷，语左右云："群谢年少大破贼。"因发病薨。（《世说新语·尤悔》）

桓冲正在上明野外打猎，东方信使飞马赶到猎场，呈上淝水大捷战报！桓冲看过后对左右随从说："谢家小子们已大败贼寇。"言辞淡淡，意甚怏怏，后来发病去世。

《晋书》说桓冲三大原因忧郁而死：一是"冲本疾病"；二是对朱序"深用愧惋"；三是失言抗秦必败而"愧耻"！桓冲当时五十五岁，早已有病在身。朱序是桓氏旧部，和桓冲向来亲热"款密"；但朱序在襄阳和秦军作殊死搏斗时，作为统帅的桓冲却拥众不救，使朱序城陷人俘。开战之初，桓冲又散布过流言蜚语，说谢安不懂军事、说谢玄等年轻人不知轻重、说大家等着做俘虏，云云。现在淝水决战大功告成，好友朱序也得以回还，桓冲既后悔又愧疚；加上本来身患疾病，终于忧病不起，晋太元九年（公元 385 年）二月去世，终年五十七岁。

这时候，苻坚正落荒而逃。

坚为流矢所中，单骑遁还于淮北，饥甚，人有进壶飧豚髀者，坚食之，大悦…命赐帛十匹，绵十斤。辞曰："……陛下，臣之父母，安有子养而求报哉！"弗顾而退。坚大惭，顾谓其夫人张氏曰："朕若用朝臣之

言，岂见今日之事邪！当何面目复临天下乎！”(《晋书·苻坚》)

苻坚在大战中被流矢所伤，率少数残兵败卒逃到了淮河以北。路上有秦国人进献食物，苻坚大为感动，命左右赏赐布帛。进献食物者推辞说，我是您的臣民，贡献食物给您是应该的，岂能贪图回报！苻坚听后非常惭愧，回头对张夫人说：“若采纳群臣忠言，哪能有今日之败！现在还有什么脸面君临天下！”悔之晚矣！当被流矢所中，单骑逃遁之时；当为草民供养，不图回报之际，这才想起当初朝臣的逆耳忠言，夫复何用！

后来，苻坚向西逃到慕容垂军中才心神稍定。这是淝水大战后唯一保持完整的前秦部队，共有三万人马。

慕容垂被苻坚任为西线主将后，并不真心伐晋。他只想让苻坚四出攻略、疲惫国势，自己好浑水摸鱼，相机复国。所以他率部夺取郧城后，并不按原定计划发起进攻夏口的军事行动。倒是东晋镇守夏口的襄城太守桓石民、随郡太守夏侯澄之等，率部反击慕容垂部。他们在漳口打败了慕容垂军。其实也并非打败，而是慕容垂顺势退走了，他才不会作拼死之争呢。因此，苻坚兵败时，“惟慕容垂一军独全”，(《晋书·苻坚》)他独一无二地保存了三万人马的大部队。

慕容垂听说秦军淝水大败后，引军向东接应，在半路上和苻坚相遇。儿子慕容宝劝慕容垂乘机杀死苻坚，并以现有的三万人马作为复兴燕国的资本。但慕容垂很有英雄气概，他拒绝了慕容宝的建议，反而悉数把部队交给了苻坚。同时，慕容垂以祭祀祖宗为由，离开了苻坚。从此，慕容垂开始了他复兴燕国的大业。后来，慕容垂聚众二十万，攻取了前秦辽东半岛、山东半岛和全部河北的土地，复兴了燕国，成为南北朝时十六国中最强大的一个国家，史称后燕。

随着前秦的崩溃，群雄并起，北方重又陷入了分裂。

惊心动魄的淝水之战，被兵少将寡的东晋夺得了胜利。拥兵百万的前秦苻坚，反而损兵折将、一败涂地。

毋言前秦综合国力能否吞晋，单就用兵之道，前秦必败无疑。

首先是孤军深入。前秦本来计划是西、中、东三路并进，但实战中，仅是中路军的前锋到达了淮南，东、西各军，包括中路军主力都姗姗未至。虽号称百万大军，其实前线作战部队仅前锋二十五万。

其次是中路分散。到达寿阳前线的中路军前后脱节，前锋二十五万在寿阳，主力八十七万在项城，两军分隔四百余里；前锋部队又分为洛涧、寿阳、硖石、东津渡、淝水旷野主阵五块，这就给东晋各个击破提供了机会。

再次是反主为客。前秦开战的目的是寻歼东晋主力。因此前秦应该是战场的主人。但在实战中，前秦反主为客，枉有百万大军，一停项城，不以泰山压顶之势，聚歼晋军；二停寿阳，不敢深入江淮腹地，寻歼东晋主力；三停淝水西岸，不敢冲杀，反而“稍却”，遂成兵败如山倒；最后，寻战而来，怯战而停，败战而逃。

最后是判断失误。一误，以为局部军情就是全局军情。截获胡彬缺粮密信，误以为东晋全局被动。二误，以为军事恫吓万能。苻坚希望朱序劝降，“以众盛，欲胁而降之”。(《晋书·苻坚》)未料朱序劝降变成了运筹帷幄，使晋军改持久为速战，主动寻歼秦军。三误，以为半渡而击放诸四海皆准。未曾想到，血气方刚地临机处置数十万大军的后果是，自乱阵脚，自驱崩溃，四误，以为百万大军真有投鞭断流的战斗力。没想到的是，八月征兵，九月开拔，十月打仗的兵卒，其实形同乌合之众，毫无战斗力。五误，以为东晋兵少将寡，淮河防线形同虚设。却未曾料到，东晋已在短时期内，迅速组建起了第一流的精锐部队北府兵，“战无不捷，……敌人畏之”。(《资治通鉴·晋太元二年》)

一个清谈家，矫情潇洒，从容应战，就此赢取了一场空前绝后的悬殊对决。

后　篇

风流千秋

第二十一章　始末不渝

一、功高无赏

淝水大战结束后，朝廷于太元八年（公元383年）十二月任谢石为尚书令；升谢玄为前将军，不过谢玄没有接受。第二年三月，朝廷又任谢安为太保。太保是“八公”之一，而且和太宰、太傅同居“八公”之上，称“上三公”，品秩第一，政治地位最高，但一般没有实权。幸亏谢安当时还担任“录尚书事”，所以“太保”不显空泛。这就给人们留下了许多猜想，是封赏呢，还是削权耶？

淝水大战是力挽狂澜于既倒的盖世大功，无论如何不能以升迁官职来搪塞，而必须封爵。君川大捷还对谢玄封了侯爵呢！东晋通常的论功行赏是既升官，也授爵，甚至直接授予未成年子孙。授爵是对有功之臣必不可少的正式赏赐。爵位有封邑、有荣光、有地位、可以传之子孙，远非高官厚禄所能比拟。而且，封爵更具政治意义：这是正式认可被封者丰功伟绩的法统象征，即以分疆裂土为证，与被封者共有天下！当然只能是象征，不能真的据有封地。

可是，这时候的谢安、谢石、谢玄都没有得到新的封爵。毫无疑问，这既不是朝廷的疏忽，也不是谢安等的谦让，而是孝武帝对谢安越来越疑忌的犹豫。

孝武帝司马曜，字昌明，简文帝第六子；是相面先生费了很大功夫才找到的真命天子。

简文帝司马昱为会稽王时，以王述堂妹为王妃，生司马道生、司马俞生等五个儿子，后因司马道生狂躁无德，连带王妃和司马俞生都被幽禁致死；其余三子也遭夭折。以后十余年间，司马昱竟没有生养，非常着急。后来，司马昱请相面先生一一为王府所有妃、妾、婢算命、相面，要寻找能生育王子的贵人，但相面先生都不满意。最后，相面先生寻到了织造坊，发现做粗活的婢女李陵容有“福相”，大为惊喜，说：“要找的就是她！”婢女李陵容高大粗黑，宫中上下都戏称她为“昆仑”；可是“昆仑”多子多福，她不但为司马昱生下了司马曜，还生了司马道子和鄱阳长公主。司马昱大喜，临死前立司马曜为太子；封司马道子为琅邪王兼会稽内史。司马昱生母郑阿春死后被追赠为会稽太妃，所以司马昱不仅自己要封会稽王，还希望子孙被封或被任会稽王和会稽内史，以承袭对母亲的祭祀。

可是，司马曜、司马道子是一对牛黄狗宝，他们要么醉生梦死，要么疑神疑鬼。在淝水大战正在进行时，司马曜任命弟弟司马道子为司徒、录尚书六条事，意在削夺谢安相权。淝水大战结束后，司马道子吹嘘说，当初前秦苻坚看到的“八公山上，草木皆兵”景象，是钟山山神在那里的“显灵”。淝水大战进行时，司马道子确实带着鼓吹仪仗去祭祀了钟山山神，还许愿供奉其为“相国”，让他保国安民。

现在，淝水大战结束了，警报解除了，姑且先装聋作哑吧。司马曜有功不赏，太没良心了！

其实，谢安不唯是淝水大战的中枢决策人，他也是司马曜个人登上皇位的保护人。设若没有王、谢联合对抗桓温；没有谢安“晋祚存亡，在此一行”的敢担当气概；没有虚与委蛇罢九锡的政治智慧；司马曜不早就禅位桓温了吗？司马曜实在没有良心！

古往今来王皇相似，他们都没法跳出“防患重臣甚于防寇”的怪圈，向政治要良心只能是奢望。

这时的谢家，一公一侯一伯，已成为东晋第一豪族。谢安高据宰相大位；谢石身处尚书令显职；谢玄刺史徐兖二州，更握有北府七万雄兵；其他子弟，或郡守地方、或散官当朝；一时间，谢家声望隆重，无人比拟。

韩康伯病，拄杖前庭逍摇，见诸谢皆富贵，轰隐交路，叹曰，此复何异王莽时。《（世说新语·方正》）

韩康伯即韩伯，是被司马昱经常引以清谈的名士。他还是被废的殷浩外甥，曾多年陪伴殷浩流放。殷浩曾批评韩伯“未得我牙后慧。”（《世说新语·文学》）意思是说，韩伯清谈未得我玄学精要。从此就有了“拾人牙慧”的成语。这时候，韩伯正在家养病。他看见谢家满门富贵，炙手可热；门前道路、车水马龙、轰然交响；又是羡慕，又是妒忌，不禁叹曰：“这种样子和王莽有什么区别？”王莽是汉末权臣，篡位建立了“新”朝，但最后在自己引爆的农民大起义硝烟中灭亡了。

韩伯如是说，孝武帝更作如是想。东晋自元帝以来，权臣们倚仗中枢和外藩互为犄角，威加朝野。早先是王导、王敦兄弟；然后是庾亮、庾翼兄弟；后来的桓温、桓冲兄弟。他们把持朝政、为所欲为，这让司马睿子孙噤若寒蝉。谢家兄弟子侄该不会再来一次王、庾、桓闹剧吧？孝武帝“以小人之心度君子之腹”，他永远无法理解：谢安是另一类门阀或权臣！经过儒、释、道、玄等多种学养熏陶，谢安早已铸就了道骨玄风的完美人格，“出则劣、处则优”是他的基本准则；这就决定他在“出世”时力避“拙劣”，要以功高天下、清名盖世为最高追求；而不屑于趋利于市，争名于朝；更不会如王敦、桓温之流，倒过去要以遗臭万年来传名后世；至少也要做到“达则兼济天下，穷则独善其身”。可惜，酒肉皇帝司马曜永远无法理解。

孔子曰：君子怀德，小人怀土；君子怀刑，小人怀惠。

圣人毕竟圣人！用孔子的话注释司马曜和谢安的君臣关系，这时最合适不过了！

谢安所思是，修身以德，报效君亲；司马曜所作是，疑忌大臣，忧戚皇位；谢安所想是，恪守臣规，勤勉王事；司马曜所为是，寡情薄意，功高不赏！是啊，淝水大战结束了，亡国危机解除了，这时候再论功行赏，岂不又增加了谢安的威望吗？这于司马皇家何益！司马曜也实在难！

二、筝笛不平

司马曜对谢安的冷漠，丢了皇室的道德，寒了大臣们的心。桓氏阵营的桓伊也看不过去了。

有一次，孝武帝举行宴会，谢安、桓伊都在座。席间，孝武帝命桓伊吹笛助兴。桓伊欣然允诺。

桓伊，字子野，和桓温是同族，但不是近亲。桓温是谯郡龙亢人，桓伊是谯郡铚县人。桓伊谦逊率真，和刘惔、王濛相善。同时，桓伊也有军事才能，长期在淮南前线任职，兼任淮南和历阳二郡太守，并都督豫州十二郡军事和长江以西扬州的五郡军事。淝水大战时，桓伊任豫州刺史，率西府兵和北府兵并肩抗秦，因功封永修县侯。他和谢玄是出生入死的袍泽，于谢安是相知已久的僚属。

桓伊虽为高官，却还是东晋时的第一流音乐家。

善音乐，尽一时之妙，为江左第一。(《晋书·桓伊》)

《梅花三弄》即来源于桓伊创作的古曲《梅花引》，初为笛子演奏曲，后被改编为古琴演奏曲。

桓伊还有一支宝笛，据说是汉末大文豪、大音乐家蔡邕的“柯亭笛”。蔡邕以珍藏音乐“名器”闻名于世。有一次，蔡邕旁观人家祭祀，听见烧煮贡品的柴火清脆响亮，知道有上等佳木在里面，于是请人抽出来灭火，原来是上好的桐木。蔡邕用这株烧焦的桐木制成了琴，号“焦尾”。后来人们把齐桓公的“号钟”、楚庄王的“绕梁”、司马相如的“绿绮”和蔡邕的“焦尾”，同列为古代四大“名器”。蔡邕躲避宦官迫害，流亡吴地十二年。有一晚，蔡邕在会稽柯亭(今浙江绍兴市柯桥)寓舍中看见，房屋东间第十六根竹椽质量特好，于是请人换下来制成了竹笛。吹奏之际，音色精美，“奇声独绝”，(《后汉书·蔡邕》)遂名“柯亭笛”。

《世说新语·任诞》载：

王之道出都，尚在渚下，旧闻桓子野善吹笛，而不相识。遇桓于岸上过，王在船中，客有识之者，云是桓子野，王便令人与相闻，云："闻君善吹笛，试为我一奏。"桓时已显贵，素闻王名，即便回下车，踞胡床，为作三调。弄毕，便上车去。客主不交一言。

王之道即王羲之儿子王徽之，以"乘兴而行，兴尽而返"的率真性情知名。他请素不相识的高官兼音乐家桓伊吹笛。桓伊也率真高雅，毫不做作，随即取笛为王徽之吹奏了一曲《梅花三弄》。然后，客主不交一言分别了。东晋名士高世情怀，昭然可鉴。

在孝武帝的宴会上，桓伊照例又为大家横笛吹奏《梅花三弄》。但这一次却"吹为一弄"，(《晋书·桓伊》)就停了下来。

原来，吹奏之际，桓伊想起了另一首诗歌，正好合适讽谏孝武帝，这就是筝、笛合奏的《怨诗》。

三国大才子曹植，有感于周公忠心辅政、反受疑忌的史实，创作了《怨诗》，以此隐晦地排揎自己怀才不遇、郁郁寡欢的情绪。

周公是周文王第四子姬旦，他多才多艺，敬爱父母，诚实忠厚，是周武王左右最重要的是政治军事干臣。周武王生病时，周公万分诚恳地筑三坛、诵祝辞，祈求"太王、王季、文王"，让自己代武王受命归天，而让武王长享社稷。祷告完毕后，周公命人把祈祷辞藏进"金滕"(金钱编制成的柜子)里，不许对外宣扬。周武王死后，姬诵继为周成王。由于成王幼小，周公毅然代成王摄政，但周公兄弟不满意。文王长子伯邑早死，次子姬发继为周武王，这是"兄终弟及"的先例。所以武王死后，排行第三的管叔姬鲜，觉得自己有继位或摄政的优先权，不应该由周公摄政。于是管叔联合五弟蔡叔姬度散布谣言，说周公摄政"将不利于孺子"，其实，他们想借机谋害成王，篡夺王位。但成王却听信谣言，猜忌周公，周公只好逃到南方避难。后来，成王为借鉴往事，应对天灾，带着大臣打开"金滕"查阅档案。不料，在柜子里却意外地发现了周公自愿代武王归天的祈祷辞。成王非常感动，为之痛哭，随即派人把周公请了回来。

《怨诗》所述内容，和谢安所处的地位、境况完全一样。而且，当时《怨诗》已被改编成筝、笛合奏曲，情景分外动人。

于是桓伊对孝武帝说：“臣的鼓筝水平不如吹笛，但自认为能很好地和管乐合奏。请允许我鼓筝歌唱，同时另外请一个吹笛人伴奏。”孝武帝很满意桓伊的调整，当即召宫廷乐队的伎女来吹笛伴奏。但桓伊不同意，他说：“宫廷乐伎和臣配合一定不会默契。臣有一乐奴，善于配合臣鼓筝歌唱。”孝武帝很欣赏桓伊的率直，同意召他的乐奴来吹笛伴奏。乐奴来后，两人分别鼓筝、吹笛，桓伊边奏边唱：

为君既不易，为臣良独难。忠心事不显，乃有见疑患。

周旦佐文武，金滕功不刊。推心辅王政，二叔反流言。（《晋书·桓伊》）

幽怨悲怆的歌声慷慨激越，情动之处，催人泪下。桓伊仰起俯坐，自己也被感动得热泪盈眶、欷歔不已。谢安听着听着忍不住掉下了眼泪，沾湿了前襟。他走下席去，缓缓来到桓伊身旁，俯下身子，一边为激动不已的桓伊抚背捋须，一边含蓄地说：“使君音乐大才、身手不凡。”

孝武帝不由得露出了惭愧的神色。

三、壮志北伐

赏与不赏、怨于不怨，其实于谢安都如淡烟轻云，飞掠心头后随即烟消云散了。

谢安此刻殚精竭虑的是经略中原大业！

晋太元九年（公元 384 年）二月，桓冲去世。“荆、江二州并缺，物论以玄勋望，宜以授之。”（《晋书·谢安》）朝臣们认为，论功勋才望，荆、江二州刺史一职，非谢玄莫属。但是，谢安继续贯彻“镇以和靖”国策不动摇，坚持“互衡互制”思想不放弃，放手桓氏子弟刺史西藩布局不变更。于是，朝廷提拔桓豁的两个儿子为荆、豫二州刺史，其中，原梁郡太守桓石民为荆州刺史；原河东太守桓石虔为豫州刺史；原豫州刺史桓伊改任江州刺史。

三桓据三州，彼此无怨，各得其所。（《晋书·谢安》）

桓氏子弟继任西藩，心平气和；东晋西陲长江上游，风平浪静；王、谢、桓诸高门豪族，势力均衡；东晋朝局，因此也继续维持了和谐统一的政治局面。

谢安不让众望所归的谢玄出任荆州刺史要职，有着三方面的政治深意：一方面，这是继续贯彻“互衡互制”思想的政治需要；另一方面，这也是有意避免谢氏家族声势过盛、枉招忌惮的自安措施；第三方面，也最重要：这是和衷共济、经略中原的北伐需要。

这时候，前秦苻坚政权正在发生剧烈波动。谢安面对变化了的北方形势，已经制定了进军河、洛，北伐中原的远略宏图。

晋太元九年（公元 384 年）春，慕容垂聚众二十万，建立“后燕”国，自称燕王；以后慕容垂大举进兵，尽行攻取了前秦的关东土地。同年，原来依附前秦的羌族首领姚苌纠集五万户羌人叛变，重建“后秦”政权，并联合“西燕”政权慕容冲进攻长安。一时间，前秦被东、西夹攻，四面楚歌。

这年八月，谢安决然上疏，请求趁前秦腹背受敌、疲于奔命之际，整兵北伐，收复失地。朝廷任徐、兖二州刺史谢玄为前锋都督，统率豫州刺史桓石虔等北伐前秦。

这时确实是东晋又一次北伐中原、收复失地的大好时机。

谢玄率部于当月攻克下邳，镇守彭城的前秦徐州刺史赵迁吓得弃城而逃，谢玄军又顺利进据彭城。九月，彭城内史刘牢之率部进攻逃奔鄄城（今山东鄄城县）的前秦兖州刺史张崇。张崇和徐迁一样，也望风披靡，直接投奔燕国去了。于是，刘牢之也兵不血刃进据鄄城；黄河以南的前秦城堡也纷纷前来归附。十月中旬,谢玄派阴陵太守高素进攻秦青州刺史苻朗。军至琅邪时,苻朗主动前来投降。谢玄继续挥师北进,当月下旬挺进到了黄河南岸。龙骧将军刘牢之率部占领了碻磝;济阳太守郭满率部占领了滑台(今河南滑县东);将军颜肱和刘袭率部渡过黄河,屯军北岸;晋陵太守滕恬也率部渡过黄河,驻守黎阳,这里是和黄河南岸白马津遥遥相对的重要渡口。这样,兖州、青州、司州、豫州基本收复,"朝廷以兖、青、司、豫既平,加玄都督徐、兖、青、司、冀、幽、并七州诸军事。"(《资治通鉴·晋太元九年》)由此,谢玄都督徐、兖等北方七州军事。

面对晋军乘胜北进的大好局面,谢安壮心不已,于是亲自主持北伐军务。当年九月中旬,朝廷任谢安为都督扬、江、荆、豫、司、徐、兖、青、幽、冀、并、宁、益、梁、雍十五州军事,加黄钺,原来官职不变。

这时候,北方战事已如胶如漆,前秦受到后燕、西燕、后秦、代、东晋等来自东、南、西、北四面八方的进攻,弄得疲于奔命、焦头烂额。苻坚的大儿子苻丕镇守洛阳东面的邺城,但被后燕慕容垂围得水泄不通,缺粮断炊,"邺中刍粮俱尽,削松木以饲马。"(《资治通鉴·晋太元九年》)万般无奈,苻丕只好向昔日敌国的谢玄求救,答应以献出邺城为报。几经商洽,谢玄派刘牢之往救,最后,慕容垂撤围而去,刘牢之顺利进据邺城。

不料,此时西燕慕容冲围攻长安更急,苻坚亲自上城督战,"飞矢满体,流血淋漓"。(《资治通鉴·晋太元十年》)燕、秦两国,军粮全无,双方攻、防苦不堪言。前燕军在城外,把战死者拖回去充作军粮,"分其尸而食"(《资治通鉴·晋太元十年》);前秦军在城内,也杀人为食,"诸将归而吐肉以饴妻子",(《晋书·苻坚》)真是可怜!前秦将军们分吃到了死人肉,但舍不得咽进肚子,要含在嘴里带回去,再吐出来喂养妻儿老小。"苻坚国乱,使使奉表请迎"。(《晋书·孝武帝》)万般无奈,苻坚只好谦恭卑辞、派使者向东晋求救。

会秦王坚来求救,安乃请自将救之。(《资治通鉴·晋太元十年》)

在苻坚求救时，谢安请求由自己亲自去救秦，孝武帝同意。

晋太元十年（公元 385 年）四月，谢安北去广陵、出镇步丘（今江苏扬州市邵伯镇）、筑“新城”屯军，以备北出。

谢安出镇广陵后，东晋北伐军连战皆捷，势如破竹。

这时东线已收复了青州、兖州、彭城等，谢玄“进据彭城”（《资治通鉴·晋太元九年》）；

中线也收复了豫州、司州，洛阳、襄阳等，朱序“拜豫州刺史……屯洛阳”，（《晋书·朱序》）“竟陵太守赵统伐襄阳，克之。”（《晋书·孝武帝》）

西线则收复了益州、魏兴等，“蜀郡太守任权攻拔成都……以广州刺史罗友为益州刺史，镇成都。”（《资治通鉴·晋太元十年》）

由此，东晋千里河山得以光复，东部边界向北推进到了黄河南岸，一度还越过黄河到了北岸；西部边界推进到了秦岭以南和成都以西；两端边界都大踏步拓展了千里疆域。这是谢安在政治困厄的逆境中获取的非凡业绩，真可谓逆风千里！

当然，这时的边界还很不稳固，但毕竟大踏步向西、向北推进到了巴蜀和黄河，这为以后全面收复北方失地奠定了坚实的基础。特别重要的是，随着彭城、洛阳、魏兴、襄阳、成都等一大批战略重镇的收复，东晋重又站上了南北对峙的战略制高点。

至此，谢安主持北伐、经略中原大业，取得了基础性、阶段性重要战果，前期目标全部实现，光复全部领土指日可待，朝野盼望已久的北伐大业，眼见就要毕功于一役。

可是，这时的谢安突然对东山心驰神往起来了。

四、深意林下

其实，谢安自请救秦、出镇广陵时，还有归隐山林的深意。

谢安出镇广陵，一方面是北伐进军神速，军事大都督必须跟进靠前的战争需要；另一方面，更包含了谢安个人的深意：北伐中原即将功成，司马疑忌愈益加深，出、处优劣昭然若揭。谢安此时大彻大悟了“一丘一壑”的真谛，所以，归隐山林之意油然而生。

但是，北伐中原大业，国家至重、宰辅天职，谢安必须善始善终。因此谢安这时既要力避干扰、委婉回避和司马兄弟可能发生的政治冲突；也要耐心等待，到北伐成功时再急流勇退。所以苻坚求救时，谢安借题发挥，自请救秦，出镇广陵。

当时，谢安正面临以司马道子为首的三股邪恶势力的谗毁。

最强大的势力是司马道子。他自恃皇弟和“录尚书六条事”之贵，攫权无度，必欲去谢安而后快。

最险恶的势力是一批奸邪不正、求官谋禄之徒。“好利险詖之徒，以安功名盛极，而构会之”。（《晋书·桓伊》）他们长期以来未被谢安重用，怨恨满腹，于是借淝水大捷大做反面文章，“构会之”，利用功高震主的皇帝心病，诽谤谢安。

最卑鄙的的势力是王国宝和幕后推手。王国宝是司马道子跟前的一条走狗，顽固地与谢安作对。“王国宝专利无检行，安恶其为人，每抑制之”。（《晋书·桓伊》）王国宝是谢安的女婿，也是好友王坦之的儿子、王述的孙子。但他背父违祖，操守低下。谢安很厌恶王国宝的为人，平常压扼着不重用他，只让他担任普通尚书郎官职。但王国宝自命王家高贵，很想到吏部曹任职，不想担任普通郎官，由此非常怨恨谢安。王国宝的堂妹是司马道子的王妃，因此王国宝可以在司马道子那里进行政治投机。司马曜、司马道子兄弟都嗜酒如命、亲近奸邪，所以王国宝又有机会在司马道子跟前诋毁谢安，再通过司马道子在司马曜耳边离间谢安。于是，司马曜逐渐疏远和猜忌谢安了。

但是，谢安并不屑与之争锋。谢安儒、玄双修的风流学养，使他在世俗纷争中淡定自若、游刃有余。

谢安是以道家学识为底蕴的玄学领袖，清静无为是其本色，但儒家奋发进取精神在其心底的积淀也很深厚，所以谢安是儒、玄相间的双面人，经务用世，他被玄学为本、儒学为用的思想所主导。所以，隐逸山林的谢安能清静无为，啸咏自乐；而身处庙堂的谢安却又情不自禁奋发图强，全力以赴扮演一身系天下安危的伟人。

淝水大战引发的北方“五胡”混战，激发了谢安锐意北伐、再创辉煌的雄心。因此，司马兄弟蝇营狗苟时，谢安并不太在意。他们和力挽狂澜于既倒的淝水大战相比、和驱逐胡虏于北疆的经略中原相比，形同芥末，无与可言。况且，谢安有着根深蒂固的处世情怀，权、势、利、欲本是过眼云烟，何争之有！这时的谢安，只以经略中原、建不世之功为想。对于司马们的纠缠不休，谢安遵循造化的阴阳相间、正邪两倚之道，既“道不同、不相谋”，又“避奸邪、远小人”，对之适可容忍规避，不与争锋；退避三舍，敬而远之，避免他们干扰北伐大业。

当初东山再起、委身庙堂时，初则是固守家族豪门之计；后则是自己建不世功勋之作。有了东山前后判若两世的经历，谢安更深切体会到了“处则优、出则劣”的真谛！豪门乎？功勋乎？统统都是“处世”余暇、闲来旁逸“出世”意境的体验之旅。因此，谢安决意再创辉煌，然后功成身退、重归林下。

固家门何如远小人？建功业何如亲山林？

这一次，既然有出镇广陵、专注北伐、回避建康是非之地的机会，何不双管齐下，同时又作好重返东山的准备呢？一不做、二不休！于是谢安又另外认真作了航海船只、装备等筹划。

及镇新城，尽室而行，造泛海之装，欲须经略粗定，自江道还东。（《晋书·谢安》）

东晋时，上虞是杭州湾的滨海小城，离始宁东山不过三十里路，因此，由广陵出长江，再从海路还东山很方便。

谢安四十岁时东山再起，倏忽已过二十五载。回首名士和重臣生涯，最难忘东山脚下始宁墅、曹娥江畔数青峰。因此，无论远在荆州西藩，还是身处建康庙堂，更或栖身秦淮河边乌衣巷，东山情结，矢志不渝，并无时不刻萦绕心头，形于言色。

东山之志始末不渝，每形于言色。（《晋书·谢安》）

为此，谢安在建康东南的土山，刻意再造了一个高仿“东山”。这里，小桥流水、花草树木、庭院别墅、欢声笑语，一应俱全，只是缺失了往日的真……

现在北伐即将功成，谢安“出世”也将功德圆满；功成身退，谢安“处世”亦可重圆旧梦。在碧水缓流的曹娥江畔，在白云缭绕的东山脚下，在雅人挥麈的清言声中，在渔樵唱晚的霞鹜之间……那里有着谢安真正的精神家园。

这时，出镇广陵的谢安热切希望北伐进展更快些，这样，“江道还东”或可早日成行。因此，谢安出镇广陵后，一再按捺志存久远的东山情结，全心投身在北伐中原的帷幄运筹中。大丈夫出世，“混一文轨”、治国平天下是其担当；真名士处世，“渔弋山水”、枕石漱流间是其本怀。至于司马兄弟，他们只能算作是无数应被怜悯的卑微小人。

谢安期待着“经略粗定”，北伐早日功成！

五、大江东去

风云不测，人生多舛！

正当北伐中原如火如荼之际，谢安突然病倒了。

晋太元十年（公元 385 年）八月，谢安病情加重，征得孝武帝同意，回到了建康。车队从秦淮河上岸，缓缓向北进入了西州门（今江苏南京市朝天宫西武卫桥附近），这是建康城西南角外的附属军事城池西州城之门，谢安兼任的扬州刺史府就设在西州城内。这时，谢安喟然长叹，深以未竟东山之志为恨。于是召来家人，一一嘱咐后事。生离死别，痛惜难言。外甥羊昙在侧暗暗垂泪，默默赌咒：以后不再弄听音乐，不再出入西州门！

公元 385 年 8 月 19 日，谢安去世了，终年 66 岁。

豫章太守王珣是谢氏女婿,因与妻子离婚,因此和谢家和谢安交恶已久。但王珣听说谢安去世后非常悲痛,特地赶到建康哭吊。谢安部将刁约愤忿阻拦,王珣推开刁约,径奔灵堂哭祭。哭毕,也不接受谢琰的执手礼就走了。

朝廷罢朝三日,极尽哀思之情和隆重丧仪。十月,追封谢安为庐陵郡公,云云。

……多少年后的一天,羊昙在石头城饮酒大醉,沿路唱歌作乐,不辩所归。左右随从告诉他:已到西州门。羊昙猛然惊醒,嚎啕大哭而去……

当初,谢安出镇广陵时,同时还准备了船只器具。他想北伐基本成功后,“江道还东”,(《晋书·谢安》)直接从广陵出长江,返还东山。

如今,东山成了永远的梦!

大江东去、浪淘尽,千古风流人物。

附录六：陈郡谢氏世系表（主要成员）

- 谢瓒
  - 谢衡
    - 谢鲲
      - 谢尚
      - 谢真石
        - 褚蒜子（皇后）
    - 谢裒
      - 谢奕
        - 谢道韫
        - 谢玄
      - 谢据
        - 谢朗
        - 谢允
      - 谢安
        - 谢瑶
        - 谢琰
      - 谢万
        - 谢韶
      - 谢石
        - □□
      - 谢铁
        - 谢邈
        - 谢冲
    - 谢广
      - □□
        - □□

尾　声

刘与马，禅天下

——宋兴梦

谢安逝世后不久,谢玄也因病提出辞职,但孝武帝再三不同意。后来病情逐渐加重,谢玄怕荒废国事,前后十几次上疏辞职。孝武帝折中处理,转任谢玄为左将军、会稽内史,让他到家乡做官兼养病。晋太元十三年(公元 388 年)正月,谢玄去世,终年四十六岁,离开谢安逝世仅二十八个月。这一年也是谢家的黑色年,当年十二月,谢石也去世了,终年六十二岁。

谢安及其家族是东晋门阀中, 唯一能把家族利益置于皇家利益之下的家族,也是把家族利益置于各豪门利益平衡之中的家族。所以谢安执政,为东晋政权赢取了难得的政治平和等大好局面。随着谢安的逝世,东晋政坛重又失去了平衡,社会又一次陷入混乱和动荡。

第一章　傻子当国，“醉相”辅政

淝水大战后，北方再次陷入分裂，胡族政权相互征伐、混战不休，这使东晋重又获得了暂时偏安的好环境。孝武帝也以为从此可以高枕无忧了，于是日日游处，夜夜酗酒，纸醉金迷，醉生梦死。有一晚，拖着长长尾巴的扫帚星在“须女”星垣出现，后来又慢慢运行到“哭丧”星垣内，长久不肯退出。这时很不吉利的星象，孝武帝非常忌讳。为此，他在华林园设下祭坛，举着酒杯对扫帚星说：“长星啊，敬你一杯酒，赶快退去吧！自古皇帝和你一样，转瞬即逝，哪里有什么万岁天子！”从此，孝武帝更加灰心丧气，嗜酒无度，流连后宫，荒废朝政。

晋太元二十一年（公元 396 年）九月二十夜，孝武帝又在后宫欢宴，歌妓舞女尽情助兴，平时特别宠爱的张贵人也在一边作陪，当时她已三十岁。孝武帝醉醺醺地和张贵人开玩笑说：“你已盛年，应该废退了。”年老色衰本是后宫嫔妃的心病，孝武帝的玩笑话直戳张贵人痛处，痛得她徒起杀心。当晚孝武帝大醉，昏睡清暑殿。张贵人故意遣散随从，让他们都去喝酒。然后，张贵人伙同宫女用被子蒙在孝武帝脸上，把他活活憋死了。事后，张贵人用重金贿赂左右侍从，让他们异口同声称：孝武帝“梦魇暴崩”。当时太子痴傻，司马道子昏庸，其他人也懒得追究。毕竟，孝武帝也不是什么好东西。

孝武帝死后，儿子司马德宗继位，是为晋安帝。可惜，又是一位傻子皇帝。司马傻子何其多也！

司马德宗连晋惠帝还不如，冷暖不知，饥饱不晓，话也说不清楚。

傻子当国，必定祸乱天下。但野心家们求之不得，唯有这样，他们才有机会弄权朝廷、鱼肉百姓，甚至改朝换代。傻子皇帝的叔叔司马道子暗自高兴。

司马道子是谢安身后的最大受益者。谢安去世后，司马道子如愿以偿，领扬州刺史、录尚书事、都督中外诸军事。从此他独掌相权，为所欲为。可是物极必反，随着司马道子权力的急剧膨胀，他和孝武帝之间的矛盾也逐渐尖锐起来。有一次，孝武帝来道子府中游乐。他临走时说：你家里有山有湖，登山可以高瞻远瞩，游湖可以陶冶性情，就是太奢侈了！司马道子吓得张口结舌，无言以对。

司马道子和孝武帝一样，也是一个酒鬼，整天酗酒不止、烂醉如泥。有一晚，散骑常侍徐邈因公去丞相府，司马道子正好和一帮狐朋狗友在喝酒调笑。这些人举杯邀请徐邈一起喝，徐邈一一拒绝。司马道子很不高兴，讽刺他说：只怕你一辈子也没有尝过醉酒的快活吧！

司马道子既信奉佛教，也喜欢女色，对美貌尼姑更是穷追不舍。他自己和尼姑打得火热，还把她们的奶妈、童仆都任为了朝廷官员；狐朋狗友们更是高官厚禄、作威作福。原来不受谢安重用的王国宝，在司马道子扶植下居然当上了中书令、中领军，成为朝中的大红人。可是王国宝恶习难改，鸡鸣狗盗、贪赃枉法、无恶不作，因此受到朝臣门的普遍鄙视。王国宝的舅舅、中书郎范宁进言孝武帝，要求废黜他。孝武帝对王国宝也有微词。为了讨好皇上、解脱自己，王国宝利用孝武帝对司马道子的不满，转身揭发司马道子的种种劣迹，挑拨两人关系。司马道子知道后，恼怒得拔剑追杀王国宝。幸亏逃得快，王国宝才保住性命。

傻子皇帝登基后，司马道子更是权倾天下。王国宝旋即又见风使舵，厚颜无耻地重新投靠了司马道子。司马道子也实在无人可倚，居然臭味相投地重新收他为心腹。从此，这对牛黄狗宝有恃无恐，朋比为奸，贪污纳贿，穷极奢欲。

第二章　乘乱而起，桓玄篡位

王国宝的种种胡作非为遭到了朝臣的普遍反对。这时，青、兖二州刺史王恭派人去江陵，找荆州刺史殷仲堪密商，要求两家联合起兵讨伐王国宝，但殷仲堪犹豫不决。这时，闲居在家的桓玄得知了王、殷意图，于是极力怂恿殷仲堪出兵。桓玄是桓温小儿子，他对司马道子久有怨望，所以很想借刀杀人。

晋隆安元年（公元 397 年）四月，王恭上表朝廷，列数王国宝种种罪恶，宣称将和殷仲堪一起起兵“清君侧”。面对东、西强藩盛兵声讨，司马道子吓坏了，急忙派人逮捕王国宝，同时下达诏书，赐他一死。王国宝这时逃命乏术，只好乖乖地饮下了朝廷恩赐他的毒酒，做了司马道子专擅朝政的替死鬼，一命归西去了。

但是，朝局纷争并未平息，相反又有暗流涌动了。始作俑者司马元显也！

司马元显是司马道子的儿子，年方十六，但很有歪才。王、殷退兵后，司马元显却不肯罢休。他劝司马道子说：王、殷二镇是国家祸患，应该早作准备。宗室王司马尚之、司马休之等纷纷进言，要司马道子安插亲信威镇外藩。于是，司马道子任命自己的掾属王愉为江州刺史，并割豫州四郡归其都督。这就引起了豫州刺史庾楷的强烈不满。他联合殷仲堪和桓玄，共推王恭为盟主，三镇联手起兵“清君侧”。不过，这次矛头针对王愉和司马尚之、司马休之兄弟。

但是，三镇联军很快失败了，原因是王恭部属、北府名将刘牢之被司马元显策反了。

王恭任青、兖二州刺史时，驻守京口，下辖战无不胜的北府兵。他是大名士王濛的孙子，孝武帝皇后王法慧的兄长，一向自命不凡，很轻视刘牢之等“武夫”，因此和北府将领貌合神离。于是，司马元显唆使北府兵另一个将领高素去拉拢刘牢之，并许诺：如反戈一击，王恭官位都由刘牢之担任。刘牢之深深为之心动，很快被收买。在进军建康途中，刘牢之突然回兵京口袭击王恭。王恭逃奔曲阿，躲避到长塘湖（今江苏金坛长塘湖），不久被朝廷驻军抓获。

这时，桓玄等部已经到达石头城，司马元显怕夜长梦多，急忙将王恭斩首示众。后来，司马元显又施展分化瓦解手段，明令下诏，将殷仲堪的荆州刺史授予桓修（桓玄堂兄）、将江州刺史授予桓玄、将桓玄任刺史的广州改授殷仲堪。桓玄等大喜，兴冲冲准备罢兵就职；殷中堪大怒，威胁要返回荆州杀死联军后方家属。桓玄等急忙表示继续合作；朝廷也表示把荆州还给殷仲堪。三镇重新言和，再次结盟。不过，从此同床异梦了。

隆安三年（公元 399 年），荆州发大水，殷仲堪开仓赈灾，用光了全部库存。这时桓玄乘虚而入，从江州率部进攻荆州。殷仲堪抵挡不住桓玄军的攻击，败走长安，路上被抓。在桓玄的威逼下，殷仲堪在押解途中自缢身亡。从此，荆州、江州、雍州等西部广大地域都成了桓玄的势力范围。司马道子、司马元显为首的朝廷，面对日益坐大的桓玄也无计可施，只好任命他为荆、江二州刺史，并都督荆、雍、秦、司、梁、益、宁七州诸军事，从此，桓氏兄弟子侄重又霸占了长江中上游地域，西藩也重又成为朝廷的心腹大患。

但是桓玄并不以此为满足。他写信给司马元显，指责朝政日坏；君子不敢说话；已爆发的孙恩之乱也是其罪，等等。面对专横跋扈的桓玄，司马道子父子无法忍受，终于在元兴元年（公元 402 年）发兵征讨。司马元显任征讨大都督、都督十八州诸军事，并诏命刘牢之为前锋都督。桓玄则反其道而行之，以攻为守，率兵东进，攻击建康。桓玄屯兵姑孰和晋军对峙时，以元显之道治元显之身，秘密派人策反屯兵溧洲（今江苏南京西南江心洲）的刘牢之。刘牢之见利忘义，又一次反叛，这使桓玄军未受任何阻挡就攻入了建康。司马元显束手就擒，连同妻妾儿女一起被斩。司马道子则被废为庶人，流放安成郡（今江西安福），后来又被桓玄派人毒死。从此，桓玄独揽了晋廷大权。

傻子皇帝任桓玄为丞相、录尚书事、都督中外诸军事、扬州牧、荆江徐三州刺史，简直就是桓温再世。

接下来桓玄开始论功行赏，可是，刘牢之只被任为会籍内史，和桓玄当初的许诺相去十万八千里。刘牢之这才明白自己被桓玄欺骗了。他恼怒地说："这是夺我兵权，祸将至矣！"于是大会将佐，鼓动再一次反叛。但部属和儿子都不同意，认为一人三反，无颜立世，于是纷纷离散而去。刘牢之见众叛亲离，心灰意冷，自缢身亡。

元兴二年（公元 403 年）九月十六，桓玄逼迫晋安帝封自己为"楚王"，领地十郡，加九锡，并任为"相国"；当年十二月初三，桓玄又在"群臣拥戴"下，禅晋建"楚"，登上了皇位。

第三章　脱颖而出，刘裕执政

桓玄篡位后，滥封桓氏、大兴土木、穷奢极欲。元兴元年(公元402年)，会籍大灾，颗粒无收。富人穿着绸衣、抱着金玉、闭门等死；平民百姓更是走投无路，饿殍遍地。元兴三年(公元404年)二月初一，东海发生海啸，惊天动地的海浪从京口倒灌建康，房屋被淹，百姓枉死……。朝野臣民都非常怨恨桓玄的倒行逆施，因此把这些天灾人祸都归罪于桓玄篡位的“大逆不道”，于是暗里开始酝酿推翻桓玄。

在反桓浪潮中，刘裕脱颖而出，成为平桓英雄。

首先起兵反桓的是益州刺史毛璩(qú)，他从成都起兵，顺流东下，直逼建康。接着，北府兵将领刘裕、刘毅、何无忌等也起兵发难。史称：刘裕是“一世之雄”；刘毅存粮不足一石、但赌钱却一掷千金；何无忌勇悍酷似其母舅刘牢之。因此，他们都是敢作敢为的冒险家。

桓玄篡位时，其堂兄弟桓修任徐、兖二州刺史，镇守京口；桓弘任青州刺史，镇守广陵。刘裕当时任彭城内史，也驻在京口。元兴三年(公元404年)二月的一天，刘裕、何无忌等人推说外出打猎，离开京口密谋反桓。他们决定第二天在京口和广陵同日发难。翌日，何无忌率二十七人一早返回京口，假冒皇帝使者直入刺史府袭杀了桓修。同日，刘毅和孟昶等人也如出一辙地袭杀了广陵的桓弘。刘毅随即率部过江，在京口和刘裕胜利会师。就这样，刘裕等顺利控制了建康以东大江南北的两大重镇。于是，起事者集结成以北府兵为主体的一千七百多人的队伍，共推刘裕为盟主，发布檄文，进军建康，宣布讨伐桓玄。

桓玄得报大惊，一面派兵坚拒刘裕，一面打点细软装载上船，随时准备出逃。

三月初三，刘裕主力推进到了覆舟山(今江苏南京太平门西)。他令全军饱餐，弃绝余粮，要和桓玄军决一死战。开战前，刘裕故作疑兵，让弱兵登上山岗，大张旗幡；又把兵众分成多路，布满山谷。桓玄侦察兵吓得回去报告说："刘裕军漫山遍野，不知有多少！"决战时，刘裕手执大刀、身先士卒、冲锋陷阵；将士们紧随其后、左冲右突、奋勇杀敌；战鼓声、厮杀声惊天动地。桓玄军遭此打击，纷纷作鸟兽散。桓玄狼狈上船，败退江陵。刘裕派水军紧紧追赶，在武昌峥嵘洲又把桓玄打得大败。桓玄继续向西逃奔，行至枚回洲时，被益州刺史毛璩侄儿毛修之设计截杀，终年三十六岁。

刘裕平叛有功，被任为侍中、车骑将军、都督中外诸军事、使持节、徐兖二州刺史。但刘裕故作姿态推辞了。最后，刘裕被"改授都督荆、司等十六州诸军事，加领兖州刺史"。(《资治通鉴·晋义熙元年》)从此，刘裕倚北府兵为后盾，掌控了东晋内外大权。

面对东晋傻子当国的畸形政局，刘裕不禁心旌摇动起来。但刘裕也明白，权臣禅取皇帝宝座，必须以丰功伟绩为基础，否则难以使天下人心服口服。于是，刘裕转而致力于北伐中原，想以此立功立威。当然，刘裕北伐在客观上有力地维护了本民族利益，因此是值得肯定的历史功绩。

刘裕首伐南燕。

南燕政权是前燕慕容氏的遗产。公元 370 年，前秦灭前燕，慕容氏君臣投降前秦。淝水大战后，原来归降前秦的慕容垂逃归北地，重建燕国，史称"后燕"。同时期，慕容氏皇族成员慕容泓建立"西燕"，但公元 394 年被后燕吞并。公元 407 年后燕国主慕容熙被大将冯跋和高云所杀，后燕灭亡。公元 409 年冯跋自立为王，史称"北燕"。公元 436 年，北燕禁不住北魏攻击，国主冯弘被迫放弃都城龙城，逃奔高丽，北燕灭亡。以后，慕容垂幼弟慕容德自称燕王，公元 399 年改称燕皇帝，史称"南燕"，国土约为今济南——徐州——烟台的三角区。

晋义熙五年(公元 409 年)四月，刘裕北出建康，征伐南燕。大军由淮水而泗水，直达下邳（今江苏睢宁古邳镇），然后舍舟登陆挺进南燕；所过之处，都分兵把守，稳打稳扎。

这时南燕国主是慕容超，他对击败晋军似乎胸有成竹。有人向他献上了上中下三策，他一概不予采纳。他想放纵晋兵深入南燕腹地，然后发挥骑兵优势，聚而歼之。刘裕军越过南燕险关而未遇抵抗，又见遍地金黄、麦浪滚滚，军粮有望，信心倍增。终于，晋、燕两军在临朐相遇，立即展开大战。但南燕败北，慕容超狼狈逃窜广固（今山东益都西北）。晋军乘胜攻打广固，不久攻破大城，但从此遇到了顽强抵抗，小城久攻难下。无奈，晋军只好对广固小城长围久困。慕容超这时万分焦虑，反复向后秦姚兴求援。但姚兴这时被大夏国打得焦头烂额无法抽身；后来总算勉强派出了一万兵众，但行至半路又被召了回去。

不过，这时刘裕也很困难，晋军毕竟远道而来，经不起长期消耗。于是，刘裕设计智取广固。他常常在半夜抽走围城部队，天色大亮后又大张旗鼓开赴广固城外。广固城内兵民看到后，惊恐万状，人心大乱。这时城内又发生了瘟疫，老百姓每天成百上千地蜂拥而出；守城将士也纷纷出降。公元 410 年二月，刘裕军对广固发起了总攻，南燕尚书悦寿打开城门投降，广固城防崩溃，慕容超被俘，后被杀。

南燕灭亡。

刘裕再伐后秦。

后秦为姚苌所建。姚苌是姚襄弟弟，曾是降秦将领，又是“三秦”羌人，对“秦”有一种特别情感，所以独立发展后还称“大秦天王”。淝水大战结束后，姚苌叛秦而去。他率兵七万，联合西燕慕容冲围攻前秦长安。前秦建元二十一年（公元 385 年）七月，苻坚逃奔五将山，但被姚苌部将吴忠捕获。姚苌先是索要传国玉玺，被苻坚拒绝；接着姚苌又要求禅位，又被苻坚骂绝。最后，姚苌下令在新平佛寺中缢死了苻坚。

苻坚果如王猛所言，在鲜卑和羌族人攻击下失败了。公元 386 年姚苌在长安即皇帝位，国号“大秦”，史称“后秦”。

后秦发展到东晋晚期时成为北方强国之一，疆域狭长辽阔，东起今安徽亳州，西至今甘肃陇西，北抵今延安，南达今秦岭。当时的皇帝是姚兴，公元416年病死。

晚年的姚兴失去了对儿子们的掌控，让后秦陷入了混乱。

姚兴共有十一个儿子，长子姚泓，十五岁时被立为太子。但姚泓生性懦弱，才能平凡，兄弟们愤愤不平，姚兴也忐忑不安。姚兴三子姚弼生性奸诈，善于谄媚，深得姚兴喜爱，因而被任为尚书令、大将军，执掌朝廷大权。姚兴晚年病重时，姚弼私聚数千死士，明目张胆准备抢夺皇位。但是，姚兴对姚弼的胡作非为不加抑制，只是免职了事。大臣们密谏姚兴，要求诛杀姚弼。姚兴犹豫不决，不忍下手。太子姚泓也昏聩无能，竟然也为姚弼求情，从而让他逃过了劫难。在姚兴临死前一刻，姚弼正式发动了宫殿政变。幸亏姚兴还有一口气，他在侍卫的搀扶下走到前殿，下令赐死姚弼。第二天，姚兴去世，姚泓即位。

但是，新一轮后秦动乱从此也拉开了帷幕，姚氏兄弟们纷纷称孤道寡、割据自立。

后秦皇室动乱和姚兴死讯传到建康后，刘裕乘势而为，举兵伐秦。晋义熙十二年(公元416年)八月十二，刘裕兵分五路，西征后秦。

刘裕伐秦的重点是洛阳和长安，洛阳是晋室故都，长安是后秦京师。因此，刘裕首先用兵洛阳。后秦洛阳驻军有限，守将是皇室陈留公姚洸，他的长史和司马早已被刘裕派人策反。姚洸听信长史和司马的话，轻易派兵出战，一战大败。晋军乘胜包围洛阳，第三天姚洸投降。洛阳在永嘉之乱时就被胡族政权攻取，已历时整整一百年，虽然期间也曾被东晋收复两次，但都很快又丢失。因此，这次收复轰动建康。刘裕乘机暗示朝廷给自己加官进爵；后来又反过来坚决推辞，从而赢取了功盖天下和谦虚自敛的美名。

刘裕紧接着又用兵长安。晋军船队沿黄河逆流西行，但航行遇到了麻烦。原来洛阳和北魏隔黄河相望，刘裕进军时既要兵指长安，又要力避与北魏发生摩擦，还要防备它在侧后偷袭。

不出所料，隔河相望的北魏军虎视眈眈，时时骚扰，不断出兵夺船夺粮。为了顺利进军，刘裕决心先挫败北魏的骚扰。于是，刘裕安排七百精壮勇士，配备一百辆战车，越过黄河，在北岸布下了一个“偃月阵”；又命将军朱超石率领二千士兵，并配备强弩埋伏其中。很快，北魏出动三万骑兵前来冲阵。晋军一跃而起，强弩齐发，一弩洞穿三、四人。魏军死伤无数，败退如潮；以后一路撤退到了畔城（今山东聊城），从此为晋军让开了西进通道。

可是，潼关险阻又挡住了晋军兵锋。旷日持久的对峙耗尽了刘裕军粮，幸亏潼关以东的西晋遗民纷纷前来献粮捐草，才使晋军渡过难关。毕竟，中华一统观念不会因百年岁月流逝而磨灭。

为了不再长期与后秦纠缠消耗，刘裕决定奇兵取胜。他命将军沈田子和傅弘之偷袭长安。沈、傅两人率一千多兵众离开西进大兵团，出其不意，向西南运动到长安南大门青泥（今陕西蓝田），此去长安仅八十里。后秦吓坏了，以为刘裕来了两路大军。秦皇姚泓亲自披挂上阵，率数万兵众去青泥抵抗。面对后秦重兵，沈田子沉着应战，他说：“应乘敌人立足未稳，以迅雷不及掩耳之势猛烈攻击。”于是，沈田子率部一马当先，首先冲锋；傅泓之率第二梯队，连续攻击，跟进破敌。一夫拼命，万夫莫挡。在一千多晋军拼死攻击下，秦军被杀一万多人，其余纷纷溃散而去。姚泓率残部败退至灞上据守；关中许多郡县暗中归附了沈田子。

沈田子兵出青泥时，晋军水师从黄河进入渭水直达长安城下。晋义熙十三年（公元417年）八月廿二拂晓，水师主将王镇恶发布命令：全军饱餐，舍舟登岸。他大声对全体将士们说：“兵船和粮食都被河水冲走了，此去江南故乡远隔万里，所以只有拼死一战才有活路。胜则功成名就；败则尸骨无存！大家努力吧！”王镇恶率全军将士猛虎般杀进长安城去，秦军被打得溃不成军，抱头鼠窜。姚泓亲率援军赶来，但败兵浪潮把他的援军冲得七零八落，不战而溃，姚泓也狼狈而逃。眼看军队一败涂地，国家没有了生存希望，姚泓彻底失去了信心，第二天，他带着宗室和将领到王镇恶军门投降。姚泓十一岁的儿子姚佛念人小志刚，宁死不降，跳墙身亡。

后秦灭亡。

第四章　愿后身世世勿生帝王家

功勋盖世，刘裕挟北伐雄风迈开了禅晋步伐。

晋义熙十四年（公元 418 年），刘裕因赫赫武功被晋封为宋公、加九锡、进位相国。刘裕因此也正式开始谋求禅晋。为了得到天命眷顾，刘裕特地抽谶（chèn）求神，《谶》书说："昌明之后尚有二帝"，刘裕很失望。《谶》书上的"昌明"和孝武帝名字"昌明"居然一样，这岂不是说，司马昌明之后晋室还要再延续两位皇帝吗？这时的"昌明之后"是安帝司马德宗。刘裕这时已五十六岁，很有点急不可耐，但天命难违啊！刘裕苦思冥想，终于想出了办法：加快推进二帝更迭！

刘裕让心腹王韶之去推进"加快"。当年年底，王韶之和皇帝侍从商定了鸩杀晋安帝的办法。皇帝侍从其实也是刘裕安插在内宫的心腹，所以鸩杀安帝很方便。但是，安帝弟弟司马德文悉心照料傻子皇兄的饮食起居，一步不离三尺，很难下手。王韶之亲临窥测，也深感没有机会。说来也巧，正当王韶之束手无策时，突然峰回路转，司马德文患病出宫休养了。王韶之抓住这一千载难逢的好机会，紧急行动。十二月十七日，王韶之用零散衣服拧成绳子，在宫殿东堂将晋安帝活活勒死！

晋安帝死后，刘裕谎称奉先帝遗诏，拥立司马德文即位，改年号元熙，大赦天下。就这样，"尚有二帝"的噩咒"加快"到了司马德文头上。

晋元熙元年七月，刘裕由宋公晋爵宋王，并建天子旌旗，驻守寿阳，但仍遥控建康。晋恭帝司马德文虽贵为皇帝，但心如槁木，一切以刘裕意志为旨意，自己则专心念经，求神拜佛，祈求菩萨保佑。为了表示虔诚，司马德文还在瓦官寺铸造金佛一尊，高一丈六尺，步行十里迎驾立佛。他想以此暗示刘裕：自己万念俱灰，倾心向佛，毋以为忧。

不过，司马德文想错了。刘裕其实并不以皇帝有无思量为念，所忧者，“二帝”之去何其慢也！

好不容易又等了一年，但“宋王欲受禅难于发言(《资治通鉴·宋永初元年》)”。身为晋室大臣，刘裕还有一点羞耻之心，禅晋建宋实在难以启齿。可是，“人生如梦，去日苦多”，功高天下但也年近花甲，还有多少时日可等？刘裕决定不再等待。

晋元熙二年(公元420年)正月，刘裕召集自己封国的群臣宴饮。酒酣耳热之际，刘裕从容而又微妙地说：“桓玄篡位，晋鼎已移，是我首倡大义，复兴晋室，南征北战，平定四海，功勋卓著，这才承受了皇室恩赐九锡之荣。如今我已经衰暮年迈，但还如此尊崇之极。万物切忌鼎盛满盈，这不是长久自安之道。现在我想奉还爵位，归回京师养老。”刘裕表面意思有二：一是自己功高盖世，位极人臣；二是衰暮年迈之际想减盛自安。

但是，群臣以为刘裕谦虚，于是大肆歌功颂德，没人细想言外之意。日暮人散不久，中书令傅亮突然醒悟。他去而复还，叩门求见刘裕。傅亮一语双关地说：“臣暂时应该回到京师去。”刘裕立即明白了傅亮的意思，也不多说其他话，只是问：“要多少人护送？”傅亮说：“几十人即可。”傅亮告辞出宫后，突然看见长尾彗星横贯夜空，他拍着大腿说：“我平常不信天命和占星，今天总算应验了！”

在傅亮的周旋下，当年四月，晋恭帝征召刘裕进京辅政，但刘裕迟至六月初九才去建康。刘裕到后，傅亮立即暗示晋恭帝准备禅让，并把事先草拟的退位诏书呈上。晋恭帝欣然执笔，并对左右侍从说：“桓玄篡位时晋室就已失去了天下，幸赖刘公才得以延续至今，算来也已二十年了。今日禅位之事，本来就是我甘心所为。”于是，他依照傅亮所呈退位草诏，重新书写在红纸上，“赤纸为诏”……

于是，刘裕禅晋建宋，登上了皇帝宝座。但是他未曾料到：自己的后世臣下萧道成也会如法炮制，“赤纸为诏”，从自己三世孙刘准手里禅夺了天下。宋朝仅维持五十九年就梦断建康。

禅让皇位时，童稚天子刘准仅十一岁，他吓得躲进宫中佛屋宝盖下不出来，后经人反复劝诱方出。刘准惊恐万状，抖着手指说：“愿后身世世勿生帝王家！”

童稚天子恐惧废杀的哀号又有谁当真！

丙申年正月初二
（2016年2月9日）
再次改定于秦庄里

附录七：东晋世系表

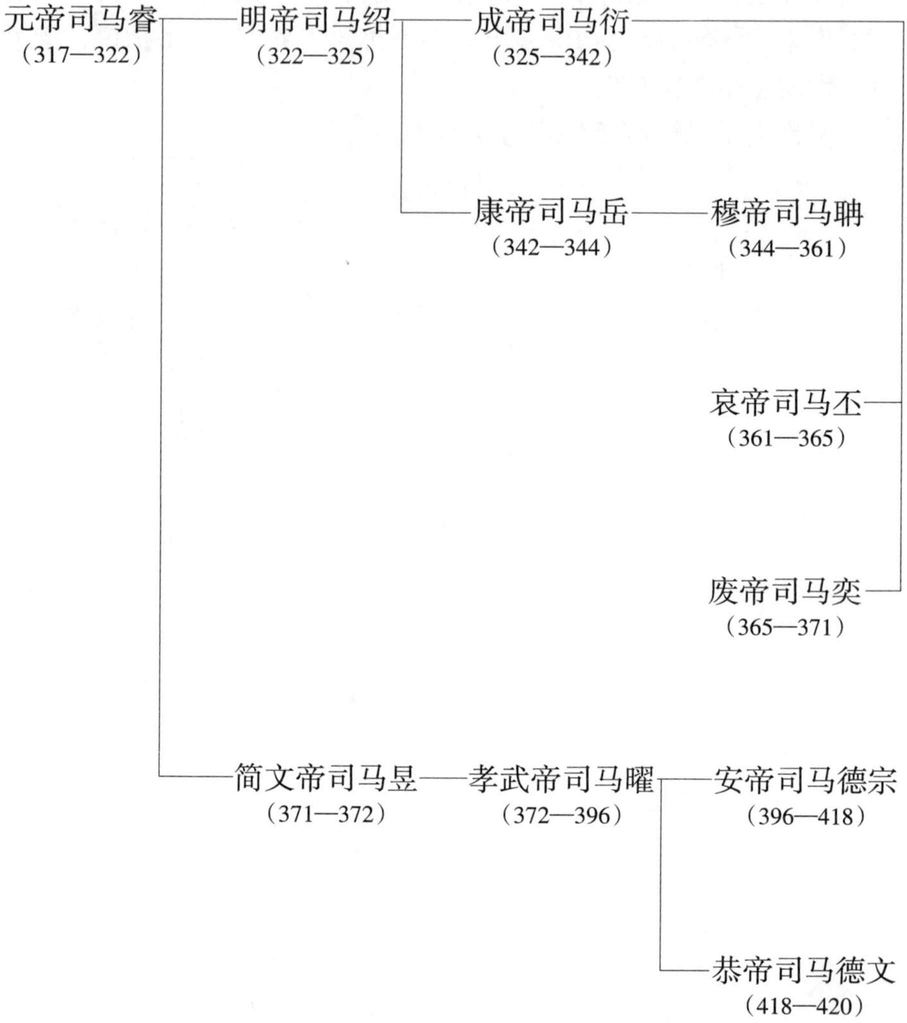
元帝司马睿
（317—322）
明帝司马绍
（322—325）
成帝司马衍
（325—342）
康帝司马岳
（342—344）
穆帝司马聃
（344—361）
哀帝司马丕
（361—365）
废帝司马奕
（365—371）
简文帝司马昱
（371—372）
孝武帝司马曜
（372—396）
安帝司马德宗
（396—418）
恭帝司马德文
（418—420）

门阀领袖年谱对照表（1）

公元	王导	庾亮	桓温	谢安
265	司马炎禅魏建晋，即皇位，是为晋武帝			
276	王导和司马睿同年出生			
289		出生		
290	晋武帝去世，晋惠帝司马衷即位			
291	八王之乱爆发			
305	司马睿镇守徐州，任王导为司马，委以军事			
306	司马越毒死晋惠帝，晋怀帝司马炽继位，八王之乱结束			

门阀领袖年谱对照表（2）

公元	王导	庾亮	桓温	谢安
307	司马睿出镇建邺，倚王导为谋主	父庾琛任会稽太守，庾亮随父赴会稽		
311	前赵攻陷洛阳，晋怀帝被俘	任司马睿镇东大将军西掾属		
312			出生	
313	晋怀帝被害，晋愍帝司马邺在长安即位			
316	长安陷落，晋愍帝被俘			
317	司马睿晋位晋王，任王导为录尚书事等军政要职	任中书郎、著作郎、东宫侍讲		
318	晋愍帝被害，司马睿即皇位，力邀王导同登御床	任给事中、黄门侍郎、散骑常侍		

门阀领袖年谱对照表（3）

公元	王导	庾亮	桓温	谢安
320				出生
322	一月王敦叛乱。十一月晋元帝去世，晋明帝司马绍继位，王导辅政			谢安伯父、清谈领袖、豫章太守谢鲲反复劝阻王敦叛乱
323		妹妹庾文君被封皇后		桓彝赞叹小谢安“不减王东海”
324	王敦再次叛乱，王导任征讨大都督平叛	参与平定王敦叛乱，后任护军将军	父桓彝参与讨伐王敦机密，以功封侯，后任宣城内史	一月，谢鲲去世
325	晋明帝去世，晋成帝司马衍继位，王导和庾亮等共同辅政	庾太后临朝称制，庾亮位列辅臣班首，为实际执政者		
327		强行征召苏峻任大司农，苏峻由此叛乱		
328			父桓彝参与平定苏峻之乱，后死难。桓温立志报仇	

门阀领袖年谱对照表（4）

公元	王导	庾亮	桓温	谢安
329	苏峻叛乱平定后单独辅政。十二月郭默擅杀江州刺史刘胤	苏峻叛乱平定后羞惭外放，任豫州刺史	手刃杀父仇人江播（已死）的三个儿子	与玄学领袖王濛清淡，受到赏识。以后长期悠逸东山
330	笼络郭默，任其为江州刺史，以牵制陶侃和庾亮	和陶侃共同平定郭默之乱		
334	晚年执政，坚持无为而治	任荆江豫三州刺史，都督六州军事		
335			任琅邪内史。后受到庾翼器重和举荐	
339	七月去世	庾冰继王导执政。庾亮筹备北伐，但毛宝邾城大败，庾亮忧愤成疾		任庾冰的扬州刺史府掾属，一个月后辞职回东山
340		正月庾亮去世，庾翼继任荆州刺史，都督六州军事		此后屡次推辞官府征辟
342		晋成帝去世，晋康帝司马岳继位；褚蒜子被封为皇后		

门阀领袖年谱对照表（5）

公元	王导	庾亮	桓温	谢安
343		庾冰出朝兼任江州刺史，都督七州军事，徐州刺史何充入朝辅政	继何充任徐州刺史，都督徐兖青三州军事	
344		晋康帝去世，晋穆帝司马聃继位。十一月庾冰去世		堂兄谢尚被任江州刺史，但被庾翼强占辖区
345		七月庾翼去世	继庾翼任荆州刺史，都督西部六州军事	谢尚被改任豫州刺史，谢氏从此跻身高门豪族
347			率部突袭成都，一举平定成汉国	
354			二月北伐前秦，六月败退襄阳	
356			六月北伐姚襄，八月收复洛阳	
357				五月谢尚去世，谢安兄谢奕继任豫州刺史

门阀领袖年谱对照表（6）

公元	王导	庾亮	桓温	谢安
358				八月谢奕去世，谢安弟谢万继任豫州刺史
359				秋，谢万兵败淮北，被贬为庶人，谢氏势力退出豫州
360				东山再起，任桓温荆州刺史府司马
361			晋穆帝去世，晋哀帝司马丕继位	
362				为安葬谢万返还建康，后任吴兴太守
363			任大司马、都督中外诸军事、录尚书事	
365			晋哀帝去世，司马奕继位	在此前后，入朝任侍中、吏部尚书

门阀领袖年谱对照表（7）

公元	王导	庾亮	桓温	谢安
369			四月北伐前燕，六月枋头大败。十月豫州刺史袁真举寿春降燕	
371			正月夺回寿春。十一月废司马奕，立简文帝司马昱	
372			简文帝去世，王谢门阀撇开桓温，抢先拥戴晋孝武帝司马曜继位	联合琅邪王氏和太原王氏，挫败了桓温篡位图谋
373			七月去世	八月，褚太后临朝称制。九月，谢安和王彪之共掌朝政
374				兼任扬州刺史，总管中书省事务
376				任中书监、录尚书事，总揽朝政
377				任司徒，都督扬豫徐兖青五洲军事

门阀领袖年谱对照表（8）

公元	王导	庾亮	桓温	谢安
379				前秦攻陷襄阳、彭城、淮阴、盱眙等重镇。谢玄率部反击，夺回淮河防线
383				谢玄谢石率北府兵大败前秦百万大军，获淝水大战胜利
384				都督十五州军事，主持北伐；谢玄等部收复黄河以南大片国土
385				八月去世
396				晋孝武帝去世，晋安帝司马德宗继位
418				晋安帝为权臣刘裕所害，晋恭帝司马德文继位
420				晋恭帝逊位，刘裕禅晋建宋，即皇位，是为宋武帝

跋：门阀简史

王金根

书稿读完了，但意犹未尽，很想再说点什么。姑且就以“门阀简史”为话题，作本书的结束语吧。

门阀现象是中国王朝演进史上贵族侵夺王权的一种异化政治制度，存在于中国上古和中古时期的大部分朝代。发展到魏晋南北朝时，门阀制度登峰造极，全面渗透到了社会政治经济文化等各个领域，成为主导当时社会走向的决定性制度。

上古宫殿建筑的大门外都立有“谏鼓”，即在朝堂外立木悬鼓，让臣民随时击鼓伸冤；同时还在交通要道口另竖木柱，供臣民书写不同意见，谓“谤木”。后来，“谏鼓”和“谤木”逐渐有了固定形式，并被集中竖立在宫殿大门外的两边。随着宫殿建筑水平的不断提高，“谏鼓”和“谤木”的实际功用慢慢消退，而作为建筑物的附属装饰功能逐渐凸显。久而久之，“谏鼓”和“谤木”完全演变成了宫殿建筑入口处的装饰性标志。发展到后来，宗庙、祭坛、陵墓、桥梁等，各种大型建筑物入口处的两边，也都开始立柱装饰，“谏”和“谤”的实际功用完全消失，名称也被“华表”取代。

由于“华表”带有权威性的装饰效果非常明显，朝廷官员也纷纷慕仿，开始在自己宅邸门前立木装饰。但最高统治者把这种装饰视为特权，不允许臣僚擅自滥建。为了统一规制，朝廷对竖立木柱专门作了规定。据《史记·高祖功臣侯者年表》载，汉代只有五品以上官员，才有在门前立木的特权。高官宅邸门前的这种装饰性木柱，开始时也有实际功用，主要用来彰显自己家族的功绩和显赫。大门左边的木柱称“阀”，右边的木柱称“阅”。“阀”的功用是题记家族的功绩；“阅”的功用是记述家族的经历。以后，“门第阀阅”成为高门豪族的代名词；再后来，南北朝人简称把持朝政的高门豪族为“门阀”。从此，历史研究也逐渐把垄断朝政的寡头政治家或其家族称为“门阀”。

1. 门阀起源于周代

门阀在中国历史上早已出现，但只有东晋时的门阀才成为完整意义上的政治制度。

上古时代是否一概存在门阀，不能确定。但周以后存在门阀是确定无疑的，只是暂时没有“门阀”名称而已。西周实行分封制，周天子居于至高无上的绝对支配地位。其王位由嫡长子世袭继承，其他庶子则作为小宗被分封为各地诸侯。但他们在各自封国内又是同姓宗族的大宗，其王位也由嫡长子世袭继承，其余庶子又作为小宗被分封为卿大夫。卿大夫在各自封地里又是同姓宗族的大宗，其封爵仍由其嫡长子世袭继承，其余庶子作为小宗分封为士。这样，根据宗法制和分封制，便形成了天子、诸侯、卿大夫、士等各级宗族贵族组成的等级“金字塔”。各个等级之间的相互关系，既是大宗和小宗的关系，也是君主和臣僚的关系。这其实就是后世“世族”和“门阀”的上古渊源。

按照周制，大国诸侯还能兼任王室的公卿，如周初卫康叔为周司寇，西周末期郑桓公为周司徒。诸侯在其封国内设置的官制，大略与王室相同。值得注意的是，天子或诸侯之下的卿大夫也是世袭的，即“世卿”。《公羊传·隐公三年》批评说：“世卿，非礼也。”即世卿不符合周礼的规定。但这正好从反面说明，“世卿” 制在当时已成为普遍现象。这种“世卿”制来源于远古氏族共治的习惯，因为氏族及其利益必须依赖世代把持官府才能存之久远。故曰：“弃官，则族无所庇。”所以卿大夫必须把持权柄。

随着“世卿”权力的日渐壮大，王室或诸侯权力开始弱化。周厉王因“专利”山林遭到国人攻击，弃国出逃，于是大臣周公和召公为之联合执政，实行“共和”。可见，这时的世袭公卿权势很大。

诸侯国也是如此。春秋鲁国僖公时,季氏因拥立国君有功而被任为上卿,受赐费邑及汶阳之田,季氏的势力就此逐渐壮大,以致季氏与孟孙、叔孙三卿“三分公室”、“四分公室”,完全控制了鲁国的郊地和军赋。自宣公至哀公六代,季氏世代为鲁国上卿,专断鲁国之政。

晋国更甚,其卿大夫韩、赵、魏三家随着权势的日盛,后来直接颠覆了晋国。晋国是春秋时期的中原大国。西周末年,晋文侯拥戴平王东迁洛邑,杀死在西周故地自立的周携王,为缔造东周立下了大功。以后,晋文公帮助周襄王平定了太叔带之乱,尊王称霸,势力大增。但在晋文公称霸的同时,晋国内部异姓贵族的实力也随之壮大,其中赵氏势力尤盛。“赵名晋卿,实专晋权,奉邑侔于诸侯”(《史记·赵世家》)。自赵盾至赵襄子六代人,父子相继,世袭晋国正卿。同为权臣家族的还有韩、魏、范、中行、智等五家,世称“六卿”。春秋末年,韩、赵、魏、智四家联手打败了范氏和中行氏。哀公四年(公元前453年),韩、赵、魏三家又联合打败了智氏。最后,韩、赵、魏三家分晋自立。烈公十九年(公元前403年),周威烈王被迫正式承认韩、赵、魏三家为诸侯。

齐国世卿制的出现比鲁、晋两国更早。春秋初年齐桓公时,高、国二氏各控制了“三军”中的一军,实力雄厚,成为世卿(《国语·齐语》)。但到春秋后期,齐国田氏势力后来居上。田乞联合诸大夫击败高、国二氏。公元前481年,田乞之子田成子杀齐简公和诸多公族,另立齐平公,进一步把持了政权。公元前391年,田成子四世孙田和废齐康公;五年后又放逐齐康公于海上,自立为国君。同年,周安王被迫册命田和为齐侯。公元前379年,齐康公死,姜尚的齐国绝祀。田氏仍以“齐”作为国号,史称“田齐”。

春秋战国时的这种卿大夫凭借家族势力专断国政现象,其实不止鲁、晋、齐等国,而是普遍现象。

2. 秦汉时的门阀只是个别现象

秦汉之际,天下大乱,“王侯将相宁有种乎!”在农民起义浪潮中诞生的西汉政权,靠“布衣将相”统治天下。刘邦部下除张良出身韩国贵族外，萧何、韩信、曹参、陈平、王陵、陆贾、郦食其、夏侯婴、樊哙、周勃、灌婴等名相名将，都出身下层。他们贵为西汉开国功臣，但都没有成为权臣，也没有成为绵延不断的豪族。虽然西汉以后曾出现过霍光、王莽等权臣或独裁者，但终究只是个别现象，并未形成某个家族长期专断朝政的气候。这同西汉朝廷坚决打击"异姓王"为代表的高门豪族国策有关。刘邦生前逐一消灭了异姓王，临死前还和众大臣刑马盟誓："非刘氏为王者，天下共击之。"汉武帝刘彻坚决贯彻高祖迁徙豪强富室等措施，并实行"推恩令"削藩，以"强干弱枝"。所以西汉门阀难成气候。西汉后期，宦官和外戚迭相专权，互相争斗，客观上也抑制了门阀势力的单独坐大。

3. 东汉是门阀势力再次兴盛的时代

首先，东汉任官制度上的腐败，为门阀制度大开方便之门。东汉和西汉一样，实行察举、征辟、任子三位一体的任官制度。察举是指朝廷公侯、高官以及州郡长官向上推荐人才任官的制度；征辟是指朝廷征聘名望显赫的知名人士充任要职的制度，皇帝征召称"征"，官府征召称"辟"；任子是指二千石以上高官子弟可以直接任官的制度，后来又扩大到校尉和尚书等官员。三种制度实施过程中，大官僚通常都把自己推荐的人引为"门生"和"故吏"；门生故吏成为大官后，也把自己推荐的人引为次级"门生故吏"。于是枝蔓连理，逐渐以某一大官为中心形成了下属忠于主管、门生忠于荐主的私恩链条关系，一荣俱荣，一损俱损，从而成为门阀大族的政治基础。

其次，东汉私人讲学的传习方式，也为门阀制度的形成起到了推波助澜的作用。两汉时期都把尊孔读经作为取士的主要途径，由此儒学大兴，私人传经授徒也大行其道，社会上也相应出现了累世传习一经的私学家族，许多官吏都出自其门下，于是同门弟子互相援引，自成体系。弘农杨氏累世传习《欧阳尚书》，由此成为"四世三公"的著名家族。汝南袁氏以传习《孟氏易》而成为"四世五公"的门阀，号称"门生故吏遍天下"。

4. 曹魏"九品中正制"奠定了门阀的法律基础

门阀兴盛不等于门阀制度的确立,只有曹魏时期“九品中正制”的诞生,才使门阀制度成为受法律保护的政治现象。

曹魏政权的实际缔造者是曹操,但曹操生前没有称帝,原因是士人和世族反对。曹操南征北战、统一北方、功高天下。但是,曹操的文治武功是在以士人为骨干的世族支持下才取得的。经过前后汉皇朝四百余年“废黜百家、独尊儒术”的感召和熏陶,儒家“三纲五常”思想早已深入人心,所以士人和世族支持曹操削平群雄、统一北方、匡扶汉室。但当知道曹操有心代汉时,士人和世族又不约而同转而反对曹操。颍川大族领袖、曹操第一大谋士荀彧,清河大族领袖、丞相府干员崔琰等等,都因反对曹操称帝而被害。但是,荀彧、崔琰等代表了广大士人和世族集团的舆论,因此深为曹操顾忌。孙权曾假惺惺地劝曹操称帝,曹操说:“这小子想把我放到火炉上烤吗!”这个“火”就是士人和世族集团崇尚的儒家纲常。最后,曹操无奈地说:“若天命在我,我就做周文王吧!”周文王把称帝的机会让给了儿子周武王,曹操也想效法文王。

曹丕继承魏王后,为了拉拢士人和世族支持自己禅汉称帝,于是采纳吏部尚书陈群的意见,于黄初元年(公元220年)命其制定“九品中正制”选官制度。

九品中正制的做法是:州郡分别设立“中正”官职。任中正者,必须出身当地,并且是朝廷的现任高官。中正的主要职责是“品评人物”,即对本地人士的才德作出公正的评价。品评的主要做法是:依据被品评人的家世和才能作出评语,称为“行状”;并给出一定的等级,称为“品第”。等级(品第)共分九等,由高到低依次是:上上、上中、上下、中上、中中、中下、下上、下中、下下等,即一品至九品。朝廷选任官吏时,依据州郡中正提供的人物家世、行状、品第三方面材料,量才录用。门、行、品高者得高官,低者得卑职。

具体做法上,各州设“大中正”,各郡设“小中正”。品第人物时,在九品基础上,又设上品、中品和下品三类别。因为一品标准太高,无人企及,形同虚设,所以二品至三品为上品;四品至五品为中品;六至九品为下品。确定品第时，行状是主要依据，家世只作参考，谓“计资定品”。

由于大小中正由朝廷大官担任，而这些大官又大都出身高门豪族，久而久之，高门豪族逐渐以“大、小中正”官的合法身份垄断了“计资定品”权，从而使九品中正制倒向了高门豪族的利益方。入晋以后，九品中正制完全以家世来“计资定品”。出身寒门者，行状评语再高也只能定在下品；出身豪门者，虽行状不佳亦能位列上品。于是就形成了当时“上品无寒门，下品无世族”(《晋书·刘毅》)的局面。

九品中正制不仅有力地支持了曹魏政权的建立，而且也受到以后两晋南北朝等各个既得利益官僚集团的青睐，从而成为影响深远的一种政治和法律制度。两晋南北朝也由此形成了完整意义上的门阀制。

5. 两晋南北朝是门阀制度的鼎盛时代

由于“九品中正制”在法律层面上得以确立，因此，健全的门阀制度从此成为两晋南北朝时期稳定的政治规范，并极大地影响了整个社会政治经济生活；门阀们也以全新的姿态在政治历史舞台上尽情表现。东晋王导、庾亮、桓温、谢安是门阀制全盛时期的代表人物，他们最后登上了“王与马共天下、庾与马乱天下、桓与马争天下、谢与马安天下”的政治巅峰，成为中国政治史上的千古奇观。

6. 门阀制的政治特征

门阀制度在政治上的特征是，高门豪族垄断官吏选拔和占据高位的特权，直至专擅朝政。由于九品中正制对高门豪族的偏袒，世族人士大受其惠，纷纷在朝廷高官厚禄、呼风唤雨。据毛汉光先生统计，有案可稽的两晋文官中，担任过司徒、司徒左长史、尚书令、尚书仆射和列曹尚书、中书监和中书令、侍中等第一流高官的共有 161 人，其中，寒门 25 人，占 16%；小姓 38 人，占 24%；大姓 98 人，占 60%。可见，朝廷大权被牢牢地掌控在高门豪族的手中。又据毛汉光先生统计，两晋时，琅邪王氏共有 206 人以六、七、八品官入职，此后，其中 85%的人升迁到了五品官，67%的人升迁到了三品官，也即三分之二的人升迁到了上述司徒至侍中之间的高官行列。可见,朝廷大员的官位也牢牢地垄断在第一流豪族门下。其实,这也是变相的世袭。因此,东晋的高门豪族和司马皇室“共天下”的奇特政治格局,至此也就不难理解了。

7. 门阀制的经济特征

门阀制度在经济上的特征是,高门豪族凭借政治特权,恣意攫取社会财富。他们封锢山林、广置田产,占有连片庄园地产和大批劳动力。中国山水诗的奠基者、东晋豪族和名将谢玄之孙谢灵运,依据自己规模宏大的始宁庄园,创作了千古名篇《山居赋》。谢灵运在《山居赋》中得意洋洋地描述了自家庄园的山水、建筑、物产、生活等多方面的景象;当然,也流露许多离开官场的不得已和不甘心。《山居赋》中的始宁谢氏庄园,地处会稽始宁县西南(今浙江上虞上浦镇周边)。谢灵运归隐后,大兴土木,凿山开道,堰水造湖,疏通水路,把这里整治成了依山傍湖、背山临江、环境优美、实力雄厚的大庄园。该区域南北约 40 公里,东西约 15 公里,总面积约 600 多平方公里,相当于一个县域。有专家说,这令古罗马大种植园主望洋兴叹。两晋南北朝时,会稽郡地广人稀,北方南渡而来的高门豪族,如王氏、谢氏、庾氏等等,都在这里置有连片地产庄园。谢氏产业因有谢灵运《山居赋》,才令今人得以窥其宏大规模。这也应该成为考量其他豪族产业的参照物。

8. 门阀制的文化特征

门阀制度在文化意识形态上的特征是研究玄学、崇尚清谈。正始名士及以前的玄学和清谈,不失为知识分子在学术上的一种探索和追求;竹林七贤及以后的玄学和清谈,则变成了政治动荡不安环境下,知识分子和政治反对派明哲保身或消极反抗的文化托词;进入西晋后,玄学和清谈则蜕变成了门阀贵族们用以社交的工具。两晋门阀在政治和经济上攫取了巨大利益,物质上得到了极大满足。晋武帝驸马王济家财万贯,在洛阳北邙山下高价圈了一块地,用以跑马射箭、寻欢作乐。为了显摆自己富甲天下的实力,王济别出心裁,命人用编织起来的铜钱挂满场地周边的矮围墙,以示豪富!晋武帝到王济家作客时，王济使用名贵的琉璃器皿和一百多位婢女接待他；还上了一道人乳喂大的“蒸乳猪”。看到女婿家如此奢靡，晋武帝气得拂袖而去。在高门豪族的引领下，两晋社会普遍奢侈糜烂、放荡浮华，纵欲之风恶性膨胀。社会财富的过度集中，使贵族阶层及其文化附庸们饱食终日、无所事事，于是转而寻求精神上的刺激。两晋时，士族阶层普遍醉心清谈，终日酗酒，还要服用“寒食散”（实际是吸毒），并以此作为最重要的精神生活方式。东晋后期的青兖二州刺史王恭说：“名士不一定要有奇才，只要清闲无事，豪爽饮酒，熟读《离骚》，这样就可成为名士了。”（《世说新语·任诞》）可见，东晋名士整日絮絮叨叨的玄学和清谈，实际早已失去了学术上的探索性和政治上的正义性，而堕落成了“名士”欺世盗名的“文明棍”。当然，两晋的玄学和清谈作为一种文化现象，基本的学术性和思辨性还是存在的。

9. 门阀制的社会特征

门阀制度的社会特征是，让个人生活也深深笼罩在等级制的阴影里。譬如，为了保证高门豪族血统的纯正，世族不得与庶族和寒族通婚。因为不同门第之间的通婚，必然会扰乱下一代九品中正制的等级评定，进而蚕食大族利益。刘宋时规定：士族与工商杂户通婚，“皆补将吏”，即降为比“役门”还贱的兵户和吏家。世族与庶族通婚没有那么重，但会遭到社会的普遍嘲笑，足以构成门阀之玷。南齐世族王源与寒族满氏联姻，御史中丞沈约上疏弹劾，请求免王源“所居官，禁锢终身”。沈约本人是南朝前期的门阀，特别崇尚家族血统的纯正，著作《宋书》时特创立“家传”体例。《晋书·杨佺期》载：东晋后期时，世族通婚甚至还要比较南渡江东的时间早晚，若过江时间悬殊，通婚也会遭到排斥。谓“婚宦失类，每排抑之”。

由于门阀制对家族门第的种种限制，于是“谱牒制”大行其道。首先是世族为自家名人树碑立传的“家传”应运而生，如《荀氏家传》、《袁氏家传》、《裴氏家传》、《褚氏家传》、《谢车骑家传》等等。然后是厘清家族血缘关系的“家谱”风行天下。裴松之《三国志》注引了许多家谱，如《崔氏谱》、《郭氏谱》、《陈氏谱》、《稽氏谱》、《阮氏谱》、《王氏谱》

等等。为《世说新语》作注的刘孝标引用谱传三十六种之多。魏晋时朝廷专设谱官，收罗百官族姓的谱传，考订正讹后藏于秘阁。最后是“簿状谱牒”粉墨登场,后来又称作《百家谱》、《东南谱》、《十八州谱》、《天下望族谱》、《某郡望族谱》等等。“簿状谱牒”是官修的谱牒,极具权威性,是选官和通婚等的法定依据,为私家撰述的“家传”和“家谱”无法比拟。在官方撰述的谱牒中,天下所有士族的姓氏、郡望都被网罗入谱;每姓士族又都详细列出了其成员的名字、官位及血缘联系。官方“考之簿世,然后授任”(《太平御览》)。谱牒的盛行还催生了“谱牒学”和谱牒专家的兴起。

世族和庶族、寒族之间的交往,也因门第等级限制而壁垒重重。荥阳太守习凿齿出自庶族,但博学高才,文笔冠世,受到士林普遍尊崇。有一次他在谢安处作客,琅邪贵族王献之不期而至。习、王二人本应共坐客位,但王献之很轻视习凿齿的庶族身份,因此犹豫迟疑,不肯落座。谢安只好亲自引领王献之另坐一榻。事后谢安颇有微词,说王献之过于矜持,失却了名士恰到好处的自然风度。同是琅邪贵族的王胡子更甚,虽然居家贫困,但自恃门第高贵,拒绝接受乌程县令陶胡奴馈赠的一船米。他认为自己是高门豪族中人,只能和豫州刺史谢尚等高级士族往来,而不能接受低级士族陶胡奴的馈赠。这些史料一方面反映了高门豪族极其傲慢的个性，另一方面也反映出了豪族和庶族之间等级壁垒的森严。

10. 门阀制度的终结

门阀制是中国历史上的一项重要体制,直至唐末才消亡,前后存续了至少一千五百年;其鼎盛时期出现在魏晋南北朝,前后也达三百年左右,从而极大地影响了中国社会的政治走向。但是,门阀制度在给各高门豪族赐予巨大利益的同时,也“温水煮青蛙”式地削弱了他们的社会竞争力,最后导致他们自行腐朽和衰落。有学者指出,门阀圈内的近亲婚配做法也是其衰落的重要原因。同时,东晋后期及整个南北朝时期,以刘裕、萧道成、萧衍、陈霸先等为代表的寒族势力迅速崛起，极大地冲击了高门豪族对政治经济社会利益的独享机制。还有，统治阶级内部剧烈冲突，政权一再更迭，政治上的选边站队，让世族豪门接二连三遭到沉重打击。南朝政权进入陈朝时，门阀制度已经奄奄一息了。最后，隋唐废止九品中正制，实行科举取士，剥夺了门阀在政治上的特权；土地“均田制”和“租庸调制”的推行，也遏制了土地不断被兼并的趋势，阻断了门阀在经济上的恶性膨胀；隋末和唐末的大规模农民战争则给门阀以最后一击，使之一蹶不振。战争中，门阀成员大量伤亡，田地产业遭受破坏，引以为傲的贯册祖谱流失无踪。唐以后，已经退化成“望族”的门阀逐渐被地主绅士阶级所取代，从而在政治法律制度上彻底退出了历史舞台。

中唐诗人刘禹锡游历建康时，沧桑不已地在乌衣巷里踌伫徘徊：往昔朱雀桥畔的巍峨高第，如今被庶民黔首的简居陋室取代了；渺小卑微的野花野草，在旧时豪门遗址的残墙颓壁下瑟瑟摇曳……一抹斜阳洒下无限悲凉，诗人喟然长叹，万分惆怅地写下了门阀的千古挽歌《乌衣巷》：

朱雀桥边野草花，乌衣巷口夕阳斜。
旧时王谢堂前燕，飞入寻常百姓家。

二〇一六年三月十八日于北京

（王金根先生为中联部《当代世界》杂志社社长兼总编辑）

图书在版编目(CIP)数据

东晋门阀领袖传 / 纪建兴著. -- 南京：江苏人民出版社，2016.5
ISBN 978-7-214-17566-3

Ⅰ. ①东… Ⅱ. ①纪… Ⅲ. ①中国历史-东晋时代 Ⅳ. ①K237.209

中国版本图书馆 CIP 数据核字(2016)第 076991 号

书　　名	东晋门阀领袖传［下］
作　　者	纪建兴
封面设计	滕光华
责任编辑	何　屹
出版发行	凤凰出版传媒股份有限公司 江苏人民出版社
出版社地址	南京市湖南路 1 号 A 楼　　邮编:210009
出版社网址	http://www.jspph.com
经　　销	凤凰出版传媒股份有限公司
印　　刷	常州市武进第三印刷有限公司
开　　本	787 毫米×960 毫米　1/16
印　　张	23
字　　数	310 千字
版　　次	2016 年 5 月第 1 版　2016 年 5 月第 1 次印刷
标准书号	ISBN 978-7-214-17566-3
定　　价	77.00 元